Freiarbeit und Leistung
in der Montessori-Pädagogik

Montessori Praxis

Herausgegeben von
Michael Klein-Landeck und Tanja Pütz

Freiarbeit und Leistung in der Montessori-Pädagogik

Silke Allmann | Esther Stein

Freiarbeit und Leistung in der Montessori-Pädagogik

HERDER

FREIBURG · BASEL · WIEN

MIX
Paper from
responsible sources
FSC® C010798
FSC
www.fsc.org

www.herder.de

Umschlagkonzeption und -gestaltung: Berres & Stenzel, Freiburg
Fotos im Innenteil und auf dem Umschlag: © Esther Stein, Köln

Layout: Berres & Stenzel, Freiburg
Satz und Gestaltung: post scriptum, Vogtsburg-Burkheim
Herstellung: Graspo CZ, Zlín

Printed in the Czech Republic

ISBN Print 978-3-451-38554-4
ISBN E-Book (PDF) 978-3-451-81846-2

Inhalt

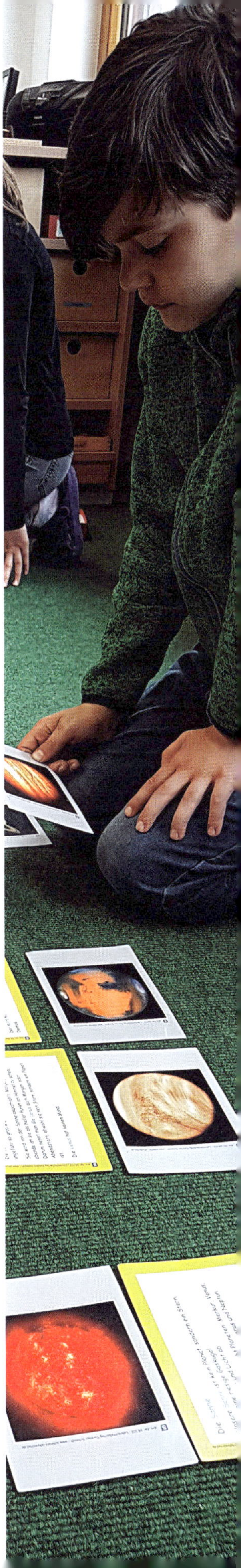

Einleitende Worte
Freiarbeit und Bewertung von Leistung – wie passt das zusammen?

Dimensionen von Leistung

Die Auseinandersetzung mit Leistung ist bereits für sich genommen kein einfaches Unterfangen. Leistung und Freiarbeit gemeinsam zu betrachten, stellt an Erziehende und Lehrende daher besonders hohe Ansprüche. Die Herausforderung beginnt schon damit, dass das Leistungsprinzip sowohl als Prozess als auch als Produkt verstanden wird. Das heißt, dass Weg und Ziel gleichermaßen ihre Bedeutung haben, obwohl sie zwei völlig unterschiedliche Dimensionen von Leistung darstellen. Daraus ergibt sich ein Dilemma für jedes Kinderhaus, für jede Schule, jedes Team, jedes Kollegium und jeden Erzieher und jeden Lehrer[1]. Hinzu kommt eine weitere Dialektik des Leistungsbegriffs: Normorientierung und Kindorientierung. Was hat wann Vorrang? Wo werden Schwerpunkte gesetzt?

Fragen zum Lern- und Leistungsprozess

Wenn Leistung nicht ausschließlich in Ziffern dokumentiert werden, sondern den Lern- und Leistungsprozess des einzelnen Kindes in den Blick nehmen soll, dann ist es hilfreich – vor allem im Kontext der Freiarbeit – sich folgende Fragen zu stellen:

- Was verstehe ich überhaupt unter ***Leistung***?
- Mit welchen – vielleicht sehr verschiedenen – ***Leistungsvorstellungen*** sehen wir uns im Team bzw. Kollegium konfrontiert?
- Wie wichtig ist uns der ***Leistungsprozess***?
- Welchen Rang hat für uns das ***Leistungsprodukt***?
- Wie möchten wir Leistung ***feststellen***?
- Welche ***Beurteilungs- und Bewertungsmaßstäbe*** legen wir an? Was verstehen wir unter einer guten Leistung, was unter einer schlechten?
- Wie können wir Leistung ***dokumentieren***?
- Wie geben wir dem Kind eine ***Leistungsrückmeldung***? Wie den Eltern?
- Wie beurteilt das Kind seine eigene Leistung, welche ***Selbsteinschätzung*** hat es?
- Welche ***Leistungsförderung*** ist sinnvoll?

Freiarbeit und Leistung

Die Montessori-Pädagogik hat einen überaus interessanten und zugleich richtungsweisenden Blick auf Leistung. Nichts liegt diesem reformpädagogischen Ansatz ferner, als das Kind ausschließlich als Leistungsträger der Gesellschaft zu verstehen oder seine Entwicklung gar dem Leistungsprodukt unterzuordnen. Es stellt sich also die Frage: Wie kann eine Montessori-Einrichtung in der Freiarbeit die gesellschaftlich geforderten Kompetenzen vermitteln? Und: Wie zeigen die Kinder in der Freiarbeit eine feststellbare Leistung? Ist die Freiarbeit auch normorientiert? Oder brauchen wir den ergänzenden Unter-

1 Wegen der besseren Lesbarkeit wird in diesem Buch vorwiegend die maskuline Form verwendet. Mit Erziehern, Lehrern und Schülern sind gleichzeitig auch immer Erzieherinnen, Lehrerinnen und Schülerinnen gemeint.

richt, den Fachunterricht, um die geforderten Kompetenzen zu vermitteln und errungene Fähig- und Fertigkeiten festzustellen?

Ziele des Buches

Fragen wie diese beantwortet der vorliegende Band. Er verbindet Freiarbeit im Sinne Maria Montessoris mit dem Prinzip Leistung. Vor dem Hintergrund des Verständnisses von Maria Montessori über das Kind und seine Leistung, sich selbst zu erschaffen und weiterzuentwickeln, erläutert dieses Buch den pädagogischen Leistungsbegriff. Und es nimmt die Forderung einer Kompetenzorientierung, nach der sich eine Leistungsbewertung ausrichten sollte, unter die Lupe. Der Schwierigkeit, Leistung in der Freiarbeit zu bewerten, hält es insgesamt 24 Beispiele aus der Praxis entgegen – allesamt erprobt und mit zahlreichen Fotos veranschaulicht. Die Beispiele aus der mathematischen, sprachlichen und naturwissenschaftlichen Bildung ermutigen pädagogische Fachkräfte, sich (weiter) auf den Weg eines kind- und prozessorientierten Umgangs mit Leistung in Kinderhaus und Schule zu begeben, ohne jedoch die gesellschaftlichen Ansprüche zu vernachlässigen. Jedes der geschilderten Praxisbeispiele kann für sich betrachtet werden. Das heißt, dass der Leser im Teil B mit jedem Kapitel quereinsteigen kann. Die letzten Kapitel runden dieses Buch ab mit Hinweisen und Anregungen zu Dokumentationsformen, zur kindlichen Selbstreflexion und zu Lernstandsgesprächen mit Eltern.

Praxisbeispiele

Dieses Buch wendet sich an Erzieher sowie an Grundschullehrer, deren (Schul-)Leitungen und Träger bzw. Schulbehörden. Außerdem spricht es Teilnehmer an Montessori-Ausbildungskursen an, Studierende, pädagogische Fachkräfte in Montessori-Einrichtungen und weitere Montessori-Interessierte (z. B. Eltern). Auch den in der Aus- und Weiterbildung Tätigen stellt dieser Band aus der Reihe Montessori PRAXIS ein Fundus an theoretischen Grundlagen und Praxisbeispielen zur Verfügung. Die Grafiken dienen gleichzeitig als Zusammenfassungen wie als Diskussionsgrundlagen.

TEIL A:
Theoretische Grundlagen

»Werden wir uns bewusst, dass das Kind ein Arbeiter ist, dessen Aufgabe es ist, den Menschen hervorzubringen« (Montessori 1989: 14; vgl. dazu auch Meisterjahn-Knebel 2001: 223–225)[2].

1. Was ist Leistung?

2 In diesem wie in den folgenden Zitaten wird die alte Rechtschreibung der neuen Schreibweise angepasst.

In unserer Gesellschaft wird das Leistungsprinzip hoch gehalten: Der Einzelne leistet einen Beitrag zum gesellschaftlichen Fortschritt. Im vorschulischen wie im schulischen Kontext haben daher das Messen und Beurteilen von kindlichen Leistungen einen hohen Stellenwert. Wie Leistung verstanden und interpretiert wird, ist eine der schwierigsten und umstrittensten Aufgaben des Erziehers bzw. Lehrers.

1.1 Der pädagogische Leistungsbegriff

Leitgedanken des pädagogischen Leistungsbegriffs

Der *pädagogische* Leistungsbegriff beruht auf der Individualnorm (individuelle Lernentwicklung) und nicht auf der sozialen Bezugsnorm (Vergleich der individuellen Leistung mit den Leistungen der anderen). Motivation, Lernen und Entwicklung werden in der Pädagogik – und auch in der Psychologie – mit Leistung und Leistungsverhalten in Verbindung gebracht. Nach Jürgens können grundsätzlich fünf *Leitgedanken* eines pädagogischen Begriffs von Leistung betrachtet werden (vgl. Jürgens 2005: 26–40):

1. *Norm und Zweck*

   Norm und Zweck

   Leistung hat keinen Selbstzweck, sondern sie ist stets mit den als wichtig erachteten und vor allem zu konkretisierenden Anforderungen zu erklären. Leistungsvorstellungen müssen nach dem Erziehungswissenschaftler Wolfgang Klafki stets hinterfragt und Leistungsanforderungen auf deren Funktionstüchtigkeit hin überprüft werden (vgl. Klafki 1975 und 2000).
   ***Konkret:** Denken Sie über den Sinn ausgewählter Leistungsanforderung im Team bzw. Kollegium nach.*

2. *Anlage und Umwelt*

   Anlage und Umwelt

   Das Leistungsvermögen eines Kindes muss sich entwickeln. Um individuelle Leistungsbereiche beim Einzelnen erkennen und fördern zu können, muss vielfältiges Lernen ermöglicht und organisiert werden.
   ***Konkret:** Überlegen Sie, wie Sie die Lernumgebung gestalten, damit jedes einzelne Kind sein Leistungsvermögen entwickeln kann und seine besonderen Fähigkeiten angeregt werden.*

3. *Produkt und Prozess*

   Produkt und Prozess

   Wer lediglich das Lernergebnis (Produkt) in den Fokus stellt, vernachlässigt den Weg (Prozess) zur Erreichung dieser Leistung. Prozessorientiertes Bewerten ist viel aufwändiger als am Ergebnis orientierte Leistungsmaßstäbe anzusetzen und zu beurteilen.
   ***Konkret:** Reflektieren Sie gemeinsam mit Ihrem Team bzw. Kollegium, wie Lernprozesse erkennbar werden und welche Dokumentations- und Bewertungsformen Sie*

einsetzen können. Hilfreich kann hier auch die gegenseitige Hospitation sein, um eine gemeinsame Gesprächsgrundlage zu schaffen.

4. *Individuum und Gemeinschaft*

Leistungen ausschließlich im Vergleich zu anderen zu messen, birgt zweierlei Gefahren (vgl. Jürgens 2005: 71–73):

Individuum und Gemeinschaft

a. Es begünstigt Konkurrenzverhalten unter den Kindern, das zu Neid führen kann. Um nicht negativ aufzufallen, neigen sie dazu, ihre Defizite zu vertuschen, anstatt sich ihnen zu stellen und sie konstruktiv anzugehen.

b. Es begünstigt eine extrinsische Lernmotivation. Das Kind gewöhnt sich daran, seine Leistung vorzuzeigen und vom Erwachsenen beurteilen zu lassen.

Konkret: *Verantwortung für das eigene Lernen zu übernehmen, ist für die kindliche Persönlichkeitsentwicklung unerlässlich. Schaffen Sie geschützte Lernräume, in denen sich jedes Kind ausprobieren kann.*

5. *Problemmotivation und Lernvielfalt*

Motivation und Vielfalt

Lernen durch Handeln fordert den Einzelnen ganzheitlich. Wenn sich das Kind interessengeleitet nach Lernfeldern orientieren kann, wird es von der Sache angezogen und nicht von der Person geleitet, die ihm die Sache vorgibt.

Anerkennung der kindlichen Leistung

Konkret: *Freiräume im Lernprozess ermöglichen dem Kind, sich von eigenen Lernbedürfnissen leiten zu lassen, sich also voll und ganz auf den Lerngegenstand und dessen Eroberung zu konzentrieren. Überlegen Sie im Team, wo und wie Sie dem Kind Freiheiten geben können.*

Aus diesen Anforderungen an den *pädagogischen Leistungsbegriff* ergibt sich Folgendes:

- Leistung muss einen Sinn haben
- Leistung braucht einen guten Ort, eine gute Umgebung
- Leistung ist nicht nur ein Ergebnis, sondern auch der Weg dorthin
- Leistung ist Sache des Einzelnen
- Leistung entwickelt sich in Freiheit

Faktoren des pädagogischen Leistungsbegriffs nach Jürgens[3]

Zusammenfassung

Im Unterschied zum allgemeinen Leistungsbegriff, bei dem die Sache, der Lerngegenstand, im Mittelpunkt steht, wird beim pädagogischen Leistungsbegriff das Individuum betont. Nicht Vergleich, Messung und Kontrolle sind vorrangig, sondern der Einzelne, dessen Lern- und Entwicklungsweg. Freiräume zur Selbsterprobung zu schaffen, ist dabei grundlegend.

3 Karl Grass (2016) hat weitere folgende *Elemente* eines pädagogischen Leistungsbegriffs – gemeinsam mit Knörzer und Schumacher – zusammengetragen: Sinnzusammenhang, Vermittlungsergebnis, Öffnung, Prozess, differenzierte Leistungsanforderung (»Nicht von jedem das Gleiche verlangen«), Sach- und Personenbezug, Vermeidung von Konkurrenzlernen, Beurteilungsaktivität, Anerkennung bisheriger Erfahrungen und öffentliche Präsentation. Vgl. auch Steenberg 2014: 72/73

1.2 Der Leistungsbegriff bei Maria Montessori

Maria Montessori spricht von *Leistung* ausschließlich im Zusammenhang mit der Anerkennung des kindlichen Bemühens beim Aufbau seiner eigenen Persönlichkeit. Sie stellt hierbei eine direkte Verbindung zum Arbeitsbegriff her und fordert: »Werden wir uns bewusst, dass das Kind ein Arbeiter ist, dessen Aufgabe es ist, den Menschen hervorzubringen« (Montessori 1989: 14; vgl. dazu auch Meisterjahn-Knebel 2001: 223–225)[4].

In ihrem Werk *Das kreative Kind – Der absorbierende Geist* beschreibt und verurteilt sie die Eigenschaft des Erwachsenen (besonders die des Lehrers), das Kind moralisch wie intellektuell verbessern zu wollen (vgl. Montessori 1989: 220). Wie ein Pendel bewegt sich der Umgang mit dem Kind zwischen den Polen Lohn und Strafe. Dadurch bleibt das Kind, das einem naturgegebenen Trieb nach Unabhängigkeit folgen möchte, vom Erwachsenen und seinen An- und Zurechtweisungen abhängig.

Lohn und Strafe

»Der Lohn und die Strafe – die den spontanen Mühen der Entwicklung des Kindes fremd sind – unterdrücken und verletzen die Spontaneität des Geistes« (Montessori 1989: 220/221). Diese Unterdrückung hat zur Folge, dass das Kind auf die Anerkennung (den Lohn) des Erwachsenen angewiesen ist und keine Eigenverantwortung für seine Leistung übernehmen kann. Kontrolle und eine von außen gesetzte Disziplin (mit entsprechenden Sanktionsmaßnahmen) bestimmen somit das Leistungsverhalten des Heranwachsenden.

Freiheit als Voraussetzung

Eine der wichtigsten Voraussetzungen für eine gesunde kindliche Entwicklung und somit auch für ein intrinsisch motiviertes Leistungsverhalten ist für Montessori die *Freiheit*. Indem das Kind die Möglichkeit vorfindet, sich frei zu entfalten, kann es seinem natürlichen Streben nach Unabhängigkeit nachkommen. Eine zweite wichtige Entwicklungsvoraussetzung ist für Montessori die Vorbereitung der Umgebung, zu der nicht nur der Raum und das dort befindliche Spiel- und Lernmaterial gehören, sondern in besonderem Maße auch die erziehende bzw. lehrende Person. Wenn also das Kind in der *vorbereiteten Umgebung* Freiräume erfährt – in der Wahl seiner Tätigkeit, der Dauer und der Sozialform –, dann findet es ein Arbeitsklima vor, in dem es selbsttätig zur Selbstständigkeit finden kann.

4 In diesem wie in den folgenden Zitaten wird die alte Rechtschreibung der neuen Schreibweise angepasst.

Etappen spontaner Aktivität des Kindes

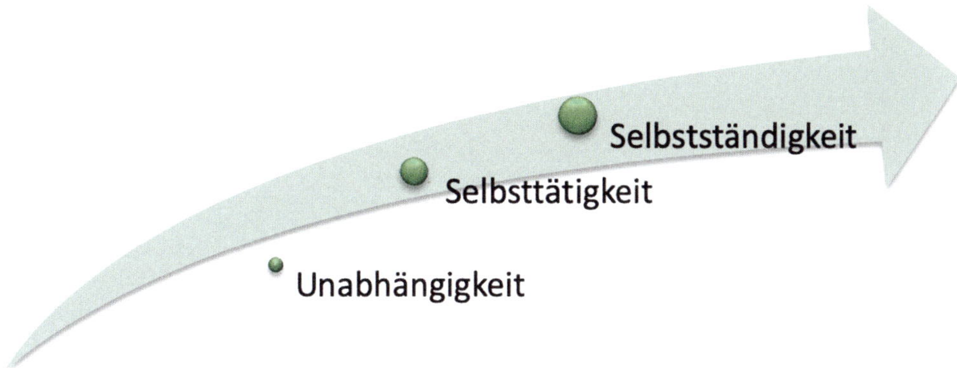

Die Bewertung einer solch freien Entfaltung und die Beurteilung von Leistungen einzelner Kinder in der Freiarbeit auf dem Weg zur Selbstständigkeit erfordern von den Erziehenden bzw. Lehrenden spezifische Kompetenzen:

Pädagogische Kompetenzen

- *Beobachtung – einzelnes Kind und seine Leistung*: Der Erzieher bzw. Lehrer muss die genaue und *vorurteilsfreie* Beobachtung beherrschen (vgl. Allmann 2014: 20–29), damit er das Kind und seine Leistung verstehen lernt.
- *Offenheit – Leistungsverständnis*: Er muss seinen eigenen Leistungsbegriff hinterfragen und sich für ein pädagogisches Leistungsverständnis öffnen.
- *Prozessorientierung – Fehler als Helfer*: Er muss das Leistungsverhalten eines Kindes als Prozess verstehen, in dem Fehler sowohl wichtige Gradmesser für den kindlichen Entwicklungsstand (vgl. Montessori 1989: 222–226)[5] als auch für den eigenen Berufserfolg sind.
- *Fehlerkultur – Fehleranalyse*: Er muss eine Fehlerkultur entwickeln, in der der Fehler »bei vollem Licht« (Montessori 1989: 222) betrachtet wird und seine feste und berechtigte Stellung im Leben im Allgemeinen und beim Lernen im Besonderen hat.
- *Dialog – Leistungsrückmeldung*: Er muss in der Lage sein, dem Kind auf individualisierte Weise Rückmeldungen zu dessen Leistung zu geben, z. B. in Form von Informationsgesprächen (vgl. Steenberg 2014: 74; vgl. Grass 2016: 93/94).
- *Vielfalt – Situationen*: Er muss vielfältige, unterschiedliche Situationen zur Beurteilung in den Blick nehmen.
- *Bewertung – differenziertes Verfahren*: Er muss über die Notenskala[6] hinaus ein Bewertungsverfahren entwickeln, das den unterschiedlichsten Situationen der Freiarbeit Rechnung trägt.
- *Kommunikation – Argumentieren*: Er muss nachvollziehbare und verständliche Kommunikationswege wählen, bei denen die argumentative Rückmeldung Vorrang hat.

5 Maria Montessori bezeichnet den Fehler als »Gefährten«. Vgl. auch Berg 2001

6 Vgl. Montessori 1989: 221: »Alle Zensuren in den Heften und die Bemerkungen der Lehrerinnen erzeugen eine Verminderung der Energie und des Interesses.«

Kompetenzen des Erziehers bzw. Lehrers

- **Beobachtung: einzelnes Kind und seine Leistung**
- **Offenheit: Leistungsverständnis**
- **Prozessorientierung: Fehler als Helfer**
- **Fehlerkultur: Fehleranalyse**
- **Dialog: Leistungsrückmeldung**
- **Vielfalt: Situationen**
- **Bewertung: differenziertes Verfahren**
- **Kommunikation: Argumentieren**

Das individuelle Leistungsprofil eines Kindes bedarf gut durchdachter und sehr spezifischer Bewertungskategorien, wie sie exemplarisch im Praxisteil vorgestellt werden. Anders als bei Steenberg (2014) werden dort nicht die industriellen *soft skills* auf die Montessori-Freiarbeit heruntergebrochen, sondern Aspekte einer Erziehung zur Leistung fokussiert.

1.3 Erziehung zur Leistung

Leistungsmotivation, Leistungswille, Leistungsbereitschaft: Wie können sie im Kind hervorgerufen werden? Maria Montessori beschreibt die grundlegenden Potentiale des Kindes, die es von Geburt an dazu befähigen, sich zu verändern, voranzuschreiten, eben Leistung zu erbringen. Es sind:

Potentiale des Kindes

- Intelligenz
- Wille
- Motivation
- Sprache
- Religiosität
- Charakter
- Reflexionsfähigkeit

Diese Potenziale bringt das Kind also mit. Geleitet wird es dabei von den *sensiblen Perioden bzw. Phasen* seiner Entwicklung. Diese Perioden sind geprägt durch die immanente Bereitschaft, spezifische Sachverhalte und Fähigkeiten zu lernen. Vereinfacht gesagt existieren also bestimmte Zeitfenster, in denen Kinder von sich aus bestimmte Dinge lernen bzw. sich mit bestimmten Themen auseinandersetzen möchten.

Die Leistungsbereitschaft kann von außen auf zweierlei Weisen unterstützt werden:

1. durch eine *vorbereitete Umgebung*,
2. durch *Freiheit* im Sinne von freier Zeiteinteilung und Wahlfreiheit.

Unterstützung des Kindes

Dem Kind wird so die Möglichkeit gegeben, zum *Schöpfer seiner selbst* zu werden (Montessori spricht auch vom Kind als »Bildhauer seiner selbst« (Montessori 1988: 109)). Es treibt sein Lernen und seine Leistung eigenständig voran, wenn es dazu die Voraussetzungen vorfindet. Von Anfang an *ist* es »Subjekt seines Lernens, Leistens und Lebens« (Preuß 2005: 172), es *wird* es nicht erst. Die Analogie zu Korczaks Formulierung »Kinder werden nicht erst Menschen, sie sind es bereits« (Korczak 2004: 50) ist nicht zufällig gewählt, sondern soll aufzeigen, dass Erziehende und Lehrende nur indirekt auf die kindlichen Potentiale Einfluss nehmen können. Sie können im Kind nichts direkt bewirken, sondern das Kind bewirkt es selbst in sich. Sie können nicht erzeugen, sondern das Kind erzeugt selbst. Sie können nichts im Kind entwickeln, wenn es nicht selbst dazu bereit ist. Montessoris Leistungserziehung beinhaltet daher ganz andere Aspekte als die herkömmliche.

Die Selbstwirksamkeit des Kindes

Schöpferischer Akt

Die kindliche Leistung gewinnt eine völlig neue Bedeutung: Sie ist nicht über Lenkung und Kontrolle zu erzeugen, sondern – im Gegenteil – durch die Vorbereitung der Umgebung und das Schaffen von Freiräumen. Gefordert ist also eine Öffnung für das kindliche Tun im Sinne eines *schöpferischen Akts*.

Leistungserziehung nach Maria Montessori

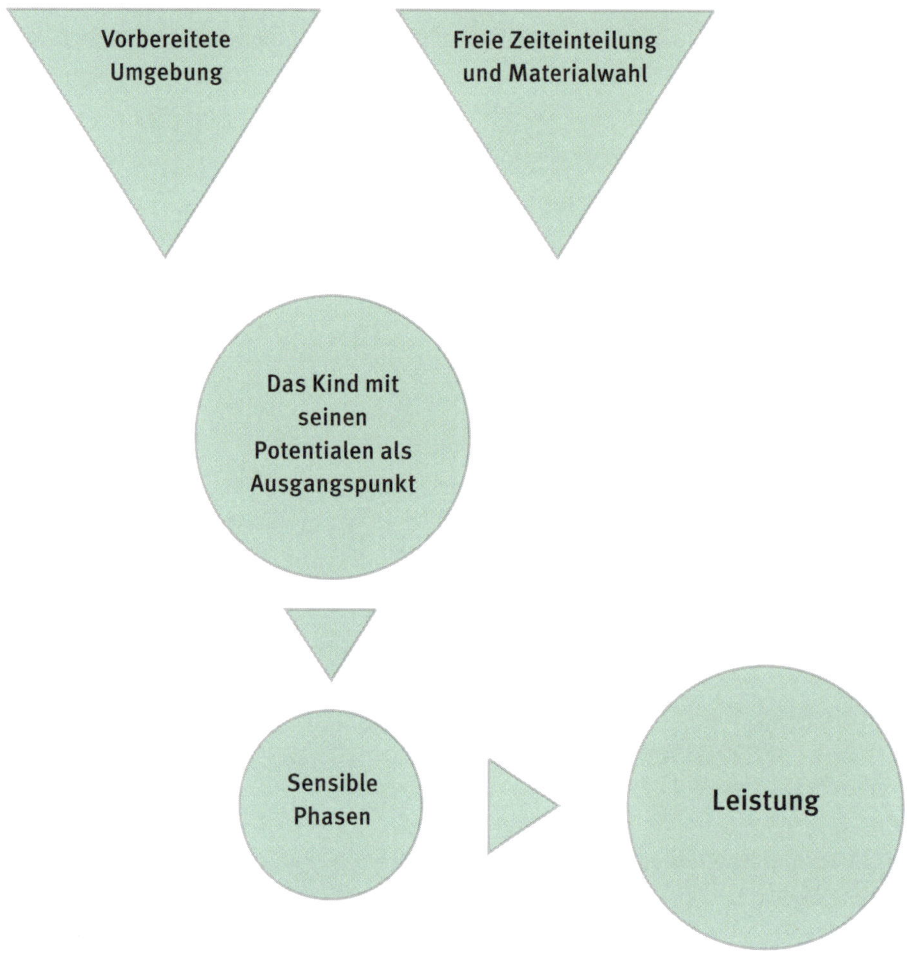

Wegmarken für Leistungserziehung nach Montessori

So können (in Anlehnung an Preuß 2005: 172/173) fünf Wegmarken für eine kindorientierte und achtsame Leistungserziehung im Sinne Montessoris formuliert werden:

1. Initiieren und Entfalten der Selbstbestimmung, Selbsteinschätzung und Selbstorganisation
2. Stärken des Selbstlernens, des Selbsthandelns, der Selbstinitiative und der Selbstentscheidung
3. Stützen des Selbstvertrauens und der Selbstachtung
4. Ermutigen zu Selbstannahme, Anstrengungsbereitschaft und Lern- und Lebensfreude
5. Befähigen und Anregen zur Zusammenarbeit und Solidarität, zu gegenseitiger Wertschätzung und verständnisvollem Helfen

Tenor aller Leistungserziehung ist das *Selbst des Kindes*, das sich entfalten und entwickeln soll. In Montessoris wohl berühmtesten Zitat »Hilf mir, es selbst zu tun« (Montessori 2012: 274; Montessori 2015: 112) kommt – analog zu den Elementen der Leistungserziehung nach Preuß – genau dies zum Ausdruck[7]:

Das Selbst des Kindes im Mittelpunkt

1. Selbstbestimmung, Selbsteinschätzung und Selbstorganisation durch die Arbeit mit dem didaktischen Material
2. Selbstlernen, Selbsthandeln, Selbstinitiative und Selbstentscheidung in einer durch Freiheit geprägten Atmosphäre
3. Selbstvertrauen und Selbstachtung durch die Entwicklung gemäß der sensiblen Phasen
4. Selbstannahme, Anstrengungsbereitschaft und Lern-/Lebensfreude durch die Hinwendung zu einer Sache in der Polarisation der Aufmerksamkeit
5. Zusammenarbeit, Solidarität, gegenseitige Wertschätzung und Helfen durch den Prozess der Normalisierung

Ziele und Bedingungsfaktoren der Leistungserziehung in Anlehnung an Montessori

7 Siehe auch Teil A, Kapitel 3: Dort werden einzelne Begriffe nach Montessori näher erläutert.

»Die Arbeit wird wie eine unbelebte Materie ›gemessen‹ und nicht wie ein Produkt des Lebens ›beurteilt‹«

(Montessori 2015: 104).

2. Vom kompetenzorientierten Arbeiten und Umdenken

Kompetenzorientiertes Arbeiten in Kinderhaus und Schule ist eng verbunden mit leistungsorientiertem Lernen. Da Kompetenzen inhaltsneutral formuliert werden sollten,[1] ist ein exemplarisches Arbeiten an Inhalten besonders bedeutsam, um das Lernen in einen Sinnzusammenhang stellen zu können. Sinn erhält eine Leistung für den Einzelnen hingegen, wenn dieser einen persönlichen Bezug dazu herstellen kann, wenn er darin etwas Positives sieht, wenn seine Leistung anerkannt und wertgeschätzt wird – also alles in allem, wenn er Leistung nicht mit Kontrolle und Druck, sondern mit Selbstzufriedenheit und wachsendem Selbstbewusstsein verbindet. Wenn der Schwerpunkt pädagogischen Handelns ausschließlich auf der Erweiterung kindlicher Kompetenzen liegt, kann der *Blick auf das Kind* schnell verloren gehen. Um das zu vermeiden, ist ein Perspektivenwechsel von Erziehern und Lehrern unvermeidlich.

Persönlicher Bezug zur Leistung

Das Kind in den Mittelpunkt allen Leistungshandelns zu stellen, erfordert ein Umdenken: weg von der Beurteilungshoheit des Erwachsenen hin zu einer anerkennenden Bewertungsgemeinschaft bestehend aus dem Erwachsenem und dem Kind. Eine solche Bewertungsgemeinschaft braucht freilich die professionelle Expertise, also die des Erziehers bzw. Lehrers, aber in einer besonderen Form: Aufgabe einer Leistungskultur im Sinne Montessoris ist, nicht *über* das Kind zu urteilen, sondern dialogisch, und somit für das Kind nachvollziehbar die Leistung *mit* dem Kind zu bewerten (vgl. Klein-Landeck / Karau / Landeck 2010; Winter 2004).

Im Folgenden wird zunächst erläutert, was unter Kompetenzorientierung zu verstehen ist. Darauf aufbauend werden Möglichkeiten der Leistungsbewertung und der Entwicklung einer Leistungskultur in Kinderhaus und Schule aufgezeigt.

2.1 Kompetenzorientierung

Kompetenzen beschreiben den Grad der individuellen Möglichkeiten, Probleme situationsgerecht und verantwortungsbewusst[2] lösen zu können und zu wollen. Sie umfassen somit die menschliche *Handlungskompetenz* (vgl. Weinert 2001: 27/28).

In Anlehnung an Heinrich Roth gibt es drei große Kompetenzbereiche (vgl. Roth 1971: 180)[3]:

Handlungskompetenz

- Selbstkompetenz
- Sachkompetenz
- Sozialkompetenz

1 Vgl. Bormann / de Haan 2008.

2 Vergleichbar mit dem Kompetenzbegriff zweiten Grades nach Löwisch 2000, der *Kompetenzbildung* (S. 128) meint.

3 Die Kultusministerkonferenz (KMK) nennt diese drei Bereiche *Dimensionen* der Handlungskompetenz (2011: 14).

Selbstkompetenz

Selbstkompetenz bedeutet, sich seiner eigenen Stärken und Schwächen bewusst zu sein sowie sich mithilfe von Selbstreflexion und Kritikfähigkeit weiterzuentwickeln (vgl. Raithel / Dollinger / Hörmann 2007: 40/41).

Sachkompetenz

Sachkompetenz bedeutet, fachliches Wissen zu haben und situationsgerecht anwenden zu können sowie zu fachlichem Engagement bereit zu sein (vgl. Raithel / Dollinger / Hörmann 2007: 40).

Sozialkompetenz

Sozialkompetenz bedeutet, sich in Kommunikations- und Interaktionsprozesse einbringen zu können (vgl. Raithel / Dollinger / Hörmann 2007: 40).

Dimensionen der Handlungskompetenz

Selbstkompetenz	Sachkompetenz	Sozialkompetenz
individuelle Persönlichkeit	*Aufgaben und Probleme*	*soziale Beziehungen*
klären durchdenken beurteilen entfalten planen weiterentwickeln	lösen beurteilen	leben gestalten erfassen verstehen auseinandersetzen verständigen
Eigenschaften: *Selbstständigkeit* *Kritikfähigkeit* *Selbstvertrauen* *Zuverlässigkeit* *Verantwortungs- und Pflichtbewusstsein*	*Eigenschaften:* *zielorientiertes, sachgerechtes, methodengeleitetes, selbstständiges Handeln*	*Eigenschaften:* *soziale Verantwortung* *Solidarität*

Bestandteile der Handlungskompetenz

Bestandteile eines jeden dieser drei Kompetenzbereiche sind Methodenkompetenz, kommunikative Kompetenz und Lernkompetenz:

Methodenkompetenz bedeutet, über Fähigkeiten und Fertigkeiten zu verfügen, die zielgerichtetes und planvolles Arbeiten ermöglichen.

Kommunikative Kompetenz bedeutet, Situationen mit anderen zu verstehen und zu gestalten.

Lernkompetenz bedeutet, Sachverhalte und Zusammenhänge zu verstehen, auswerten und systematisch ordnen zu können.

Die Bestandteile von Selbst-, Sach- und Sozialkompetenz

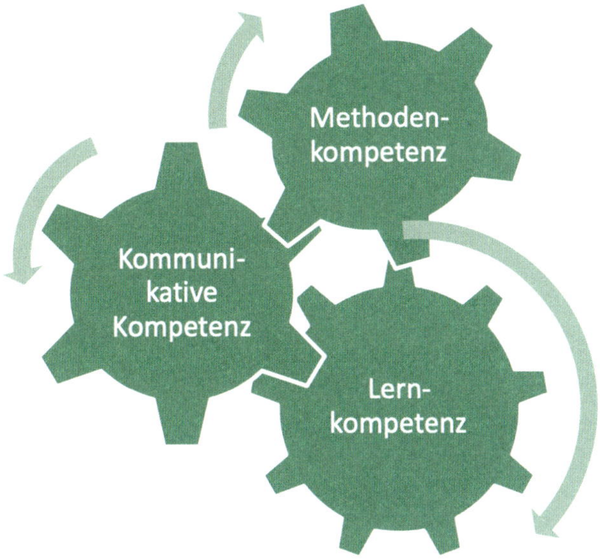

2.2 Leistungsbewertung und Leistungskultur

Montessori zur Leistungsmessung

Von Zensuren hält Maria Montessori nichts. Die Leistungsbewertung mit Noten vergleicht sie mit dem Abwiegen lebloser Dinge mit einer Waage. Sie betont: »Die Arbeit wird wie eine unbelebte Materie ›gemessen‹ und nicht wie ein Produkt des Lebens ›beurteilt‹. Und gerade von diesen Zensuren hängt die Zukunft des Schülers ab. Unter solchen Bedingungen bildet das Lernen eine niederdrückende Bürde« (Montessori 2015: 104).

Umdenken

Trotzdem müssen Erzieher beurteilen und Lehrer früher oder später Noten verteilen – so wird es von ihnen gefordert. Um die Würde des Kindes zu achten, scheint es aus Sicht der Montessori-Pädagogik aber sinnvoll, bei der Bewertung von Leistungen grundsätzlich umzudenken und folgende Fragen nach den kindlichen Handlungskompetenzen in den Blick zu nehmen (vgl. Meisterjahn-Knebel 2001: 224):

- Wie kontrolliert das Kind seine Selbsttätigkeit?
- Wie organisiert das Kind seinen Lernprozess?
- Wie entfaltet das Kind seine Persönlichkeit?
- In welchem Zusammenhang stehen Lernen, kindliche Entwicklung und Persönlichkeitsbildung?

Konkret:

- Wie polarisiert das Kind seine Aufmerksamkeit?
- Welche Schritte unternimmt das Kind beim Arbeiten und Lernen?

- Welche Persönlichkeitsmerkmale zeigt es in seinem Verhalten?
- Wie ist sein Entwicklungsweg?

Leistungskultur

Im Hinblick auf eine zu entwickelnde Leistungskultur müssen diese Fragen ergänzt werden:

- Wie zeigt sich die Leistungsvielfalt in der Gruppe? Welche verschiedenen Leistungen gibt es? Welche können beobachtet werden? (*Frage nach der Leistungsfeststellung*)
- Wie können unterschiedliche Leistungen bewertet werden? Welche Kompetenzen werden (weiter-)entwickelt? (*Frage nach kompetenzorientierter Leistungsbewertung*)
- Was wird an das Kind zurückgemeldet? Welches Feedback erhält das Kind zu seiner Leistung? (*Frage nach der Lern- und Leistungsberatung*)

Leistungskultur bedeutet, eine *verbindende Gesprächskultur* zu gestalten, also Leistung und was mit ihr verbunden wird anders zu verstehen und zu denken. Wie wird im Zusammenhang mit Leistung in der Gruppe miteinander umgegangen? Wie wird die Toleranz der Kinder für die Leistungen anderer gepflegt? Wie wird für Verständnis der Leistungsmöglichkeiten anderer Kinder geworben?

Faktoren von Leistungserziehung durch Leistungskultur

Praxis-Beispiel 1: Präsentieren eines Plakates

Foto 1: Ricardo und Mats haben ein Plakat gestaltet und halten dazu nun einen Vortrag

Was ist zu beobachten? (Leistungsfeststellung)

Beispiel

Ricardo und Mats haben mit der Lehrerin einen Termin vereinbart, an dem sie ihr Plakat zum Thema Kolumbien den Mitschülern ihrer jahrgangsgemischten Grundschulklasse vorstellen möchten. In den letzten Tagen haben sie ihr Referat geübt und die Texte untereinander aufgeteilt. Sie stehen selbstbewusst vor der Klasse und sprechen laut und deutlich. Einige Texte lesen sie ab, andere Inhalte geben sie frei wieder. Auch die vorgelesenen Texte erläutern sie noch einmal mit eigenen Worten. Beide Jungen benutzen einen Zeigestock, mit dem sie auf die Plakatstellen weisen, an denen sich die jeweils präsentierten Infoblöcke befinden. In der abschließenden Fragerunde kann Ricardo jede Frage beantworten und erläutern. Er gibt auch Informationen, die nicht auf dem Plakat zu finden sind. Mats kann die meisten Fragen zu seinen vorgetragenen Inhaltsbereichen beantworten. Weiß er nicht weiter, springt Ricardo ein und hilft.

Die Kinder der Klasse hören dem Vortrag aufmerksam zu. Ab und an kommt es zu Zwischenrufen, wenn zuhörende Kinder ihr eigenes Wissen zum Thema einbringen möchten oder mit referierten Fakten nicht einverstanden sind. Ricardo bittet dann um Ruhe und schafft wieder eine entspannte Atmosphäre.

In der abschließenden Reflexionsphase zur Präsentation des Plakates äußern die Kinder viel Begeisterung und Kritik oder Tipps zur Gestaltung von Bildern und Texten auf dem Plakat und Wünsche zu weiterreichenden Inhalten. Dabei begründen sie ihre Äußerungen, z. B. »Mir hat gut gefallen, dass ihr auch über die Fußball-Mannschaften gesprochen habt, weil ich ein Fußball-Fan bin«, oder: »Ihr habt laut und deutlich gesprochen, so dass ich alles gut verstehen konnte«. Die Atmosphäre ist kameradschaftlich und wohlwollend. Ricardo und Mats nehmen die Zustimmung und die Kritik positiv auf.

Welche Kompetenzen werden entwickelt? (Kompetenzorientierte Leistungsbewertung)
Ricardo und Mats haben selbstständig Arbeitsschritte geplant und verlässlich umgesetzt. Sie zeigen Motivation und Ausdauer. Während des Vortrags kooperieren sie miteinander und zeigen Teamfähigkeit. Sie beschreiben den Lebensraum Kolumbien und ziehen Vergleiche zu Deutschland. Sie gehen auf die unterschiedlichen Lebensbedingungen für Pflanzen, Tiere und Menschen ein. Ricardo und Mats sprechen situationsangemessen. Sie referieren artikuliert und laut, so dass die Zuhörer den Inhalt gut verstehen. Sie schauen das Publikum an. Sie lesen Texte vor und sprechen frei. Alle Informationen erklären sie in eigenen Worten. Fachbegriffe können sie erläutern. Da Ricardos Mutter Kolumbianerin ist, hatte er bereits vor der Gestaltung des Plakates ein großes Wissen über dieses Land erworben, das er einfließen lässt. In der Abschlussrunde sind sie kritikfähig und offen für die Rückmeldungen der Mitschüler.

Die Kinder der Klasse verfolgen interessiert den Vortrag. Einige hören begeistert zu und nehmen aktiv teil. Teilweise muss man sie an geltende Gesprächsregeln erinnern. In der abschließenden Feedback-Runde beachten alle Kinder der Klasse diese Gesprächsregeln. Sie stellen gezielt Rückfragen, greifen Beiträge auf und bringen ihre Meinungen und Ideen zum Ausdruck. Dabei begründen sie ihre Äußerungen.

Wie sieht die Rückmeldung aus? (Lern- und Leistungsberatung)
In der Feedback-Runde nach der Präsentation erhalten Ricardo und Mats aussagekräftige Rückmeldungen von fünf Mitschülern. Die Anzahl der Wortmeldungen wurde im Vorfeld festgelegt, um zu viele Doppelungen zu vermeiden. Die fünf Kinder äußern sachlich ihre Meinung zu ebenfalls zuvor besprochenen Kriterien für gelungene Referate:

1. Präsentation: laut und deutlich sprechen, das Publikum anschauen, frei sprechen und Fachbegriffe verständlich erklären, evtl. mit unterstützenden Utensilien (Größe durch ein Lineal oder einen Zollstock zeigen, Gewicht durch das Herumgeben von entsprechenden Gewichten)
2. Plakat- bzw. Folien-Gestaltung: ansprechende Gestaltung, passende und scharfe Bilder zu den Texten, formschöne Schrift und gute Länge der Texte
3. Inhalt: interessante Themenauswahl, umfassende Informationen zum Thema, evtl. Anschauungsobjekte

Die Kinder zählen zunächst Gelungenes auf und dürfen danach konstruktive Kritik üben oder Wünsche zur Optimierung äußern. Diese Reihenfolge ist festgelegt und das *konstruktive* Kritisieren geübt worden. Ricardo und Mats entscheiden selbst, welche Kinder ihnen Rückmeldungen geben. Die Zustimmung und die Kritik werden von den aufgerufenen Mitschülern wohlwollend ausgesprochen und von Ricardo und Mats gut angenommen.

Zum Schluss gibt auch die Lehrerin eine sachlich begründete Rückmeldung – sowohl zur Präsentation als auch zum beobachteten Gestaltungsprozess des Plakats. Sie hebt hervor, welche Kompetenzen die beiden Jungen erlangt haben und gibt Hinweise, welche Punkte sie verbessern könnten. Dabei bezieht sie sich auf bereits gehörte Rückmeldungen. So wertschätzt sie sachlich begründete positive Beiträge und konstruktive Kritik der Mitschüler und lebt eine verbindende Gesprächskultur vor.

Schließlich bedankt sich die Lehrerin bei den Referenten für den Vortrag. Die Klassenkameraden unterstützen diesen Dank mit einem Applaus. Auch dieses Zeichen der Wertschätzung wurde im Vorfeld mit allen Kindern vereinbart.

Wie geht es weiter? (Förder- bzw. Forderempfehlung)

Ricardo und Mats wollen und sollen im Vortragen gefördert und gefordert werden. Die Weiterentwicklung ihrer Handlungskompetenz beinhaltet folgende Empfehlungen:

- weitere Vorträge zu erarbeiteten Themen
- Gestalten von Vorträgen unter Zuhilfenahme neuer Medien, z.B. Powerpoint-Vorlagen
- Halten von Powerpoint-Vorträgen

Die Leistung von Ricardo und Mats umfasst weit mehr als das, was der Vortrag auf den ersten Blick zeigt. Sie haben ihre Handlungskompetenzen auf einer breiten Basis erweitert und werden sie weiterentwickeln. Auf der Grundlage des Deutschen Qualifikationsrahmens für lebenslanges Lernen (DQR) und der Vorgaben des Landes Nordrhein-Westfalen (in leicht abgewandelter Form auch in allen anderen Bundesländern zu finden) kann der Kompetenzerwerb von Ricardo und Mats im Überblick dargestellt werden wie auf der folgenden Seite gezeigt.

<table>
<tr><th colspan="5">Möglicher Kompetenzerwerb nach dem Deutschen Qualifikationsrahmen (DQR)[4]: Präsentieren eines Plakates</th></tr>
<tr><td rowspan="3">Fachkompetenz[5]</td><td colspan="4">Wissen:</td></tr>
<tr><td>Lesen</td><td colspan="2">Sprechen und Zuhören</td><td>Natur und Leben / Mensch, Gemeinschaft</td></tr>
<tr><td>■ in Texten gezielt Informationen finden und wiedergeben können
■ zentrale Aussagen von Texten erfassen und in eigenen Worten zusammenfassend wiedergeben
■ eigene Gedanken oder Schlussfolgerungen über gelesene Fakten und Informationen zu Kolumbien formulieren und sich mit anderen darüber austauschen
■ sich über Lesemotive (Entscheidung ein Plakat zu gestalten) und Gelesenes sowie über persönliche Medienerfahrungen (Erfolge und Hindernisse bei der Recherche in Büchern und am Computer) austauschen</td><td colspan="2">■ das Präsentieren von Lernergebnissen in Form eines Plakates planen und umsetzen
■ artikuliert, laut und deutlich sprechen
■ funktionsangemessen sprechen: über Kolumbien informieren
■ mit der Klasse entwickelte Gesprächsregeln während einer Präsentation und der anschließenden Rückmelderunde beachten
■ als zuhörender Klassenkamerad gezielt Rückfragen stellen (um Erklärungen bitten, nach Hintergründen oder Beispielen fragen)
■ als zuhörender Klassenkamerad in der Rückmelderunde Gesprächsbeiträge einbringen (eigene Ideen und Meinungen zu vorgestellten Inhalten) und Beiträge anderer aufgreifen
■ eigene Meinungen begründen
■ Zustimmung oder Ablehnung zeigen (konstruktive Kritik üben): Was war gut an der Präsentation? Was könnte verbessert werden?
■ als Vortragender auf die Rückmeldung reagieren und eigene Gefühle beschreiben
■ den Erfolg der gemeinsamen Präsentation und die Umsetzung der Verbesserungstipps diskutieren
■ sowohl als Vortragender als auch als zuhörender Klassenkamerad über Lernerfahrung sprechen, neues Wissen wiedergeben und durch die Präsentation andere in ihrem Lernprozess unterstützen</td><td>■ die Entwicklung von Tieren und Pflanzen in Kolumbien beschreiben
■ Zusammenhänge zwischen Lebensräumen und Lebensbedingungen für Tiere, Menschen und Pflanzen in Kolumbien beschreiben
■ sich in Bedürfnisse, Gefühle und Interessen anderer hineinversetzen und aus deren Sicht argumentieren: Die Präsentation auf die zuhörende Lerngruppe abstimmen, bzw. die Rückmeldungen auf die Vortragenden abstimmen: An einen Erstklässler werden andere Erwartungen gestellt, als an einen Viertklässler.</td></tr>
<tr><td rowspan="2">Personale Kompetenz[6]</td><td colspan="2">Sozialkompetenz</td><td colspan="2">Selbstständigkeit</td></tr>
<tr><td colspan="2">■ Verantwortung für das Gelingen der Präsentation übernehmen
■ dem Arbeitspartner Hilfe anbieten und seine Stärken und Schwächen in Bezug auf die gemeinsame Präsentation beachten und ihm entsprechende Aufgaben übertragen
■ mit Anregungen und Kritik der Klassenkameraden angemessen umgehen
■ Teamfähigkeit ausbauen, lernen, bei der Präsentation des gemeinsamen Ergebnisses auch eine untergeordnete Rolle einzunehmen
■ Selbstvertrauen entwickeln, durch die Erfahrung, dass das Referieren zu einem selbstgewählten Thema vor der Klasse gut gelingt
■ ein realistisches Selbstbild aufbauen, eigene Stärken und Schwächen erkennen, z. B. dass das Erklären von Sachverhalten gut gelingt, aber lautes und deutliches Sprechen vor der Klasse Überwindung kostet</td><td colspan="2">■ Lern- und Leistungsbereitschaft: sich auf schwierige Aufgaben und Problemstellungen einlassen (einen Vortrag vor der Klasse halten)
■ Zuverlässigkeit und Sorgfalt: Arbeitstempo steigern und zielorientiert arbeiten (den Vortrag üben und einen Termin zur Präsentation fest vereinbaren)
■ Ausdauer und Belastbarkeit: Arbeitsphasen ausbauen und Frustrationstoleranz erhöhen (umfangreichere Vorträge oder Powerpoint-Vorträge halten)
■ Kreativität und Flexibilität: eigene Interessen und Ideen formulieren und einbringen, neue Herangehensweisen und Methoden erproben (Themen der Vorträge selber wählen und vorbereiten)
■ Selbstständigkeit: eigene Arbeitsschritte planen, sich selbstständig notwendige Informationen und Hilfe beschaffen (Arbeitsschritte organisieren, selbstständig Recherche betreiben)</td></tr>
</table>

4 Vgl. Arbeitskreis DQR 2011
5 Vgl. Ministerium für Schule und Weiterbildung 2011a: 23–36, 39–51
6 Vgl. Ministerium für Schule und Weiterbildung 2011b: 8/9; Bohl 2009: 20

Praxis-Beispiel 2: Übung des täglichen Lebens: Putzen der Regale

Beispiel

Für jedes Regal im Klassenraum sind jeweils zwei Kinder verantwortlich: Sie kümmern sich um die Ordnung und Sauberkeit der Ablageflächen. Heute haben Tom und Fabiano ihr Regal überprüft und beschlossen, dass es geputzt werden muss.

Was ist zu beobachten? (Leistungsfeststellung)

Tom und Fabiano kontrollieren das Regal, für das sie verantwortlich sind, ohne dass man sie daran erinnern müsste. Nachdem sie sich abgesprochen haben, befinden sie, dass es geputzt werden muss. Sie räumen es komplett aus und holen sich eigenständig warmes Wasser. Die Menge des Putzmittels dosieren sie ohne Hilfe und richtig. Sie wringen die Putzlappen gut aus und wischen die Regalbretter im Regal von oben nach unten ab. Danach reinigen sie auch die Arbeitsmaterialien und räumen diese wieder an ihren Platz. Sie schütten das schmutzige Wasser weg und waschen die Lappen aus. Nachdem sie sich die Hände gewaschen haben, suchen sie sich eine neue Freiarbeit. Die beiden Jungen arbeiten strukturiert und gewissenhaft. Sie schaffen es, den Regalinhalt beim Ausräumen auf engstem Raum leise zu stapeln. Die anderen Kinder der Klasse werden durch sie nicht in ihrer Arbeit gestört.

Foto 2: Tom und Fabiano reinigen das Regal, für das sie verantwortlich sind

Welche Kompetenzen werden entwickelt? (Kompetenzorientierte Leistungsbewertung)

Tom und Fabiano übernehmen gerne Aufgaben für die Gemeinschaft. Sie führen diese zuverlässig und sorgfältig aus. Sie kooperieren gut miteinander, arbeiten selbstständig, ordentlich und zielgerichtet. Beide Jungen strukturieren die Arbeitsschritte sinnvoll und führen sie sachgemäß aus. Sie zeigen eine gute Motorik und arbeiten umsichtig.

Wie sieht die Rückmeldung aus? (Lern- und Leistungsberatung)

Tom und Fabiano kontrollieren sich gegenseitig während des Putzens und geben sich wechselseitig Rückmeldung, ob der Putzlappen gut ausgewrungen, das Regalbrett optimal ausgewischt ist, die Materialien gut abgeklopft und wieder übersichtlich eingeräumt sind. Eine Rückmeldung durch die Lehrerin benötigen die beiden Jungen nicht mehr, denn sie wissen selbst, dass sie ihre Arbeit sachlich richtig und erfolgreich ausgeführt haben. Ein befriedigendes Gefühl gibt ihnen auch das Arbeitsergebnis: das saubere und ordentlich eingeräumte Regal.

Möglicher Kompetenzerwerb nach dem Deutschen Qualifikationsrahmen (DQR)[7]: Übung des täglichen Lebens: Putzen der Regale

<table>
<tr><td rowspan="3">Fachkompetenz[8]</td><td colspan="3">Wissen:</td></tr>
<tr><td>Grundlegende Fertigkeiten</td><td>Sprechen und Zuhören</td><td>Mensch und Gemeinschaft</td></tr>
<tr><td>■ Feinmotorik trainieren, durch die Übung Material leise und ohne anzustoßen auszuräumen und mit einem Putzlappen systematisch und exakt Regalbretter abzuwischen
■ Werkzeuge sachgerecht benutzen, Putzlappen richtig auswringen, Putzmittel angemessen dosieren</td><td>■ gemeinsame Anliegen und Konflikte diskutieren und nach Lösungen suchen: Muss das Regal geputzt werden? Wie sieht die Reihenfolge der Arbeitsschritte aus? Wie werden die Arbeiten aufgeteilt?
■ artikuliert und an der gesprochenen Standardsprache orientiert sprechen
■ funktionsangemessen sprechen: über erledigte Arbeitsschritte informieren, für nötige Maßnahmen (frisches Wasser holen) argumentieren
■ Zustimmung oder Ablehnung zum Arbeitsergebnis des Arbeitspartners zeigen
■ Gesprächsbeiträge einbringen, eigene Ideen und Meinungen zum Arbeitsablauf und Beiträge anderer aufgreifen
■ eigene Meinungen begründen
■ gezielt Rückfragen stellen (um Erklärungen bitten, nach Hintergründen oder Beispielen fragen)
■ gemeinsam entwickelte Gesprächsregeln beachten
■ eigene Gefühle beschreiben und auf Befindlichkeiten anderer reagieren, z. B. auf die positive oder negative Rückmeldung des Arbeitspartners zur eigenen Arbeitsleistung angemessen reagieren</td><td>■ sich an der Planung und Organisation gemeinsamer Vorhaben beteiligen
■ adäquate Verfahren nutzen, um Entscheidungen herbeizuführen z. B. Abstimmung, Mehrheitsbeschluss
■ sich in Bedürfnisse, Gefühle und Interessen anderer hineinversetzen und aus deren Sicht argumentieren, z. B.: Wie würden die Klassenkameraden entscheiden? Regal putzen oder nicht?</td></tr>
<tr><td rowspan="2">Personale Kompetenz[9]</td><td>Sozialkompetenz</td><td colspan="2">Selbstständigkeit</td></tr>
<tr><td>■ Verantwortung für die Ordnung in der Klasse übernehmen
■ dem Arbeitspartner Hilfe anbieten und ihn achten
■ mit Anregungen und Kritik, z. B. Regalbretter ordentlicher auszuwischen, angemessen umgehen
■ Teamfähigkeit ausbauen, lernen, z. B. sich einem Mehrheitsbeschluss beugen zu können
■ Selbstvertrauen entwickeln und für die eigene Meinung einstehen, auch wenn man zur Minderheit gehört
■ ein realistisches Selbstbild aufbauen, eigene Stärken und Schwächen erkennen, z. B. dass mit Freude Aufgaben für die soziale Gemeinschaft übernommen werden, aber dafür eine Wertschätzung erwartet wird</td><td colspan="2">■ Lern- und Leistungsbereitschaft: sich auf schwierige Aufgaben und Problemstellungen einlassen (richtige Dosierung des Putzmittels, richtiges Auswringen des Putzlappens)
■ Zuverlässigkeit und Sorgfalt: Arbeitstempo steigern und zielorientiert arbeiten (sinnvolle Reihenfolge von Arbeitschritten beim Putzen beachten)
■ Ausdauer und Belastbarkeit: Arbeitsphasen ausbauen und Frustrationstoleranz erhöhen (schwierigere Gegenstände wie das Perlenregal putzen)
■ Kreativität und Flexibilität: eigene Interessen und Ideen formulieren und einbringen, neue Herangehensweisen und Methoden erproben
■ Selbstständigkeit: eigene Arbeitsschritte planen, sich selbstständig notwendige Informationen und Hilfe beschaffen (benötigte Putzutensilien selbstständig zusammentragen)</td></tr>
</table>

7 Vgl. Arbeitskreis DQR 2011
8 Vgl. Ministerium für Schule und Weiterbildung 2011a: 23–36, 39–51
9 Vgl. Ministerium für Schule und Weiterbildung 2011b: 8/9; Bohl 2009: 20

Wie geht es weiter? (Förder- bzw. Forderempfehlung)

- Weitere mögliche Klassendienste übernehmen: Fegedienst, Tafel putzen, Tisch-deck-Dienst usw.
- Geschenke einpacken
- Schulfest mitorganisieren, verantwortungsvolle Aufgaben übernehmen

Foto 3: Weihnachtsgeschenke einpacken

Foto 4: Arbeitsblätter lochen

Foto 5: Plätzchen backen und verzieren

Umdenken in der Leistungsbewertung: Was bedeutet das?

Neben der Fachkompetenz rücken die personalen Kompetenzen ebenbürtig in den Vordergrund. Die individuelle Entwicklung des Kindes wird als Ganzes betrachtet. Das Kind wird in seiner Ganzheit gesehen und nicht nur das fokussiert, was es fachlich leistet und was an Leistung gemessen werden kann. Diese Entwicklungsschritte werden mit dem Kind reflektiert. So erfahren die Kinder eine anerkennende und beratende Feedbackkultur. Sie lernen, eigene Formen von Leistungsrückmeldung zu entwickeln. Das Feedback wird nicht als beängstigende Beurteilung – oder gar als Verurteilung – des eigenen Tuns erfahren, sondern als Möglichkeit, sich des eigenen Fortkommens bewusst zu werden, aber Leistungslücken zu erkennen, zu überdenken und zu füllen. Das Kind lernt zudem, das Leistungsvermögen und Können anderer wahrzunehmen und einzuschätzen und ihnen dazu adäquate Rückmeldungen zu geben. Eine Feedbackkultur, die auf Anerkennung, Beratung und Begleitung beruht, kultiviert wertschätzende Gesprächsformen. Ein an der Sache und der Person orientierter und vor allem interessierter Umgangston wird eingeübt. Im Fokus der Kommunikation stehen Überlegungen wie diese: Wie sage ich es dem anderen, wenn seine Leistung nicht den Anforderungen entspricht? Welche Möglichkeiten erkenne ich in der Leistung des anderen? Wie kann ich dem anderen deutlich machen, dass sein Lernweg noch nicht zu Ende ist, obwohl ich bei ihm erste Unlustgefühle erkenne? Wie kann ich den anderen motivieren, ihn bestärken, es weiter zu versuchen? Wie kann ich ihn begleiten? Wie fördern?

»Die Lehrerin muss sehr aufmerksam sein: Nicht eingreifen bedeutet *in keiner Form* eingreifen«
(Montessori 1989: 252)

3. Leistungserziehung und Leistungskultur in der Freiarbeit

Wenn Erzieher bzw. Lehrer Lernen in der *Freiarbeit* arrangieren, setzt dies eine spezifische Haltung dem einzelnen Kind gegenüber voraus: Das Kind wird verstanden als eine eigenständige Persönlichkeit mit einem besonderen Streben nach Unabhängigkeit. Es ist vertrauenswürdig und in der Lage – durch unterstützende Maßnahmen – mit seiner Freiheit umzugehen. Es kann Verantwortung für sein Lernen übernehmen. Eine Leistungserziehung und die Entwicklung einer Leistungskultur können in der Freiarbeit besonders gut gelingen, da sie den Raum dafür gibt. Im Folgenden werden dazu konkrete Aspekte der Freiarbeit nach Maria Montessori dargestellt.

3.1 Das Bedingungsgefüge der Montessori-Freiarbeit[1]

Freie Wahl

Montessori selbst spricht nicht von *Freiarbeit*, sondern von der »freien Wahl« (Montessori 1979: 79) oder von der »freien Zirkulation« (Montessori 1979: 85). In den Mittelpunkt ihrer Überlegungen, wie ein Kind bestmöglich lernen kann, stellt sie das Phänomen der *Polarisation der Aufmerksamkeit* (vgl. Montessori 2012: 167/168) als Fähigkeit des Menschen, sich mit grenzenloser Aufmerksamkeit auf einen Gegenstand oder Sachverhalt zu konzentrieren und die Tätigkeit so lange auszuführen, bis der Gegenstand der Beschäftigung zum geistigen Besitz geworden ist. Durch das wiederholte Erleben der Polarisation der Aufmerksamkeit kann das Kind seine große Leistung vollbringen und seine eigene Persönlichkeit aufbauen.

Polarisation der Aufmerksamkeit

Damit das Phänomen einer tiefen Konzentration auftreten kann, bedarf es eines besonderen Bedingungsgefüges, das in Abbildung 9 schematisch dargestellt ist. Dieses Bedingungsgefüge wird in Montessori-Einrichtungen in der *Freiarbeit* umgesetzt.

3.2 Sensible Phasen

Natürlicher Bauplan des Kindes

Wie in Kapitel 1.3 kurz angesprochen, hat Montessori beobachtet, dass Kinder verschiedene *sensible Phasen oder sensitive Perioden* (Montessori 1938: 279–288) durchleben, in denen ihnen bestimmte Lerninhalte besonders zugänglich sind. Diese Inhalte erlernen sie dann fast mühelos und die Ergebnisse bleiben besonders stabil. Die sensiblen Phasen werden vom »*natürlichen Bauplan*« der Kinder (Montessori 2012: 39) geleitet. Auch Neurowissenschaftler, z. B. Manfred Spitzer, haben diese Beobachtungen gemacht. Spitzer hebt hervor, es gebe auch beim Kind »kritische Perioden, die man vielleicht besser

1 Vgl. auch Elsner 1980: 27

Bedingungsgefüge in der Montessori-Freiarbeit

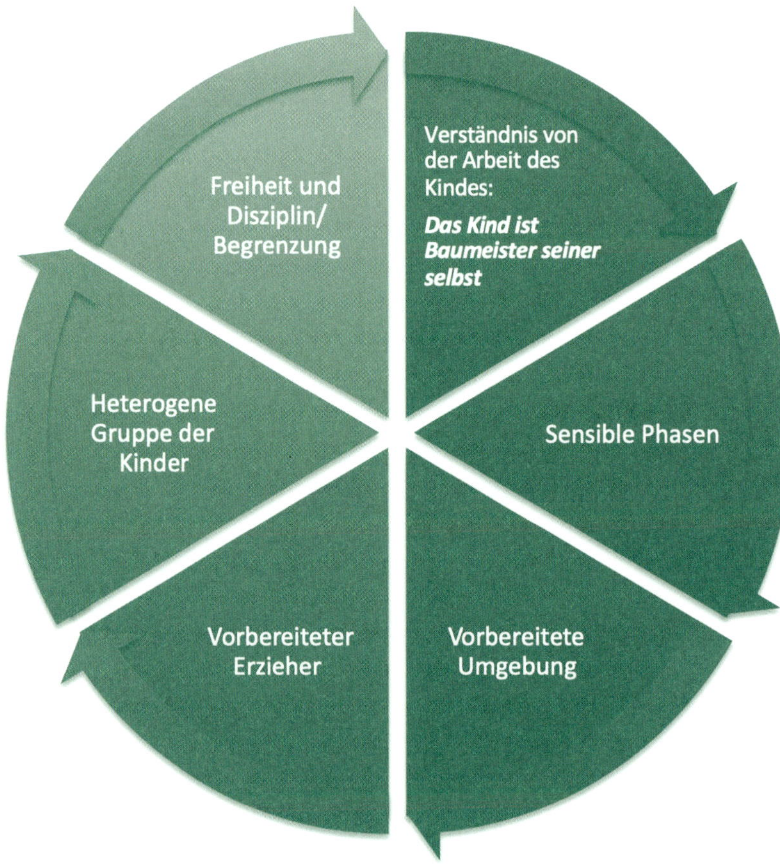

als sensible Perioden (...) bezeichnen sollte. Während solcher Phasen ist das Erlernen bestimmter Sachverhalte oder Fähigkeiten besonders leicht und erschließt gleichsam einen bestimmten Raum für weiteres Lernen« (Spitzer 2006: 210).

3.3 Die vorbereitete Umgebung

Damit die Kinder ihren sensiblen Phasen folgen können, fordert Montessori eine *vorbereitete Umgebung* (vgl. Montessori 2010: 58–63), mit dem sie nicht nur den Raum meint, sondern auch das didaktische Material und den Lehrer bzw. Erzieher.

Didaktisches Material

Mit ***didaktischem Material*** ist ein breites Angebot an didaktisch hochwertigen Montessori-Materialien gemeint. Sie entsprechen den in der Abbildung dargestellten didaktischen Prinzipien.

Anforderungen an das Material der Montessori-Pädagogik

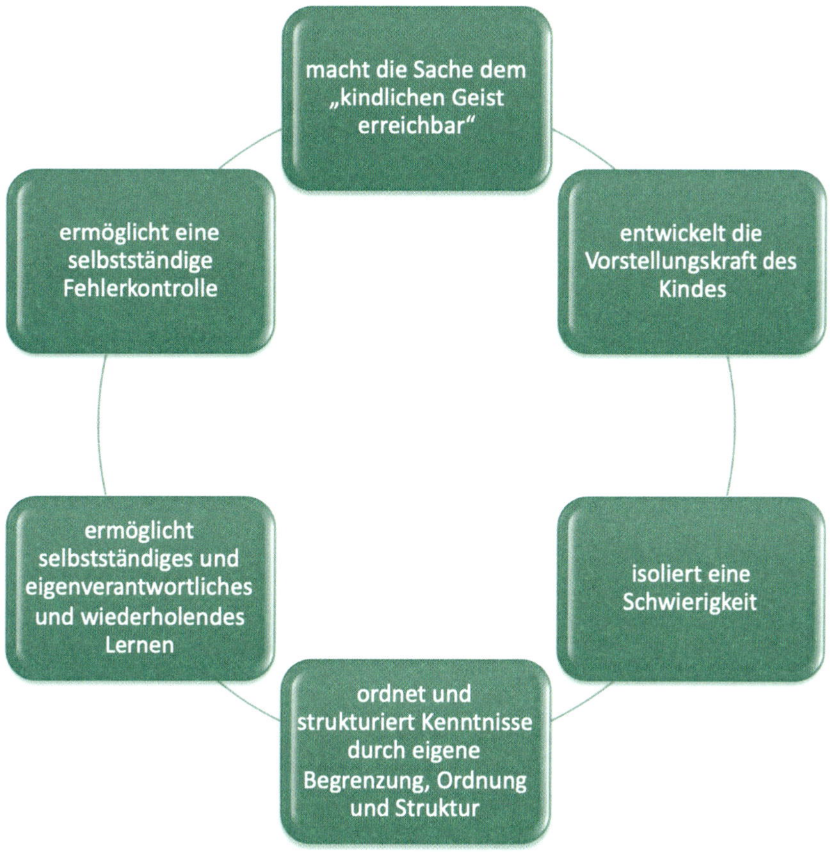

Ein wichtiges didaktisches Prinzip der Montessori-Pädagogik ist die im Material liegende Möglichkeit zur eigenständigen *Fehlerkontrolle*. Die Kinder können also unabhängig vom Lehrer ihre Fehler erkennen. Dadurch lernen sie, sich selbstständig zu verbessern, zum Beispiel indem sie Übungen wiederholen oder nach geeigneten Hilfsmitteln suchen.

Umgang mit Fehlern

Montessori pflegt zum Fehler einen freundschaftlichen Umgang. Sie weist darauf hin, dass alle Menschen, auch der Lehrer, Fehler machen. Fehler begleiten uns unser Leben lang. Nur wenn wir sie erkennen, können wir unsere Fähigkeiten und Fertigkeiten verbessern. Als Beispiel führt Montessori ein kleines Kind an, das Laufen lernt: Es schwankt und fällt immer wieder, bis es durch kontinuierliches und ausdauerndes Üben sicher gehen kann. Für Montessori ist nicht »das *Korrigieren*, sondern die *individuelle Kontrolle* des Fehlers von Bedeutung« (Montessori 1989: 223). Sie betont die Wichtigkeit, »seine Fehler zu kennen und sie kontrollieren zu können. (...) Wenn es etwas gibt, das den Charakter unentschlossen macht, dann ist es die Tatsache, nicht etwas ohne fremde Hilfe kontrollieren zu können. Daraus entspringt ein Minderwertigkeitsgefühl, das sich in einem Mangel an Selbstvertrauen auswirkt« (Montessori 1989: 223).

Vorbereiteter Erzieher

Der ***vorbereitete Erzieher*** gehört bei Montessori zur geistigen, vorbereiteten Umgebung. Er gibt den Kindern durch seine Persönlichkeit Orientierung und ist somit Bestandteil einer anregenden, positiven Lernumgebung. Folgende Anforderungen muss er erfüllen (vgl. Montessori 1989: 249–258 und Montessori 1979: 28 f.):

1. *Die vorbereitete Umgebung gestalten und pflegen*: Der Erzieher muss die sensiblen Phasen der Kinder kennen und den Raum entsprechend organisieren. Er muss Material bereitstellen, sauber halten und gegebenenfalls reparieren oder ersetzen.
2. *Übersicht und Wissen haben über die Handhabung der Montessori-Materialien:* Der Erzieher muss Einführungen in die Montessori-Materialien geben können. Dazu gehören auch Übungen des täglichen Lebens wie Frühstückstisch decken, Abwaschen, Schuhe binden, Silber putzen, Wasser gießen usw.
3. *Dem inneren Bauplan des Kindes vertrauen*: Der Erzieher muss sich selbst zurücknehmen können, wenn das Kind eigene Interessen verfolgt, die ihm helfen, seine Erkenntnisse zu strukturieren und zu ordnen. Der Lehrer muss passiv werden, damit das Kind aktiv werden kann.
4. *Eine hohe Beobachtungskompetenz haben:* Der Erzieher muss das Kind genau beobachten und seine Beobachtungen richtig interpretieren, um ihm in seiner Entwicklung helfen zu können.
5. *Das Kind und seine Arbeit respektieren*: Kinder, die arbeiten, darf der Erzieher nicht unterbrechen oder stören. Er muss das Kind Fehler machen lassen. Er muss warten, bis es um Hilfe bittet und erst dann eingreifen.
6. *Begeistert sein und Begeisterung zeigen*: Der Erzieher muss lieben, was er lehrt und mit seiner Begeisterung anstecken. Nur was man liebt, schützt man und übernimmt Verantwortung dafür.
7. *Übernahme der Lehrerrolle:* Der Erzieher muss den Kinder gegenüber als klare, freundliche Respektsperson auftreten und mit seiner Persönlichkeit eine positive Atmosphäre schaffen. Er muss zuhören, ermutigen, wertschätzen mit einer Haltung der Liebe dem Kind gegenüber.
8. *Zwischen geordneter und ungeordneter Arbeit unterscheiden*: Der Erzieher muss dem Kind Freiheiten geben, aber auch Begrenzungen setzen, wenn es mit der Freiheit noch nicht umgehen kann.
9. *Ruhepausen ermöglichen*: Der Erzieher muss den Kindern Raum für Entspannung und Neuorientierung zwischen den Arbeitszyklen geben, in denen sie beispielsweise andere bei der Arbeit beobachten oder an den Regalen mit den Materialien entlangschlendern.

Beobachtung

Durch seine Beobachtungen registriert der Erzieher bzw. Lehrer nicht nur individuelle Bedürfnisse der einzelnen Kinder, sondern auch den Entwicklungsstand, ihre individuellen Lernzuwächse und Kompetenzen. Während der Arbeitsphase der Kinder beobachtet der Erzieher bzw. Lehrer ohne einzugreifen. Montessori betont: »Die Lehrerin muss sehr aufmerksam sein: Nicht eingreifen bedeutet *in keiner Form* eingreifen« (Montessori 1989:

Anforderungen an den vorbereiteten Erzieher nach Montessori

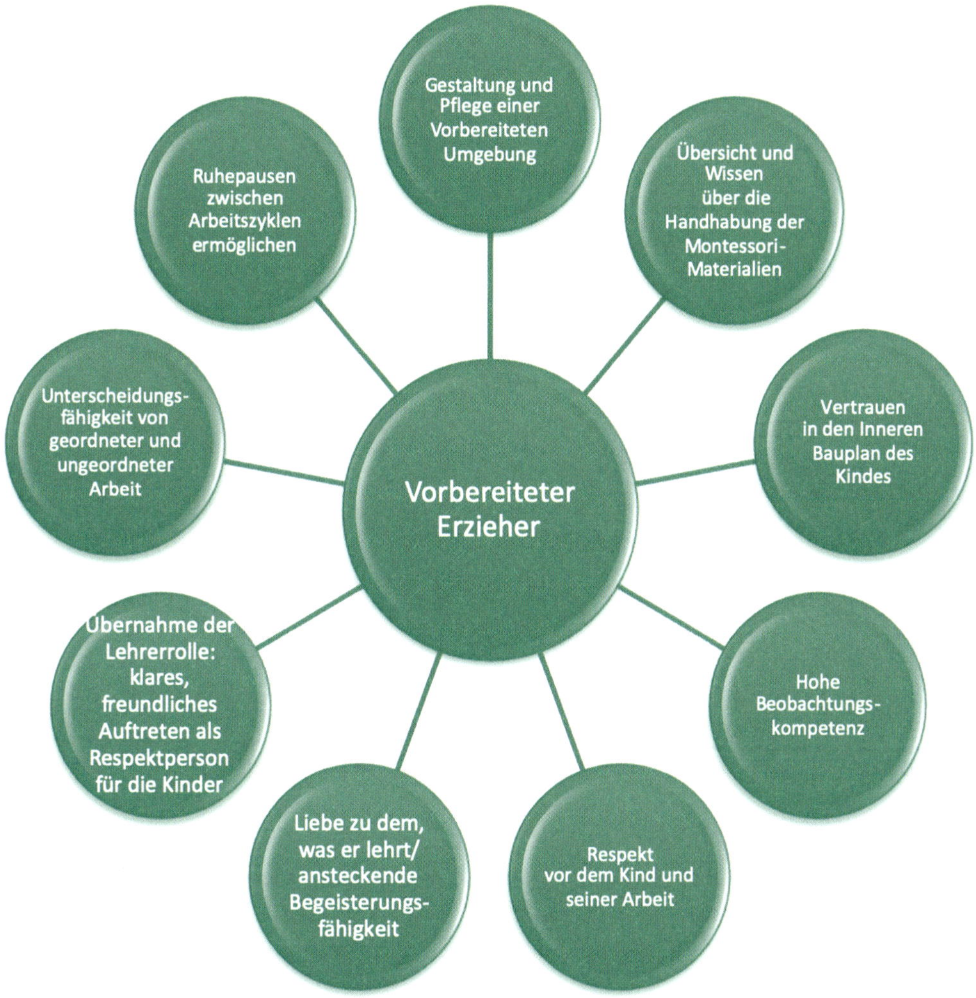

252). Nach getaner Arbeit nehmen die Kinder in der Regel Kontakt mit dem Lehrer auf, um ihr Arbeitsergebnis zu präsentieren. Einige Kinder fordern eine direkte Rückmeldung zu der erbrachten Leistung. Sie möchten die Einschätzung des Lehrers mit ihrer eigenen abgleichen. So lernen sie, ihre Fähigkeiten und Fertigkeiten realistisch einzuschätzen.

Rückmeldung über Lern- und Leistungszuwachs

In persönlichen Gesprächen gibt der Erzieher bzw. Lehrer den Kindern *Rückmeldungen über den Lern- und Leistungszuwachs*. Der Leistungszuwachs und Kompetenzerwerb muss nicht kognitiver Art sein. Es kann z. B. auch ein Zuwachs der Anstrengungsbereitschaft oder der Ausdauer sein, des positiven Umgangs mit Misserfolg, der selbstständigen Strukturierung von Arbeitsschritten, des freundlichen Umganges mit dem Arbeitspartner.

3.4 Heterogene Gruppe der Kinder

Heterogenität

Die Montessori-Gruppen bzw. -Klassen umfassen *jahrgangsgemischte Lerngruppen*. Die Heterogenität besteht über das Alter der Kinder hinaus auch im Hinblick auf ihr Geschlecht, ihre Lebensumstände, ihre Begabung und ihren Charakter. Für Erzieher und Lehrer bedeutet dies, dass sie sehr differenziert arbeiten müssen, um jedem Kind gerecht werden zu können.

Jahrgangsmischung

Die Jahrgangsmischung fördert soziales Lernen. Die Kinder helfen einander, respektieren sich, erkennen Leistungen der anderen an, sind stolz auf einander, haben innerhalb der Gruppe Vorbilder. Sie lernen, sich auf die unterschiedlichen Fähigkeiten und Fertigkeiten ihrer Arbeitspartner einzustellen und produktiv und zielgerichtet im Team zu arbeiten. Sie trainieren soziale Kompetenzen wie Kommunikations- und Kompromissfähigkeit, Übernahme von Verantwortung, Verlässlichkeit und Anstrengungsbereitschaft.

Der Erzieher/Lehrer als Vorbild

Sicher kommt es auch zu Streit und Konfliktsituationen. Wichtig ist das Verhalten des Erziehers bzw. Lehrers, der durch seine Persönlichkeit Orientierung gibt. Er lebt Werte vor, zeigt Respekt gegenüber allen Kindern und Verständnis für verschiedene Sichtweisen und Bedürfnisse. Er gestaltet die Art der Konfliktlösung, lebt einen adäquaten Umgang mit Menschen vor, den die Kinder aufmerksam beobachten und übernehmen. In dieser Atmosphäre finden auch Kinder mit besonderem Förderbedarf einen festen und geborgenen Platz in der Gemeinschaft.

Die veränderte Stellung des Kindes

In einer jahrgangsgemischten Gruppe bzw. Klasse ändert sich jedes Jahr nach den Sommerferien die Stellung der Kinder innerhalb der Gemeinschaft. Beispielsweise in der Schule: Die Viertklässler verlassen die Gruppe, die neuen Erstklässler werden begrüßt, jedes Kind muss seine Position innerhalb der Klassengemeinschaft neu finden. Nach den Ferien werden die »Kleinen« zu den »Großen«, übernehmen mehr Verantwortung. Zunehmend wird ihnen bewusst, was sie bereits alles gelernt haben und weitergeben können. Dabei geht es nicht nur um kognitives Wissen. Sie sind stolz auf Rituale, kulturelle Gepflogenheiten und Regeln, die sie verinnerlicht haben. Diese leben sie vor, weisen auf sie hin und erklären sie den Kindern, die neu in der Gruppe sind.

Gerechtigkeit als wichtige soziale Erfahrung

Das Thema Gerechtigkeit – im Miteinander allgemein und speziell in Konfliktsituationen – beschäftigt Kinder im Grundschulalter sehr. Montessori beobachtete, dass sie eine sensible Phase für Fragen der Moral und der Werte zeigen (vgl. Montessori 2015: 13). Montessori betont: »Der Mensch ist ein soziales Wesen, und eine normale Entwicklung kann sich nur vollziehen, wenn das Leben all seine Werte entfalten und verwirklichen kann. Auch hieraus folgt also, dass die Erziehung nicht nur eine intellektuelle Frage ist. Man muss den Wissenserwerb mit sozialen Erfahrungen bereichern, und die Entwicklung des sittlichen Strebens schließt sich dann, beinahe als natürliche Folge, an« (Montessori 1941: 179/180).

3.5 Freiheit und Begrenzung

Freiheiten in der Freiarbeit

Kernstück des Alltags in Montessori-Einrichtungen ist die Freiarbeit, in der die Kinder *Freiheit* haben im Hinblick auf

- die Wahl des Materials bzw. des Lerngegenstandes, mit dem sie sich beschäftigen möchten
- ihre Bewegung (Wechsel des Arbeitsplatzes)
- ihre Zeiteinteilung (Wechsel der Arbeit)
- die Wahl der Sozialform (Einzel-, Partner- oder Gruppenarbeit)

Freiheit und Begrenzung

Die Freiarbeit wird strukturiert durch einen zeitlichen Rahmen (*Begrenzung*), der so geplant werden muss, dass die Kinder genug Zeit haben, um in ihre selbstgewählte Arbeit eintauchen zu können und zur Polarisation ihrer Aufmerksamkeit gelangen.

Zeitliche Strukturen

In der Schule nimmt die Freiarbeit große Zeiteinheiten (zwei bis drei Stunden pro Tag) ein, in der Mathematik-, Deutsch- und Sachunterricht stattfinden. Der ergänzende Unterricht umfasst die Fächer, die an spezielle Räumlichkeiten gebunden sind (z. B. Sport und Musik), bei denen das Sprechen im Vordergrund steht (Englisch) oder an dem nicht alle Kinder der Klasse teilnehmen (konfessionsgebundener Religionsunterricht). In der Freiarbeit, im Kunstunterricht und im Klassenrat arbeitet die jahrgangsgemischte Klasse gemeinsam. Für den ergänzenden Unterricht teilt sich die Klasse in zwei Lerngruppen auf, die parallel unterrichtet werden: Die jüngeren Kinder (Jahrgangsstufe 1 und 2) bilden eine Gruppe, die älteren Kinder (Jahrgangsstufe 3 und 4) die andere. Wie solche Zeitpläne aussehen können, zeigen die nachfolgenden Beispiele.

Zeitplan für ein Kinderhaus

Zeit	Montag	Dienstag	Mittwoch	Donnerstag	Freitag
8.00–10.45	**Intensive Arbeitszeit** Arbeit mit den Montessori-Materialien / Einführungen neuer Materialien / individuelle Vorstellung von Projekten (z. B. zu einem ausgesuchten Künstler)				
10.45–11.15	**Gruppenangebot** Musikgestaltung, Bewegungslieder, Kreisspiele, Turnen, Stegreifspiele, Rollenspiele, Bilderbuchbetrachtungen, Geschichten, Märchen, Rätsel, Reime, Gespräche, Bildgestaltungen, Stilleübungen, Gehen auf der Linie				
11.15–11.30	**Aufräumen/** **Tischdecken** für das Mittagessen				
11.30–12.00	**Freispiel draußen**				
12.00–13.00	**Mittagessen**				
13.00–14.00	**Mittagschlaf** für die jüngeren Kinder **Freispiel draußen** für die älteren Kinder				
14.00–16.30	**Freispiel** (je nach Wetter draußen oder drinnen)/ beim Freispiel drinnen sind nun auch Gesellschaftsspiele möglich zeitgleich **individuelle Abholung** der Kinder				
16.00–16.15	**Im Winter:** **Vorlesen für alle um diese Zeit noch anwesenden Kinder aller Gruppen in der Turnhalle**				

Stundenplan einer Schulklasse

<table>
<tr><th></th><th>Zeit</th><th colspan="2">Montag</th><th colspan="2">Dienstag</th><th colspan="2">Mittwoch</th><th colspan="2">Donnerstag</th><th colspan="2">Freitag</th></tr>
<tr><td>1</td><td>8.15–9.00</td><td colspan="2">**FA**</td><td colspan="2">**FA**</td><td colspan="2">**FA**</td><td>Engl.</td><td>Sport</td><td colspan="2">**FA**</td></tr>
<tr><td>2</td><td>9.00–9.45</td><td colspan="2">**FA**</td><td colspan="2">**FA**</td><td colspan="2">**FA**</td><td>Musik</td><td>Sport</td><td colspan="2">**FA**</td></tr>
<tr><td>3</td><td>9.45–10.30</td><td colspan="2">**FA**</td><td colspan="2">PAUSE</td><td colspan="2">PAUSE</td><td colspan="2">PAUSE</td><td colspan="2">**FA**</td></tr>
<tr><td>3</td><td>10.30–11.15</td><td colspan="2">PAUSE</td><td colspan="2">Kunst</td><td>Sport</td><td>X</td><td colspan="2">**FA**</td><td colspan="2">PAUSE</td></tr>
<tr><td>4</td><td>11.15–12.00</td><td colspan="2">**FA**</td><td colspan="2">Kunst</td><td>Sport</td><td>Engl.</td><td colspan="2">**FA**</td><td colspan="2">Klassenrat</td></tr>
<tr><td>5</td><td>12.00–12.45</td><td>Reli</td><td>X</td><td>OGS</td><td>X</td><td>Engl.</td><td>Musik</td><td>OGS</td><td>Engl.</td><td>X</td><td>Reli</td></tr>
<tr><td>6</td><td>12.45–13.30</td><td colspan="2">OGS</td><td colspan="2">OGS</td><td colspan="2">OGS</td><td colspan="2">OGS</td><td colspan="2">OGS</td></tr>
<tr><td>P</td><td>13.30–14.00</td><td colspan="10">Mittagspause</td></tr>
<tr><td>LZ</td><td>14.00–14.45</td><td colspan="2">Lernzeit</td><td colspan="2">Lernzeit</td><td colspan="2">OGS</td><td colspan="2">Lernzeit</td><td colspan="2">OGS</td></tr>
<tr><td>P</td><td>14.45–15.00</td><td colspan="10">Pause</td></tr>
<tr><td>AG</td><td>15.00–16.00</td><td colspan="2">AG</td><td colspan="2">AG</td><td colspan="2">AG</td><td colspan="2">AG</td><td colspan="2">AG</td></tr>
</table>

Stundenplan eines Erstklässlers

	Zeit	Montag	Dienstag	Mittwoch	Donnerstag	Freitag
1	8.15–9.00	**Deutsch** (Einsatzfiguren)	**Mathe** (Schlangenspiel)	**Deutsch** (Lesedosen)	Engl.	**SU** (Flaggen abmalen)
2	9.00–9.45	**Deutsch** (bewegl. Alphabet)	**Deutsch** (Lesedosen)	**SU** (Tierpuzzle)	Musik	**SU** (Flaggen abmalen)
3a	9.45–10.30	**Mathe** (rot-blaue Stangen)	PAUSE	PAUSE	PAUSE	**Mathe** (Hunderterbrett)
3b	10.30–11.15	PAUSE	Kunst	Sport	**SU** (Tierpuzzle)	PAUSE
4	11.15–12.00	**Mathe** (rot-blaue Stangen)	Kunst	Sport	**SU** (Tierpuzzle)	Klassenrat
5	12.00–12.45	Religion	OGS	Engl.	OGS	X
6	12.45–13.30	OGS	OGS	OGS	OGS	OGS

Abkürzungen: **FA: Montessori-Freiarbeit; X: Ergänzender Unterricht für das 1./2. oder 3./4. Schuljahr; OGS: Offener Ganztag; AG: Arbeitsgemeinschaft**

Je nach Wahl des Freiarbeitsmaterials könnte der auf der nebenstehenden Seite oben gezeigte Stundenplan einer Montessoriklasse individuell übersetzt werden, in einen Stundenplan mit klarer Fächerzuordnung. Diese individuellen Stundenpläne unterscheiden sich von Kind zu Kind, von Tag zu Tag, von Woche zu Woche. Die Abbildung links unten zeigt das Beispiel eines individuell übersetzten Stundenplans für einen Erstklässler anhand seiner Materialwahl.

3.6 Leistungserziehung in der Montessori-Freiarbeit

Freiarbeit und Leistung

Die Verbindung von Freiarbeit und Leistung in der Montessori-Pädagogik stellt eine besondere Herausforderung für jeden Erzieher/Lehrer dar. Die Sicht auf das Kind als Baumeister seiner selbst, das Entwicklungsverständnis über die sensiblen Phasen, die Voraussetzungen/Bedingungen der vorbereiteten Umgebung, der Heterogenität der Gruppe durch die Jahrgangsmischung und das Verhältnis zwischen Freiheit und Disziplin/Begrenzung sind Basisaspekte der Montessori-Pädagogik. Sie lassen sich mit den Leitgedanken des pädagogischen Leistungsbegriffs (nach Jürgens 2005, vgl. Kapitel 1.1) verknüpfen. In der Verknüpfung wird deutlich, dass die Montessori-Freiarbeit die Anforderungen eines pädagogischen Leistungsbegriffs in hohem Maß erfüllt.

Das ***Verständnis von der kindlichen Arbeit*** fordert sinnvolle Leistungsanforderungen (Norm und Zweck), eine entwicklungsfördernde Lernumgebung (Anlage und Umwelt), individuelle und soziale Lernräume (Individuum und Gemeinschaft) und interessegeleitete Lernfelder (Problemmotivation und Lernvielfalt).

Lernen gemäß den ***sensiblen Phasen*** vollzieht sich in einer entwicklungsfördernden Lernumgebung (Anlage und Umwelt), sozialen Lernräumen (Individuum und Gemeinschaft) und an der kindlichen Entwicklung orientierte Anforderungen an Leistung (Norm und Zweck).

Die kindliche Arbeit in der ***vorbereiteten Umgebung*** wird gesichert durch das didaktische Material mit klar strukturierten Leistungsanforderungen und den vorbereiteten Erzieher (Norm und Zweck), am individuellen Lernprozess orientierte Bewertungsformen (Produkt und Prozess), an kindlichen Lernbedürfnissen ausgerichtete Freiräume (Problemmotivation und Lernvielfalt) und soziale Lernräume, in denen sich der einzelne in der Gemeinschaft ausprobieren kann (Individuum und Gemeinschaft).

Die ***Heterogenität der Gruppe*** durch das Prinzip der Jahrgangsmischung öffnet Räume für individuelles und soziales Lernen gleichermaßen (Individuum und Gemeinschaft), die individuelle Leistungsentwicklung in der Gruppe, ohne Vergleichsmaßstäbe anzulegen (Anlage und Umwelt), und interessegeleitetes und vielfältiges Lernen in einer altersgemischten Arbeitsgemeinschaft (Problemmotivation und Lernvielfalt).

Das Erfahren von ***Freiheit und Begrenzung*** gibt dem Kind vielfältige Möglichkeiten, sinnvolle Freiheiten und Begrenzungen der eigenen Leistung zu erkennen (Norm und Zweck), Verantwortung für das eigene Lernen zu übernehmen (Individuum und Gemeinschaft), das eigene Leistungsvermögen zu steigern (Anlage und Umwelt) und das eigene Leistungsverhalten zu überprüfen (Produkt und Prozess).

Verständnis von der Arbeit des Kindes: Das Kind ist Baumeister seiner selbst	■ Leistung ist norm- *und* zweckgebunden ■ Leistung ist anlage- *und* umweltbedingt ■ Leistung ist individuelles *und* soziales Lernen ■ Leistung ist problemmotiviertes *und* vielfältiges Lernen
Sensible Phasen	■ Leistung ist anlage- *und* umweltbedingt ■ Leistung ist individuelles *und* soziales Lernen ■ Leistung ist norm- *und* zweckgebunden
Vorbereitete Umgebung	■ Leistung ist anlage- *und* umweltbedingt ■ Leistung ist produkt- *und* prozessorientiert ■ Leistung ist problemmotiviertes *und* vielfältiges Lernen ■ Leistung ist individuelles *und* soziales Lernen
Die heterogene Gruppe der Kinder	■ Leistung ist individuelles *und* soziales Lernen ■ Leistung ist anlage- *und* umweltbedingt ■ Leistung ist problemmotiviertes *und* vielfältiges Lernen
Freiheit und Disziplin / Begrenzung	■ Leistung ist norm- *und* zweckgebunden ■ Leistung ist individuelles *und* soziales Lernen ■ Leistung ist anlage- *und* umweltbedingt ■ Leistung ist produkt- *und* prozessorientiert

TEIL B: Praxisbeispiele aus der Freiarbeit

Dieser Teil zeigt anhand konkreter Arbeitssituationen in einer Montessori-Grundschulklasse, wie sich Leistungserziehung in der Freiarbeit umsetzen lässt. Obwohl alle Beispiele aus einer Schule stammen, ist das Prinzip auf die Arbeit im Kinderhaus übertragbar. Die Einführungen in die Montessori-Materialien in Form einer Drei-Stufen-Lektion (vgl. Deutsche Montessori-Vereinigung 2012/2014) werden zugrunde gelegt und als bereits erfolgt vorausgesetzt. Die Namen der Kinder sind frei erfunden. Die Fotos dienen zur Veranschaulichung der Arbeitssituation und zeigen nicht die in der Beobachtung beschriebenen Kinder. Die den Beispielen nachstehenden Kompetenztabellen erheben keinen Anspruch auf Vollständigkeit.

»Es besteht kein Zweifel, dass dieses Material nicht nur Schlüssel zur Erforschung der Umgebung, sondern auch als Mittel zur Entwicklung des mathematischen Geistes betrachtet werden muss«
(Montessori 1989: 165)

1. Mathematische Bildung

Bereits junge Kinder beobachten ihre Umwelt sehr genau und nehmen Muster und Strukturen wahr. Nach Montessori zeigen besonders Kinder im Alter von 3–6 Jahren eine Sensibilität für Ordnungen. Für dieses Alter hat sie Sinnesmaterial hergestellt. Die Kinder sammeln mit diesen Materialien erste Erfahrungen zu Größen, Längen, Gewichten und anderen Abstufungen. In der Grundschule ermöglicht das mathematische Material den Kindern weitreichender zu handeln, den Aufbau des Dezimalsystems, mathematische Operationen, Strukturen und Zusammenhänge zu begreifen.

Erste mathematische Erfahrungen

So lassen sich mit dem breiten und vielfältigen Montessori-Materialangebot die verschiedenen Kompetenzen nach dem Deutschen Qualifikationsrahmen erwerben (s. Tabellen nach jedem Praxisbeispiel).

1.1 Muster legen mit den rot-blauen Stangen

»Da die Sinne die Erforscher der Umgebung sind, öffnen sie den Weg zum Wissen. Das Material zur Erziehung der Sinne wird wie eine Art Schlüssel angeboten, der die Tür zur Erforschung der äußeren Dinge öffnet …« (Montessori 1989: 163).

Pascal hat als Arbeitsmaterial die rot-blauen Stangen und die Fotos mit Mustern zum Nachlegen gewählt. Er versucht zunächst, ein Muster allein durch genaues Schauen nachzulegen. Als er merkt, dass ihm mit dieser Vorgehensweise viele Fehler unterlaufen, ändert er seine Strategie. Er beginnt, die Felder der auf dem Foto abgebildeten Stangen zu zählen, um beim Nachlegen auf Anhieb die richtige Stange zuordnen zu können. Das Zählen im Zahlenraum bis 10 bereitet ihm keine Schwierigkeiten. Er ordnet die Zahlen auch den Farbfeldern entsprechend an. Entdeckt er Fehler, korrigiert er diese. Die von ihm nachgebauten Muster stimmen am Ende genau mit den Mustern auf den Fotos überein. Nach jedem erfolgreich gelegten Muster schiebt er die Stangen zur Seite und nimmt sich das nächste Foto vor. Pascal arbeitet konzentriert und zielgerichtet über einen langen Zeitraum.

Foto 6: Arbeit mit den rot-blauen Stangen

Foto 7/8: Muster nachlegen mit den rot-blauen Stangen

Kompetenzorientierte Leistungsbewertung

Pascal hat in der Vergangenheit bereits mit den großen rot-blauen Stangen auf dem Teppich gearbeitet. Mittlerweile ist seine Motorik soweit geschult, dass die kleinere Material-Variante für ihn eine neue Herausforderung darstellt, die er gern annimmt. Er kommt mit den kleineren Stangen gut zurecht. Er zeigt Ehrgeiz sowie ein gutes Selbstvertrauen, arbeitet systematisch, findet und korrigiert selbstständig Fehler und benötigt zwischen den verschiedenen Aufgaben keine Bestätigung durch die Lehrerin. Pascal geht ausdauernd und sorgfältig vor. Er beendet die Arbeit erst, nachdem er alle Muster erfolgreich bearbeitet hat. Sicher bewegt er sich im Zahlenraum bis 10 und zeigt eine gute räumliche Wahrnehmung.

Lern- und Leistungsberatung

Seine Rückmeldung erhält Pascal durch das Material selbst. Die Zeitspanne, die er zum Legen der Muster benötigt, wird immer kürzer. Er erfährt, dass er mit jedem Muster sicherer und schneller in der Ausführung wird.

Pascal könnte weitere Arbeiten zur räumlichen Wahrnehmung bearbeiten. Er könnte geometrische Flächen und Fachbegriffe (Seite, Ecke) kennenlernen. Da Pascal in der Lage ist, die Zahlen von 0 bis 10 sicher zu benennen und der richtigen Menge zuzuordnen, könnte er die bunten Perlenstäbchen kennenlernen und anfangen, mit ihnen einfache Additionsaufgaben zu rechnen. Er könnte die Seguin-Tafeln I und die Seguin-Tafeln II bearbeiten.

Förder- bzw. Forderempfehlung

- Muster mit dem Stäbchenkasten nachlegen
- Figuren auslegen mit den unterteilten Dreiecken
- Metallene Einsatzfiguren
- Geometrische Kommode
- Geometrische Körper
- Soma-Würfel
- Körperspiel
- Tangram
- Bunte Perlenstäbchen
- Spindelkästen
- Seguin-Tafeln I und II

Foto 9: Würfel mit dem Körperspiel nachbauen

Foto 10: Figuren auslegen mit den unterteilten Dreiecken

Foto 11: Muster mit dem Stäbchenkasten nachlegen

Foto 12: Bunte Perlenstäbchen

Foto 13: Spindelkästen

Foto 14: Seguin-Tafeln I

<table>
<tr><th colspan="7">Möglicher Kompetenzerwerb nach dem DQR (Deutschen Qualifikationsrahmen)[1]: Muster legen mit den rot-blauen Stangen</th></tr>
<tr><td rowspan="6">Fachkompetenz[2]</td><td colspan="6">Fertigkeiten: (Prozessbezogene Kompetenzen)</td></tr>
<tr><td colspan="3">Problem lösen / kreativ sein</td><td colspan="3">Argumentieren</td></tr>
<tr><td colspan="3">■ zunehmend systematisch und zielorientiert probieren, die Muster mit den rot-blauen Stangen zu legen und gewonnene Einsichten zur Problemlösung nutzen, z. B. Wissen über die Herstellung des Treppenmusters nutzen, um das Muster einer Raute zu legen
■ Ergebnisse auf ihre Angemessenheit überprüfen
■ Fehler im gefunden Muster finden und korrigieren</td><td colspan="3">■ Vermutungen über mathematische Zusammenhänge oder Auffälligkeiten anstellen, z. B.: Muster einer Treppe enspricht pro Stangenlänge einer Addition um 1 bzw. einer Subtraktion von 1
■ Vermutungen überprüfen und Vermutungen, Lösungen, Aussagen hinterfragen
■ Vermutungen bestätigen oder widerlegen und allgemeine Überlegungen entwickeln oder nachvollziehen
■ Beziehungen und Gesetzmäßigkeiten erklären und Begründungen anderer nachvollziehen, erklären »immer eins mehr« bzw. »immer eins weniger« beim Treppenmuster</td></tr>
<tr><td colspan="6">Wissen: (Inhaltsbezogene Kompetenzen)</td></tr>
<tr><td colspan="2">Operationen</td><td colspan="2">Raum und Form</td><td colspan="2">Sprechen und Zuhören</td></tr>
<tr><td colspan="2">■ sich im Zahlenraum bis 10 durch Zählen (in Schritten) sowie durch Ordnen und Vergleichen von Zahlen orientieren
■ Beziehungen zwischen Zahlen entdecken und mit eigenen Worten beschreiben
■ Zuordnung von Menge und Zahl 1–10</td><td colspan="2">■ Lagebeziehungen zwischen den rot-blauen Stangen im dargestellten Muster beschreiben
■ ebene Figuren herstellen: durch (Nach-) Legen, Zerlegen und Zusammensetzen</td><td colspan="2">■ nonverbal Verstehen signalisieren
■ Fragen stellen, wenn etwas nicht verstanden ist
■ über eigene Gefühle sprechen, z. B. Freude an der Herausforderung</td></tr>
<tr><td rowspan="2">Personale Kompetenz[3]</td><td colspan="3">Sozialkompetenz</td><td colspan="3">Selbstständigkeit</td></tr>
<tr><td colspan="3">■ Verantwortung für den eigenen Lernprozess übernehmen
■ Selbstvertrauen entwickeln, durch die Erfahrung, dass Fehler selbstständig gefunden und korrgiert werden können
■ ein realistisches Selbstbild aufbauen, eigene Stärken und Schwächen erkennen, z. B. dass das Zählen im Zahlenraum bis 10 leicht fällt, aber die richtige räumliche Anordnung der rot-blauen Stangen Mühe bereitet</td><td colspan="3">■ Lern- und Leistungsbereitschaft: sich auf schwierige Aufgaben und Problemstellungen einlassen (die kleinere Variante der rot-blauen Stangen wählen)
■ Zuverlässigkeit und Sorgfalt: Arbeitstempo steigern und zielorientiert arbeiten (die Muster immer zügiger legen)
■ Ausdauer und Belastbarkeit: Arbeitsphasen ausbauen (die Arbeit erst beenden, nachdem alle Muster gelegt wurden) und Frustrationstoleranz erhöhen (Fehler erkennen und korrigieren)
■ Kreativität und Flexibilität: eigene Interessen und Ideen formulieren und einbringen, neue Herangehensweisen und Methoden erproben (die Strategie ändern und die Farbfelder abzählen, um die richtige Stange zu finden)
■ Selbstständigkeit: eigene Arbeitsschritte planen, sich selbstständig notwendige Informationen und Hilfe beschaffen (benötigte Materialien selbstständig zusammentragen)</td></tr>
</table>

1 Vgl. Arbeitskreis DQR 2011
2 Prozess- wie inhaltsbezogene Kompetenzen können der Fachkompetenz zugeordnet werden; vgl. Ministerium für Schule und Weiterbildung 2011a: 55–67, 23–36
3 Vgl. Ministerium für Schule und Weiterbildung 2011b: 8/9; Bohl 2009: 20

1.2 Arbeit mit der geometrischen Kommode

»Die Arbeitsbegeisterung ist für die gesunde Entwicklung des Kindes von größter Bedeutung, aber sie kann nur in der Umgebung entstehen, die den Bedürfnissen des Kindes entspricht und nur bei einer Haltung des Lehrers, die helfend und nicht lehrend ist. (...) Es handelt sich bei der Haltung des Erwachsenen dem Kind gegenüber um die Begrenzung des Einschreitens. Dem Kind muss geholfen werden, wo das Bedürfnis für Hilfe da ist. Doch schon ein Zuviel dieser Hilfe stört das Kind.« (Montessori 1934: 45/46)

Tim und Jens haben um eine neue Arbeit gebeten. Die Lehrerin zeigt ihnen die geometrische Kommode. Sie wählt die Formen Kreis, Rechteck, Dreieck, Quadrat und Fünfeck aus und schreibt deren Namen auf kleine Zettel. Die Kinder ordnen die Zettel den entsprechenden Formen zu. Mit Hilfe der Fachbegriffe »Seite« und »Ecke« versuchen Tim und Jens, Definitionen für die jeweiligen Formen zu formulieren. Beide Jungen kennen bereits den Kreis, das Dreieck und das Viereck. Die Definition des Fünfecks leiten sie anhand des Namens sicher her.

Foto 15: Arbeit mit der geometrischen Kommode

Nachdem sie die Fachbegriffe »Seite« und »Ecke« sicher nutzen, beschreiben sie die Besonderheit des Quadrates und leiten die Definition her. Bei der folgenden genaueren Betrachtung des Rechtecks finden sie einen Teil der Definition ebenfalls selbstständig: »Die gegenüberliegenden Seiten sind gleich lang«. Der weitere Teil der Definition, »Ein Recheck hat vier rechte Winkel«, wird von der Lehrerin benannt.

Nach der gemeinsamen Erarbeitung zeichnen Tim und Jens die geometrischen Formen in ihre Mathematikhefte und schreiben die Namen dazu. Die Formen nutzen sie als Schablonen. Nachdem sie die Umrisse mit dem Bleistift gezeichnet haben, malen sie die Formen ordentlich aus. Beim Abschreiben der Namen verwenden sie eine formschöne Druckschrift ohne Rechtschreibfehler. Sie arbeiten, ohne sich ablenken zu lassen. Zwischendurch vergleichen sie ihre Arbeitsergebnisse. Ihr Endergebnis päsentieren sie der Lehrerin.

Foto 16: Tims Arbeitsergebnis

Foto 17: Jens' Arbeitsergebnis

Kompetenzorientierte Leistungsbewertung

Tim und Jens sind offen für neue Herausforderungen. Sie zeigen Interesse an neuen Lerninhalten und Bereitschaft sich auf diese einzulassen. Sie hören aufmerksam zu, merken sich schnell neue Fachbegriffe und nutzen diese bereits nach kurzer Arbeitsphase, um weitere geometrische Formen zu definieren. Die Jungen arbeiten strukturiert, ausdauernd und zielgerichtet. Kritik, ordentlicher zu zeichnen und darauf zu achten, nicht über den Rand zu malen, können sie annehmen und umsetzen. Fehler korrigieren sie ohne fremde Hilfe. Beide Jungen zeigen ein gutes Selbstvertrauen und freuen sich über ihre Arbeitsergebnisse. Sie unterstützen sich gegenseitig, gehen kameradschaftlich miteinander um, schaffen eine angenehme Arbeitsatmosphäre.

Tim und Jens kennen erste geometrische Formen. Sie können Kreis, Dreieck und Viereck mit den Fachbegriffen »Seite« und »Ecke« definieren.

Sie stellen mathematische Zusammenhänge her und übertragen ihr Wissen auf neue Sachverhalte. So stellen sie sachlich richtige Vermutungen über die Definition des Fünfecks, des Quadrates und Rechteckes an. Sie begründen ihre Aussagen durch Beschreibungen von Gesetzmäßigkeiten. Ihre Arbeitsergebnisse halten sie schriftlich fest.

Lern- und Leistungsberatung

Die Lehrerin knüpft an Vorwissen der beiden Jungen an. Sie macht ihnen bewusst, was sie bereits wissen, und schafft Selbstvertrauen in ihre Fähigkeiten. So lassen sich die Jungen später auch auf schwierige Aufgabenstellungen ein. Sie machen die Erfahrung, dass sie sich auf die Arbeitsauswahl der Lehrerin verlassen können. Sie fühlen sich weder über- noch unterfordert. Die Lehrerin bittet Tim, das nächste Mal auf größere Abstände zwischen den gezeichneten Formen zu achten.

Tim und Jens sollten diese Arbeit in den nächsten Tagen wiederholen und zusätzlich zum Namen auch eine Definition der geometrischen Formen aufschreiben, um ihr neues Wissen zu festigen. Dabei sollten sie die Fachbegriffe »Seite« und »Ecke« nutzen. Sie könnten weitere ebene Formen der geometrischen Kommode kennen und beschreiben lernen. Aufbauend auf ihr neues Wissen könnten sie Erfahrungen mit den geometrischen Körpern und deren Eigenschaften (rollen, kippen) sammeln. Sie könnten ihr Reperoire an mathematischen Fachbegriffen um »Fläche« und »Kante« erweitern, Definitionen für die geometrischen Körper zu formulieren.

Förder- bzw. Forderempfehlung

- Wiederholung/Sicherung des Wissens: Beschreibungen der geometrischen Formen unter Verwendung der Fachbegriffe »Seite« und »Ecke« schriftlich festhalten
- Weitere ebene Formen der geometrischen Kommode kennenlernen und deren Definitionen herleiten
- Freies Zeichnen geometrischer Formen
- Geometrische Körper (erste Erfahrungen sammeln)
- Geometrische Körper (Namen, Beschreibungen mit den Fachbegriffen »Fläche«, »Kante«, »Ecke«)

- Erstes Zeichnen einer Tabelle im Mathematikheft und Festhalten der Arbeitsergebnisse
- Verschiedene Verpackungen den entsprechenden Körpern zuordnen
- Modelle der verschiedenen Köper herstellen (z. B. mit Knete)
- Körper abrollen und Körpernetze zeichnen
- Würfelgebäude nach Bauplänen bauen
- Volumen mit Einheitswürfeln bestimmen

Foto 18: Ertasten geometrischer Körper

Foto 19: Bestimmen der geometrischen Körper

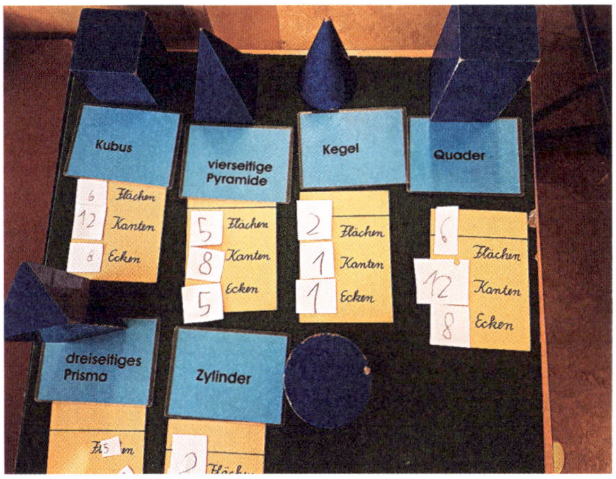

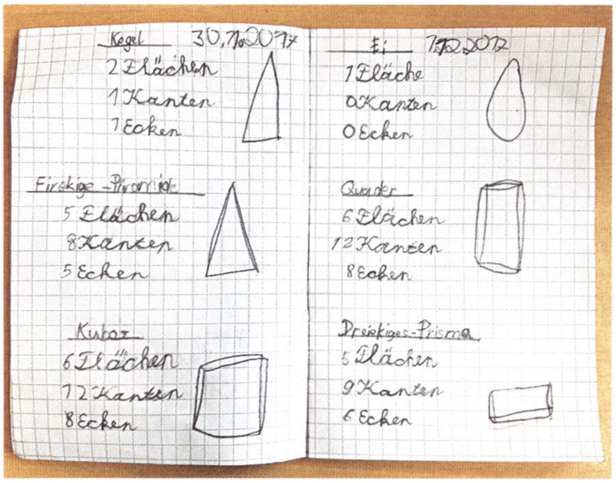

Foto 20/21: Arbeitsergebnisse und ihre Verschriftlichung im Heft

Möglicher Kompetenzerwerb nach dem DQR (Deutschen Qualifikationsrahmen)[4]: Arbeit mit der geometrischen Kommode			
Fachkompetenz[5]	Fertigkeiten: (Prozessbezogene Kompetenzen)		
	Problem lösen / kreativ sein	Argumentieren	Kommunizieren / Darstellen
	■ Ergebnisse auf ihre Angemessenheit überprüfen, indem der Rand der Einsatzfiguren mit dem Finger nachgefahren und die Definitionen so überprüft werden (Anzahl der Seiten, der Ecken) ■ Fehler in Zeichnungen und Definitionen finden und korrigieren	■ Vermutungen über mathematische Zusammenhänge oder Auffälligkeiten anstellen, z. B.: Sind in Rechtecken gegenüberliegende Seiten parallel und gleich lang? Hat das Quadrat vier gleichlange Seiten? ■ Vermutungen überprüfen und Vermutungen, Lösungen, Aussagen hinterfragen, indem verschiedene Rechtecke, Quadrate, Dreiecke und Kreise auf die gestellten Vermutungen hin untersucht werden ■ Vermutungen bestätigen oder widerlegen und allgemeine Überlegungen entwickeln oder nachvollziehen, gegebenenfalls Definitionen präzisieren, z. B.: Im Rechteck sind gegenüberliegende Seiten gleichlang und alle vier Winkel sind rechte Winkel. ■ Beziehungen und Gesetzmäßigkeiten erklären und Begründungen anderer nachvollziehen	■ komplexere Aufgabenstellungen gemeinsam bearbeiten, dabei Verabredungen treffen und eigene und fremde Standpunkte in Beziehung setzen, Gesprächsregeln einhalten ■ Arbeitsergebnisse in Zeichnungen und Definitionen festhalten ■ bei der Darstellung mathematischer Sachverhalte mathematische Fachbegriffe wie Seite und Ecke verwenden
	Wissen: (Inhaltsbezogene Kompetenzen)		
	grundlegende Kompetenzen	Raum und Form	Sprechen und Zuhören
	■ richtige Stifthaltung erlernen ■ genau und sorgfältig abzeichnen und ausmalen ■ Auge-Hand-Koordination schulen, indem die Formen mit dem Stift nachgefahren werden	■ geometrische Grundformen untersuchen und benennen ■ ebene Figuren herstellen: durch Nachfahren ■ ebene Figuren mit Hilfsmitteln wie Schablonen zeichnen ■ *Hinführung zu:* geometrische Körper erkennen und benennen, sie nach geometrischen Eigenschaften ordnen und Fachbegriffe wie »Fläche«, »Ecke«, »Kante« zu ihrer Beschreibung verwenden	■ nonverbal Verstehen signalisieren ■ funktionsangemessen sprechen: informieren, argumentieren ■ Fragen stellen, wenn etwas nicht verstanden ist ■ eigene Meinungen begründen ■ über eigene Gefühle sprechen, z. B. über die Lieblingsform
Personale Kompetenz[6]	Sozialkompetenz	Selbstständigkeit	
	■ Verantwortung für die gemeinsame Arbeit übernehmen ■ dem Arbeitspartner Hilfe anbieten und ihn achten ■ mit Anregungen und Kritik, z. B. der Aufforderung, beim Zeichnen, nicht über die Linie zu malen, angemessen umgehen ■ Teamfähigkeit ausbauen, lernen, Arbeitsergebnisse anderer wertzuschätzen ■ Selbstvertrauen entwickeln, durch die Erkenntnis, dass Aufgabenstellungen schnell verstanden und gelöst werden ■ ein realistisches Selbstbild aufbauen, eigene Stärken und Schwächen erkennen, z. B. dass Fachbegriffe schnell gelernt werden, die Anfertigung exakter Zeichnungen aber schwer fällt	■ Lern- und Leistungsbereitschaft: sich auf schwierige Aufgaben und Problemstellungen einlassen (unbekannte geometrischre Formen anhand von Vorkenntnissen zu Kreis, Viereck und Dreieck bestimmen) ■ Zuverlässigkeit und Sorgfalt: Arbeitstempo steigern und zielorientiert arbeiten (sinnvolle Abfolge von Arbeitsschritten ausführen) ■ Ausdauer und Belastbarkeit: Arbeitsphasen ausbauen und Frustrationstoleranz erhöhen (nicht nur bekannte, sondern auch unbekannte geometrische Formen bestimmen) ■ Kreativität und Flexibilität: eigene Interessen und Ideen formulieren und einbringen (selbstgewählte geometrische Formen definieren) ■ Selbstständigkeit: eigene Arbeitsschritte planen, sich selbstständig notwendige Informationen und Hilfe beschaffen (benötigte Materialien selbstständig zusammentragen)	

4 Vgl. Arbeitskreis DQR 2011
5 Prozess- wie inhaltsbezogene Kompetenzen können der Fachkompetenz zugeordnet werden; vgl. Ministerium für Schule und Weiterbildung 2011a: 55–67, 23–36
6 Vgl. Ministerium für Schule und Weiterbildung 2011b: 8/9; Bohl 2009: 20

1.3 Addition mit dem Streifenbrett

»Diese Kinder haben den ganzen Tag freie Wahl. Das Leben basiert auf Wahl. So lernen sie, sich selbst zu entscheiden. Sie müssen sich entschließen und immer selbst wählen und so entwickeln sie diese Fähigkeit. Sie können sie nicht durch Gehorsam gegenüber den Befehlen eines anderen erlernen. Wenn sie ein bestimmtes Material haben wollen und ein anderes Kind benutzt es gerade, so müssen sie warten, bis es damit fertig ist und es fortgebracht hat. So lernen sie Geduld und Anpassung an die Bedürfnisse des anderen: es genügt nicht, dass man ihnen diese Eigenschaft erklärt, sie müssen sie üben. ... Charakterbildung kann nicht gelehrt werden. Sie geschieht durch Erfahrung und nicht durch Erklärung.« (Montessori 1979: 37)

Lorin hat in den letzten Tagen beobachtet, wie ihre Freundin mit dem Streifenbrett Additionsaufgaben gelegt und Ergebnisse ermittelt hat. Dies hat in ihr den Wunsch entfacht, sich ebenfalls mit diesem Material zu beschäftigen. Geduldig hat sie gewartet, bis es frei wurde, und wählt es heute aus. Sie sucht sich einen großen freien Tisch und legt es aus.

Lorin liest einstellige Zahlen korrekt vor. Sie legt die Addtionsaufgaben ordentlich auf das Streifenbrett. Die Aufgaben schreibt sie strukturiert, lesbar und formschön in ihr Rechenkästchenheft. Einige ihrer geschriebenen Zahlen ragen über den Kästchenrand. Das Plus- und das Gleichheitszeichen schreibt sie an die korrekten Stellen. Die Additionsaufgabe liest sie mit dem richtigen Wortlaut: »1 plus 9 ergibt 10«.

Foto 22: Addition mit dem Streifenbrett

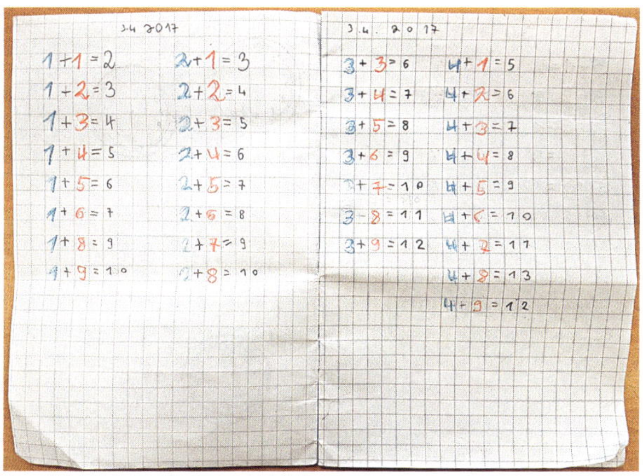

Foto 23: Lorins Arbeitsergebnis: Streifenbrett-Additionen

Foto 24: Lorins Arbeitsergebnis: »verliebte Pärchen«

Lorin arbeitet über einen langen Zeitraum. Sie lässt sich nicht stören und arbeitet zielgerichtet. Ihr Arbeitsergebnis zeigt sie der Lehrerin. Nachdem sie fertig ist, räumt sie den Platz ordentlich auf. Die Streifen legt sie in der richtigen Anordung in das dafür vorgesehene Holzkästchen.

Nach einigen Tagen schreibt Lorin alle Additionsaufgaben mit der Summe 10 (die »verliebten Pärchen«) aus dem Gedächtnis in ihr Rechenkästchenheft. Diese Aufgaben sagt sie auswendig auf. Die Größe der Zahlen hat sie auch zu diesem Zeitpunkt noch nicht an die Kästchengröße angepasst.

Kompetenzorientierte Leistungsbewertung

Lorin hat viel Freude an neuen Lerngegenständen und lässt sich schnell zu neuen Herausforderungen ermutigen. Besonders die Arbeiten der näheren Tischnachbarn beobachtet sie genau. Bereits dadruch lernt Lorin neue Inhalte. Sie kann ihre Bedürfnisse kontrollieren und sich an geltende Regeln halten. Sie respektiert die Arbeit der Klassenkameradin und die Zeit, die diese benötigt, um die Arbeit zu beenden, und greift weder helfend noch störend ein. Lorin selber arbeitet mit dem Streifenbrett zeitvergessen. Schnell taucht sie in eine lange Arbeitsphase ein. Da sie die Arbeitsschritte bereits bei der Tischnachbarin beobachtet und sich gemerkt hat, organisiert sie die Arbeit ohne Hilfe der Lehrerin. Lorin benötigt keine Rückmeldung durch die Lehrerin. Ihr eigenes Arbeitsergebnis im Heft reicht als Bestätigung aus. Erst zum Schluss aller erledigten Aufgaben sucht sie den Kontakt zur Lehrerin, um ihr Arbeitsergebnis zu zeigen. Die Bitte der Lehrerin, die »verliebten Pärchen« auswendig zu lernen, nimmt Lorin als Herausforderung an. Sie greift diese Arbeit zu einem späteren Zeitpunkt noch einmal auf, um ihren eigenen Lernzuwachs zu messen.

Im Zahlenraum bis 10 orientiert sich Lorin ohne Schwierigkeiten. Sie kann die Ziffern bis 9 sicher lesen und zuordnen. Sie schreibt die Ziffern 1 bis 8 sicher in der richtigen Schreibrichtung. Das Schreiben der Ziffern 0 und 9 beherrscht sie noch nicht: Sie kann ihre Größe nicht an die der Rechenkästchen anpassen. Die Operation der Addition ist ihr geläufig. Lorin hat eine gute räumliche Vorstellung.

Lern- und Leistungsberatung

Lorin nimmt ihre Lernumgebung aufmerksam wahr und lässt sich durch Arbeiten in der Umgebung anregen. Sie erfährt, dass diese Eigeninitiative gewollt ist und unterstützt wird. Ihre selbstständige Arbeitswahl und -planung wird von der Lehrerin ebenso anerkannt und wertgeschätzt wie ihre Geduld und ihr Einhalten bestehender Regeln. Sie würdigt Lorins konzentrierte Arbeitsweise und die Verschriftlichung ihrer Arbeitsergebnisse und gibt ihr den Hinweis, die »verliebten Pärchen« auswendig zu lernen.

Lorin könnte nun Zahlenhäuser zu bestimmten Summen mit verschiedenen Materialien legen und aufschreiben. Sie könnte die Einspluseins-Aufgaben automatisieren und die Operation des Subtrahierens kennenlernen. Das Schreiben der Ziffern 9 und 0 sollten Lorin noch einmal mit den Sandpapierziffern üben. Ebenso sollte sie üben, die Ziffern in verschiedenen Größen zu schreiben.

Förder- bzw. Forderempfehlung

- Sandpapierziffern 9 und 0 (korrekte Schreibrichtung üben)
- Aufgabenhäuser legen von Additionen mit gleichem Ergebnis (z. B. zur Summe 8, zur Summe 10, zur Summe 13 usw.)
- Aufgaben zur Summe 10 mit anderen Montessori-Materialien legen
- vertauschen der Summanden (Tauschaufgaben)
- Aufgaben des Einspluseins automatisieren
- Üben, Ziffern an die Rechenkästchengröße zu anpassen oder Papier mit größeren Rechenkästchen nutzen
- Streifenbrett zur Subtraktion

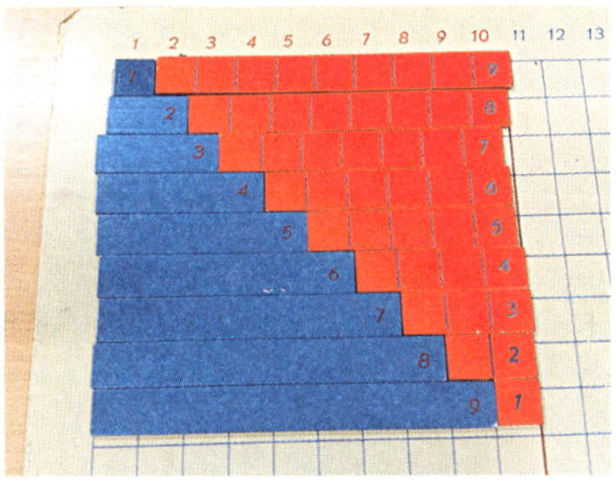

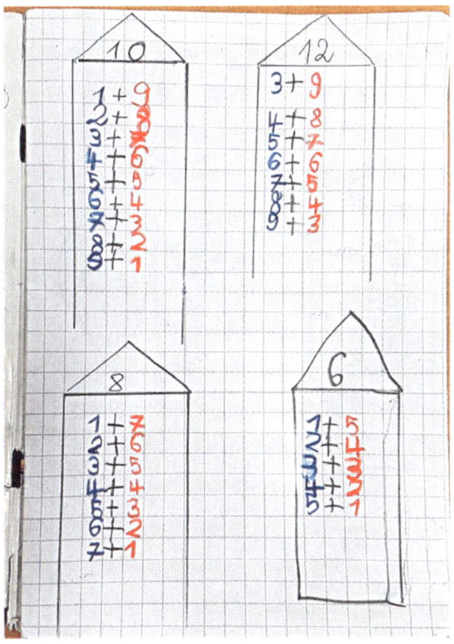

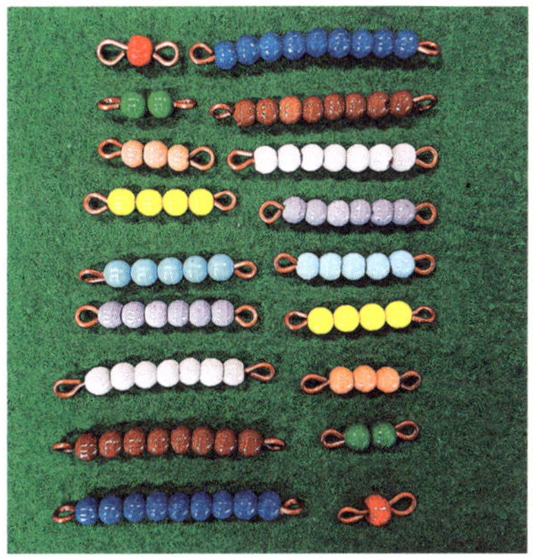

Foto 25/26: Zahlenhäuser: gelegt mit dem Streifenbrett und Arbeitsergebnis im Heft

Foto 27: Gelegte Additionsaufgaben zur Summe 10 mit den farbigen Perlenstäbchen

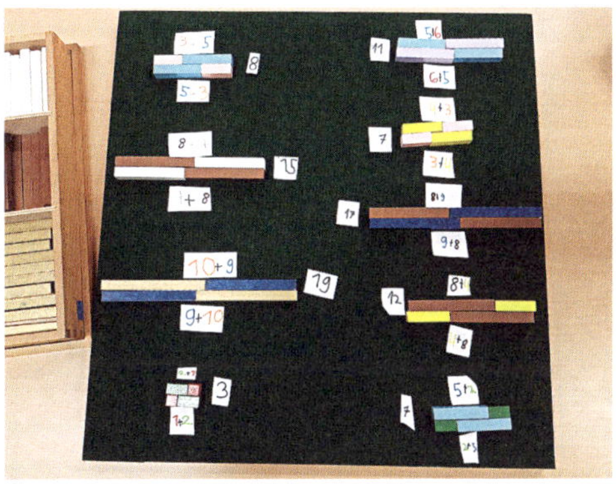

Foto 28/29: Vertauschen der Summanden (Tauschaufgaben)

<table>
<tr><th colspan="4">Möglicher Kompetenzerwerb nach dem DQR (Deutschen Qualifikationsrahmen)[7]: Addition mit dem Streifenbrett</th></tr>
<tr><td rowspan="6">Fachkompetenz[8]</td><td colspan="3">Fertigkeiten: (Prozessbezogene Kompetenzen)</td></tr>
<tr><td>Problem lösen / kreativ sein</td><td>Argumentieren</td><td>Kommunizieren / Darstellen</td></tr>
<tr><td>■ zunehmend systematisch und zielorientiert die Möglichkeiten der Zahlzerlegung der 10 probierend herausfinden und Einsichten in Zusammenhänge und mathematische Gesetzmäßigkeiten (z. B. 1+9=10, (1+1)+(9−1)=10, (1+2)+(9−2)=10 usw.) zur Problemlösung nutzen
■ Ergebnisse auf ihre Angemessenheit überprüfen, z. B. Zahlenhäuser auf ihre systematische Struktur hin überprüfen
■ Fehler in den eigenen Aufzeichnungen finden und korrigieren</td><td>■ Handlungen erklären und begründen, z. B.: Warum wird der rote Streifen des Materials immer länger und der blaue Streifen des Materials entsprechend kürzer, wenn alle Möglichkeiten der Zahlzerlegung der 10 gelegt werden?</td><td>■ Arbeitsergebnisse als Additionsaufgabe festhalten
■ bei der Darstellung der Additionsaufgabe mathematischer Sachverhalte mathematische Zeichen und Konventionen verwenden, d. h. Zahlen in die Rechenkästchen schreiben und entsprechende Rechenzeichen nutzen</td></tr>
<tr><td colspan="3">Wissen: (Inhaltsbezogene Kompetenzen)</td></tr>
<tr><td>Zahlenvorstellung</td><td>Operationen</td><td>Sprechen und Zuhören</td></tr>
<tr><td>■ Streifen des Streifenbrettes zur Anzahlerfassung nutzen
■ Hinführung zu: Zahlen im Zahlenraum bis 100 darstellen, indem die Zehnerzerlegung der 10 automatisiert wird, um sie später bei der Hunderterzerlegung in Zehnerzahlen nutzen zu können
■ zwischen der Zahldarstellung der Streifen des Materials und der Ziffernschreibweise wechseln</td><td>■ der Grundsituation des Hinzufügens und Vereinigens Plusaufgaben zuordnen
■ Operationseigenschaften / Rechengesetze entdecken (Tauschaufgaben, Zerlegen von Summanden)
■ Additionsaufgaben im Zahlenraum bis 18 unter Ausnutzung von Rechengesetzen und Zerlegungsstrategien lösen
■ Fachbegriff plus richtig verwenden
■ Hinführung zu: Zahlensätze des kleinen Einspluseins automatisiert wiedergeben und deren Umkehrung sicher ableiten</td><td>■ Fragen stellen, wenn etwas nicht verstanden ist
■ über eigene Gefühle sprechen z. B. Stolz nach einer langen konzentrierten Arbeitsphase</td></tr>
<tr><td rowspan="2">Personale Kompetenz[9]</td><td>Sozialkompetenz</td><td colspan="2">Selbstständigkeit</td></tr>
<tr><td>■ Verantwortung für den eigenen Lernprozess übernehmen
■ Selbstvertrauen entwickeln, durch die Feststellung, dass sich durch selbstständige, wiederholende Übungen ein Lernerfolg einstellt
■ ein realistisches Selbstbild aufbauen, eigene Stärken und Schwächen erkennen, z. B. dass die Zahlzerlegung der 10 automatisiert wiedergegeben werden kann, die Feinmotorik beim Schreiben aber noch nicht ausreicht, um Zahlen in kleine Rechenkästchen zu schreiben</td><td colspan="2">■ Lern- und Leistungsbereitschaft: sich auf schwierige Aufgaben und Problemstellungen einlassen (»verliebte Pärchen« auswendig lernen)
■ Zuverlässigkeit und Sorgfalt: Arbeitstempo steigern und zielorientiert arbeiten (sinnvolle Abfolge von Arbeitsschritten ausführen)
■ Ausdauer und Belastbarkeit: Arbeitsphasen ausbauen und Frustrationstoleranz erhöhen (nicht nur einen, sondern verschiedene Aufgabentypen mit dem Streifenbrett lösen)
■ Kreativität und Flexibilität: eigene Interessen und Ideen formulieren und einbringen (eigene Aufgaben erfinden und mit den Streifen legen)
■ Selbstständigkeit: eigene Arbeitsschritte planen und sich selbstständig notwendige Informationen beschaffen (die Arbeitsschritte bei der Tischnachbarin beobachten und dann selbstständig ausführen)</td></tr>
</table>

7 Vgl. Arbeitskreis DQR2011
8 Prozess- wie inhaltsbezogene Kompetenzen können der Fachkompetenz zugeordnet werden; vgl. Ministerium für Schule und Weiterbildung 2011a: 55–67
9 Vgl. Ministerium für Schule und Weiterbildung 2011b: 8/9; Bohl 2009: 20

1.4 Goldene Perlen: Bündeln und Tauschen im Dezimalsystem

»Das Interessante an der Gesellschaft sind die verschiedenen Typen, aus denen sie sich zusammensetzt. ... Es ist unmenschlich und grausam, Menschen gleichen Alters zusammenzutun, (...) denn dadurch zerreißen wir das Band des sozialen Lebens und nehmen ihm die Nahrung. (...) Unsere Kinder befinden sich im Allgemeinen in gemischten Klassen. Es ist jedoch nicht so wichtig, Jungen und Mädchen beisammen zu haben, (...) als vielmehr Kinder verschiedenen Alters. (...) Zwischen ihnen besteht eine Lehrgabe, wie sie selten zwischen Erwachsenen und Kindern zu finden sind.« (Montessori 1989: 203)

Foto 30: Mengenbestimmung durch Bündeln und Tauschen

Emil hat in den letzten Tagen das goldene Perlenmaterial mehrfach ausgelegt. Er liest vierstellige Zahlen sicher vor und kann die richtige Menge zuordnen. Nele rechnet bereits im Zahlenraum bis 20, hat aber große Schwierigkeiten mit der Zehnerüberschreitung. Heute hat die Lehrerin beide Kinder zur Einführung in eine neue Arbeit auf den Teppich gebeten. Zunächst wiederholt sie die Stellenwerte und den Aufbau von Einerperle, Zehnerstange und Hunderterplatte. Dann gibt sie eine unbestimmte Menge an Einerperlen, Zehnerstangen und Hunderterplatten auf ein Tablett und bittet die Kinder herauszufinden, wie viele Perlen sich auf dem Tablett befinden.

Die Kinder beginnen damit, Einerperlen zu sammeln und durchzuzählen. Erst nach der Frage der Lehrerin, was man denn mit zehn Einerperlen machen könne, kommen sie auf die Idee, jeweils zehn Perlen abzuzählen und in eine Zehnerstange umzutauschen. Nachdem nicht mehr genügend Einerperlen für einen Zehner auf dem Tablett zu finden sind, zählt Emil die Perlen der Zehnerstangen: »zehn, zwanzig, dreißig, ...«. Bei »hundert« stockt er, blickt die Lehrerin an und fragt, ob er die zehn Zehnerstangen in eine Hunderterplatte umtauschen dürfe. Die Lehrerin nickt. Nele lässt sich nicht beirren. Sie zählt die Zehnerstangen: »eins, zwei, drei ...« Die Lehrerin bittet Nele, die Menge der Perlen zu zählen »zehn, zwanzig, dreißig ...«. Nele beginnt von Neuem. Bei »neunzig« stockt sie, da sie nicht weiter weiß. Sie schaut auf Emil und beobachtet, wie er bis 100 zählt und die Zehnerstangen dann in einen Hunderter umtauscht. Sie blickt zur Lehrerin, um sicherzustellen, dass dieses Vorgehen richtig ist. Erst dann übernimmt sie die Handlung und tauscht auch ihre zehn Zehnerstangen in eine Hunderterplatte um.

Nachdem nicht weiter umgetauscht werden kann, legen die Kinder mit den Zahlenkarten das Ergebnis. Beide lesen das Ergebnis, eine vierstellige Zahl, laut vor. Sie bitten um

Foto 31: Bündeln und Tauschen: Arbeitsergebnis

eine neue unbestimmte Menge und beginnen die Arbeit aufs Neue. Emil ist beim zweiten Durchgang bereits sicher im Bündeln und Umtauschen. Nele zögert und schaut zwischendurch immer wieder Emil zu. Beide arbeiten drei Stunden konzentriert. Jedes Arbeitsergebnis zeigen sie der Lehrerin.

Kompetenzorientierte Leistungsbewertung

Emil zeigt große Freude am Lernen und setzt auch umfangreiche Aufgaben bis zum Schluss motiviert und sorgfältig um. Besonders Arbeiten im mathematischen Bereich bereiten ihm Freude. Nele geht zögernd auf neue Aufgabenstellungen zu. Mit Unterstützung der Lehrerin lässt sie sich darauf ein, taucht aber selten in einen selbstvergessenen Arbeitszyklus ein. Obwohl ihr Arbeiten aus dem mathematischen Bereich schwer fallen, beendet sie diese erst, wenn sie sie erfolgreich bearbeitet hat. Beide Kinder bringen ganz unterschiedlichen Lerneifer ein. Trotzdem gehen sie respektvoll miteinander um. Es entsteht eine wohlwollende Arbeitspartnerschaft, in der vor allem Emil Nele hilft.

Emil arbeitet selbstständig und benötigt keine Rückversicherung durch die Lehrerin. Er weiß um seine Fähigkeiten und führt die Operationen sicher aus. Er erschließt sich mathematische Zusammenhänge und kann seine Vermutungen und Lösungswege begründen. Die Zehnerbündelung und das Umtauschen in einen Hunderter hat er nach diesem Vormittag verinnerlicht. Die Struktur des Dezimalsystems hat er verstanden. Emil wechselt ohne Schwierigkeiten zwischen verschiedenen Darstellungsformen. Vierstellige Zahlen liest er richtig vor.

Nele erkennt mathematische Zusammenhänge nicht eigenständig. Vorgestellte Lösungswege kann sie aber nachvollziehen. Beim anschließenden Umsetzen benötigt sie immer wieder die Rückversicherung, dass sie auf dem richtigen Weg ist. Erst bei den letzten Durchführungen zeigt sie Selbstvertrauen in ihre neu erworbene Fähigkeit. Nele hat die Struktur des Dezimalsystems noch nicht verinnerlicht. Sie führt die Handlung des Bündelns und Tauschens aus, ohne die mathematische Gesetzmäßigkeit zu erkennen. Nele liest vierstellige Zahlen richtig vor.

Lern- und Leistungsberatung

Emils Freude an mathematischen Aufgabenstellungen wird durch die erfolgreiche Arbeit an der neuen Aufgabe verstärkt. Er erlebt, dass die Lehrerin seine Fähigkeit wahrnimmt und wertschätzt. Die eigene positive Einschätzung seiner mathematischen Fähigkeiten wird bestätigt.

Durch die Jahrgangsmischung erwerben beide Kinder wichtige soziale Kompetenzen: Emil erfährt durch die Zusammenarbeit mit Nele, dass auch andere Kinder sein Können als Hilfe für ihr eigenes Tun nutzen. Er lernt, sein Wissen zu teilen. Er übt, mit Kindern zu kooperieren, die andere Lösungswege einschlagen und in einem anderen Tempo arbeiten. Die Rückmeldung der Lehrerin zeigt ihm, dass diese Teamfähigkeit ein wünschenswertes

Verhalten ist. Nele erfährt durch Emils koopertives Verhalten, dass sie ihre Unsicherheit zeigen darf und im Team mit anderen Kindern auch schwierige Aufgaben lösen kann. Sie lernt, um Hilfe zu bitten und diese anzunehmen.

Nele stellt sich einer ihr unangenehmen Aufgabe. Da sie bei Emil richtige Lösungswege abschauen kann, die Lehrerin ihr kontinuierlich zur Seite steht und ihr in Momenten der Unsicherheit Zuversicht gibt, gelingt es ihr, die Aufgabe zu lösen. Dieser Erfolg stärkt Neles Selbstbewusstsein und motiviert sie, sich wiederholt mathematischen Arbeiten zu stellen.

Emil könnte nun Additionsaufgaben mit dem goldenen Perlenmaterial rechnen. Er könnte diese Aufgaben schriftlich festhalten und mathematische Konventionen kennen und umsetzen lernen.

Nele hat die Struktur des Dezimalsystems noch nicht sicher verinnerlicht. Die Bündelung von Zehn hat für sie noch keine mathematische Notwendigkeit. Nele sollte diese Übung wiederholen, bis sie die Zusammenhänge erkennt und sicher erläutern kann.

Förder- bzw. Forderempfehlung

Für Emil:

- Wiederholen dieser Arbeit: unbestimmte Menge bündeln, umtauschen und bestimmen
- Additionsaufgaben im Zahlraum bis 9999 mit dem goldenen Perlenmaterial (legen, bündeln, umtauschen und stellengerecht aufschreiben, die Aufgaben laut vorlesen)

Für Nele:

- Wiederholen dieser Arbeit: unbestimmte Mengen bündeln, umtauschen und bestimmen

Foto 32: Legen vierstelliger Zahlen mit dem Kartensatz, darstellen mit goldenem Perlenmaterial und vorlesen

Foto 33/34: Addition mit dem goldenen Perlenmaterial und schriftliches Arbeitsergebnis

Möglicher Kompetenzerwerb nach dem DQR (Deutschen Qualifikationsrahmen)[10]: Goldene Perlen: Bündeln und Tauschen im Dezimalsystem			
Fachkompetenz[11]	**Fertigkeiten: (Prozessbezogene Kompetenzen)**		
	Problem lösen / kreativ sein	**Argumentieren**	**Kommunizieren / Darstellen**
	■ zunächst probieren, durch fortlaufendes Zählen zum Ergebnis zu gelangen, dann zunehmend systematisch und zielorientiert bündeln und tauschen, dadurch Einsichten in Zusammenhänge und die Struktur des Dezimalsystems gewinnen und diese zur Problemlösung nutzen ■ verschiedene Lösungswege vergleichen und bewerten: Mit welchem Stellenwert fange ich das Bündeln und Tauschen an? Erkennen, dass zunächst die Einerperlen gebündelt und getauscht werden sollten, dann die Zehner usw. ■ Ergebnisse auf ihre Angemessenheit überprüfen, indem im Vorfeld die Menge der Zehner, Hunderter, Tausender gezählt und das Ergebnis abgeschätzt wird ■ Fehler beim Bündeln und Tauschen finden und korrigieren	■ Handlungen des Bündelns und Tauschens erklären und mit dem Aufbau einer Zehnerstange, einer Hunderterplatte, eines Tausenderkubus begründen ■ Beziehungen und Gesetzmäßigkeiten des Dezimalsystems erklären und Begründungen anderer nachvollziehen	■ komplexere Aufgabenstellungen gemeinsam bearbeiten, dabei Verabredungen über das Vorgehen beim Bündeln und Tauschen der Menge treffen, Arbeitsschritte festlegen und eigene und fremde Standpunkte in Beziehung setzen ■ Arbeitsergebnisse mit dem Kartensatz festhalten
	Wissen: (Inhaltsbezogene Kompetenzen)		
	Zahlenvorstellung	**Operationen**	**Sprechen und Zuhören**
	■ zwischen verschiedenen Zahldarstellungen wechseln, die konkrete Menge der Ziffernschreibweise zuordnen ■ das Stellenwertsystem des Dezimalsystems verstehen ■ Zahlen im Zahlenraum bis 9999 unter Anwendung der Struktur des Dezimalsystems durch stellengerechtes Legen des Kartensatzes darstellen	■ *Hinführung zu*: Additionsaufgaben im Zahlenraum bis 9999 lösen, durch das Kennenlernen der mathematischen Operation des Bündelns von 10 und Tauschen in einen höheren Stellenwert ■ *Hinführung zu*: Zahlbeziehungen und Rechengesetze für vorteilhaftes Rechnen nutzen	■ nonverbal Verstehen signalisieren ■ sich an Gesprächen beteiligen ■ funktionsangemessen sprechen: informieren, argumentieren ■ eigene Meinungen begründen, z. B. den Sinn der Zehnerbündelung erklären, um die Arbeitsschritte zu begründen ■ Fragen stellen, wenn etwas nicht verstanden ist ■ über eigene Gefühle sprechen, z. B. Angst vor neuen Aufgabenstellungen
Personale Kompetenz[12]	**Sozialkompetenz**	**Selbstständigkeit**	
	■ Verantwortung für die gemeinsame Arbeit übernehmen ■ dem Arbeitspartner Hilfe anbieten und ihn achten ■ mit Anregungen und Kritik, z. B. der Aufforderung, die 10 Zehnerstangen in 10er Schritten (10, 20, 30, 40,… 100) durchzuzählen, um Fehler zu vermeiden, angemessen umgehen ■ Teamfähigkeit ausbauen, lernen, Andere zu ermutigen, ihre Fähigkeiten auszubauen und sie in ihrem Lernprozess zu begleiten ■ Selbstvertrauen entwickeln, durch die Erkenntnis, dass angsteinflößende Aufgabenstellungen gelöst werden können ■ ein realistisches Selbstbild aufbauen, eigene Stärken und Schwächen erkennen, z. B. dass die eigene Angst vor mathematischen Aufgabenstellungen lähmt, aber durch Hilfe anderer Kinder besiegt werden kann	■ Lern- und Leistungsbereitschaft: sich auf schwierige Aufgaben und Problemstellungen einlassen (Mengen durch Tauschen und Bündeln bestimmen) ■ Zuverlässigkeit und Sorgfalt: Arbeitstempo steigern und zielorientiert arbeiten (Arbeitsschritte aufteilen bzw. gemeinsam ausführen) ■ Ausdauer und Belastbarkeit: Arbeitsphasen ausbauen und Frustrationstoleranz erhöhen ■ Kreativität und Flexibilität: eigene Interessen und Ideen formulieren und einbringen (für Emil: weitere Arbeiten aus dem mathematischen Bereich wählen), neue Herangehensweisen und Methoden erproben (für Nele: mit einem Klassenkameraden als Unterstützung Herausforderungen meistern) ■ Selbstständigkeit: eigene Arbeitsschritte planen, sich selbstständig notwendige Informationen und Hilfe beschaffen (den Tipp der Lehrerin, zu bündeln und zu tauschen, annehmen und umsetzen, um die Aufgabe selbstständig zu lösen)	

10 Vgl. Arbeitskreis DQR 2011
11 Prozess- wie inhaltsbezogene Kompetenzen können der Fachkompetenz zugeordnet werden; vgl. Ministerium für Schule und Weiterbildung 2011a: 55–67, 23–36
12 Vgl. Ministerium für Schule und Weiterbildung 2011b: 8/9; Bohl 2009: 20

1.5 Lineares Auslegen der Zahlenplättchen des Hunderterbrettes

»Die Haltung unserer Erzieher ist nicht die fantastischer Optimisten, sondern es ist die Haltung der Liebe. Ein Mensch, der nicht liebt, sieht nur die Fehler bei den anderen; der liebt, sieht sie nicht, und darum sagt man, die Liebe macht blind. Doch nur wer liebt, ist ein wirklich Sehender, und nur er kann die zarten Offenbarungen des Kindes sehen und verstehen, und vor ihm wird ein Kind seine wahre Natur zeigen können.« (Montessori 1934: 46)

Tom wählt eine Arbeit, die er bereits kennt und sicher beherrscht: Er legt die Zahlenplättchen des Hunderterbrettes an einer langen Schnur, die den Zahlenstrahl symbolisiert, aus. Er beginnt mit der 1, dann folgt die 2, dann die 3 usw. Bei der 7 greift die Lehrerin ein und bittet ihn, zunächst die Zehnerzahlen an der Schnur auszulegen. Tom überlegt kurz, setzt diese Arbeitsanweisung dann aber ohne Rückfrage um. Auf Aufforderung der Lehrerin benennt er die Zehnerzahlen ohne zu zögern. Er ordnet sie korrekt am Zahlenstrahl an. Dann legt er die übrigen Zahlenplättchen in der Reihenfolge an, wie sie ihm in die Hände fallen: 25, 66, 73 usw. Die zweistelligen Zahlen liest er richtig vor. Sobald er feststellt, dass der Abstand zwischen zwei Zahlenplättchen nicht ganz stimmt, korrigiert er ihn eigenständig. Er lässt sich nicht ablenken. Sein Arbeitsergebnis präsentiert er stolz der Lehrerin.

Foto 35/36: Zahlenstrahl: Lineares Auslegen der Zahlenplättchen

Kompetenzorientierte Leistungsbewertung

Tom nutzt die freie Wahl der Arbeit nicht oder nur sehr selten, um neue Materialien kennenzulerenen. Das Neue bedeutet für ihn Risiko und Stress. Er wählt die Sicherheit durch bekannte Arbeiten. Bei unbekannten Aufgaben und Anforderungen hat er Sorge, dass er die Aufgabenstellung nicht versteht, sie gar nicht oder falsch löst. Er ist noch auf dem Weg, ein gutes Selbstvertrauen zu entwickeln, das ihm Mut und Zuversicht gibt, sich selbstständig neuen Aufgaben zu stellen. Im Moment bedarf es der zuversichtlichen Aufforderung der Lehrerin sich neuen Aufgaben und Anforderungen zu stellen.

Tom hat eine gute Arbeitshaltung. Er arbeitet konzentriert und beendet jede Aufgabe erst, wenn sie erfolgreich bearbeitet ist. Zu der Lehrerin hat er großes Vertrauen. Kritik und Anregungen, wie den Tipp zunächst die Zehnerplättchen anzulegen, nimmt er konstruktiv auf. Fehler erkennt und korrigiert er ohne fremde Hilfe.

Zahlen bis 100 liest Tom richtig vor und ordnet sie in sinnvollen Abständen zu den bereits ausgelegten Zahlenplättchen am Zahlenstrahl an. Er beginnt mit den Zehnerplättchen und schafft so eine Struktur, die es ihm ermöglicht, anschließend jedes beliebige Zahlenplättchen sofort anlegen zu können – er muss also nicht mehr mit der 1 beginnen und dann die 2 suchen, sondern kann jede Zahl, die ihm in die Hände fällt, direkt in den Zahlenstrahl einsortieren. Er orientiert sich zum Ende der Arbeit nicht mehr nur zählend, sondern nutzt auch Zahlbeziehungen (Vorgänger und Nachfolger) und Rechengesetze (80 + 5; 90 – 3 usw.).

Lern- und Leistungsberatung

Die Lehrerin gibt Tom zu Beginn des Schulvormittags Zeit und Raum, selbstgewählte Arbeiten auszuführen, die ihm Sicherheit geben. Er fühlt sich von ihr angenommen und hat eine positive emotionale Bindung zu ihr aufgebaut, die wichtig für seinen Lernprozess ist. Nach einer Phase des »Ankommens in der Schule« fordert sie von ihm, sich auf neue Aufgaben oder Materialien einzulassen. Die Lehrerin beobachtet kontinuierlich seinen Arbeitsprozess, motiviert ihn und gibt ihm Zuversicht. Die Bewältigung der neuen Anforderungen und das Kennenlernen immer mehr Arbeitsmöglichkeiten bauen Toms Selbstsicherheit und Eigenständigkeit langsam auf.

Um zu überprüfen, ob Tom auch die richtige Mengenvorstellung verinnerlicht hat, könnte er verschiedene Zahlen im Zahlenraum bis 100 mit goldenem Perlenmaterial darstellen. Hat er eine sichere Zahl-Mengen-Zuordnung, könnte er anfangen, den Zahlenraum bis 1000 zu erobern.

Förder- bzw. Forderempfehlung

- Zehnerzahlen mit goldenem Perlenmaterial legen
- Beliebige Zahlenplättchen aus der linearen Darstellung wählen und mit goldenem Perlenmaterial legen
- Die Zahl abschreiben und die gelegte Menge dazumalen
- Zahlen im Hunderterbrett anordnen
- Fachbegriffe lernen: Vorgänger, Nachfolger, Nachbarzehner
- Dreistellige Zahlen mit den kleinen Zahlenkarten des goldenen Perlenmaterials legen, vorlesen und die entsprechende Menge zuordnen
- Hunderterkette auslegen und Zahlpfeile aus dem kleinen Kartensatz anlegen und goldenes Perlenmaterial zuordnen
- Ergänzen zum nächsten Nachbarzehner
- Tausenderkette auslegen und Zahlpfeile aus dem kleinen Kartensatz anlegen und goldenes Perlenmaterial zuordnen

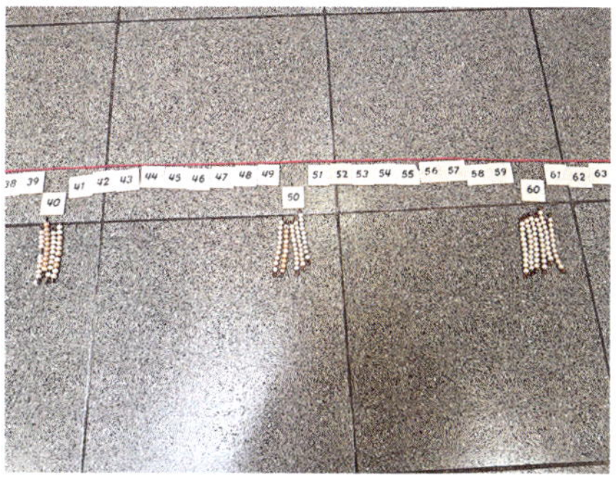

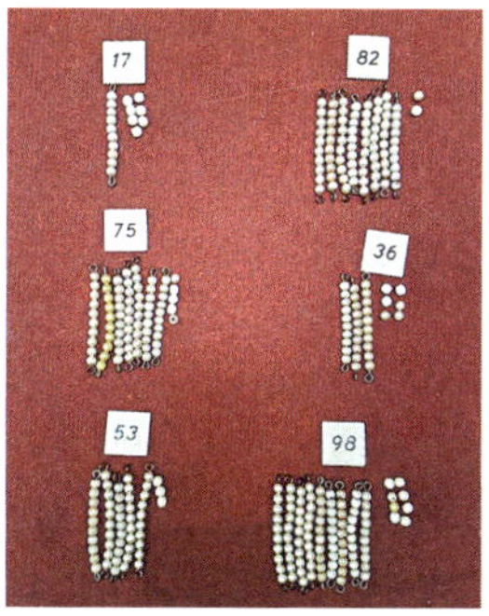

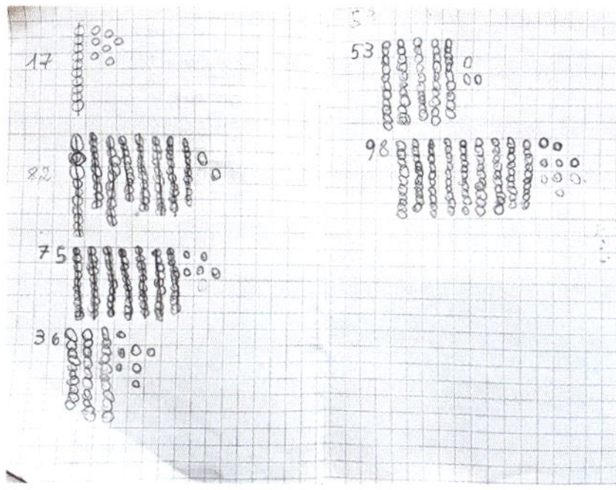

Foto 37/38: Zehnerzahlen mit goldenem Perlenmaterial

Foto 39: Schriftliches Arbeitsergebnis

Foto 40/41: Nachbarzahlen kennen lernen

Foto 42/43: Fachbegriffe »Vorgänger« und »Nachfolger« einüben

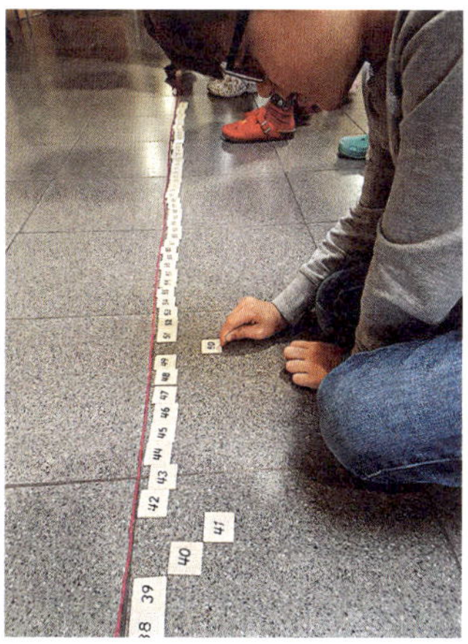

Foto 44: Nachbarzehner finden

Foto 45: Vorgänger, Nachfolger und Nachbarzehner ohne Anschauungsmaterial bennenen

<table>
<tr><th colspan="4">Möglicher Kompetenzerwerb nach dem DQR (Deutschen Qualifikationsrahmen)[13]: Lineares Auslegen der Zahlenplättchen des Hunderterbrettes</th></tr>
<tr><td rowspan="6">Fachkompetenz[14]</td><td colspan="3">Fertigkeiten: (Prozessbezogene Kompetenzen)</td></tr>
<tr><td>Problem lösen / kreativ sein</td><td colspan="2">Argumentieren</td></tr>
<tr><td>■ zunehmend systematisch und zielorientiert die Zahlenplättchen am Zahlenstrahl anlegen und Einsichten in den Aufbau des Zahlenstrahls zur Orientierung und Problemlösung nutzen
■ Ergebnisse auf ihre Angemessenheit überprüfen
■ Fehler in der Anordnung am Zahlenstrahl und in den Abständen zwischen den Zahlen finden und korrigieren</td><td colspan="2">■ Vermutungen über mathematische Zusammenhänge oder Auffälligkeiten anstellen, z. B.: Die Ziffernfolge der Einerzahl ist zwischen den Zehnerzahlen immer 1, 2, 3, 4, …9.
■ Vermutungen testen und Vermutungen, Lösungen, Aussagen hinterfragen
■ Vermutungen bestätigen oder widerlegen und allgemeine Überlegungen entwickeln oder nachvollziehen
■ Handlungen erklären und begründen
■ Beziehungen und Gesetzmäßigkeiten erklären und Begründungen anderer nachvollziehen, z. B.: Die Zahlenfolge zwischen zwei aufeinanderfolgenden Zehnerzahlen ist immer gleich (Zehnerzahl + 1, Zehnerzahl +2, Zehnerzahl +3, … Zehnerzahl +9), da es der Addition +1 entspricht.</td></tr>
<tr><td colspan="3">Wissen: (Inhaltsbezogene Kompetenzen)</td></tr>
<tr><td>Zahlenvorstellung</td><td>Operationen</td><td>Sprechen und Zuhören</td></tr>
<tr><td>■ Aufbau des Zahlenstrahls kennenlernen
■ sich im Zahlenraum bis 100 durch Zählen (in Schritten) sowie durch Ordnen und Vergleichen von Zahlen orientieren
■ Beziehungen zwischen Zahlen entdecken und mit eigenen Worten beschreiben, z. B. mit Ergebnissen von Additions- und Subtraktionsaufgaben argumentieren oder Nachbarzahlen nutzen, um Zahlplättchen anzulegen</td><td>■ über Fertigkeiten beim schnellen Kopfrechnen im Zahlenraum bis 100 verfügen (rechnen mit Zehnerzahlen, verdoppeln und halbieren), um sich am Zahlenstrahl zu orientieren</td><td>■ nonverbal Verstehen signalisieren
■ Fragen stellen, wenn etwas nicht verstanden ist
■ über eigene Gefühle sprechen, wie z. B. die Erleichterung nach erfolgreich ausgeführten Aufgabenstellungen</td></tr>
<tr><td rowspan="2">Personale Kompetenz[15]</td><td>Sozialkompetenz</td><td colspan="2">Selbstständigkeit</td></tr>
<tr><td>■ Verantwortung für den eigenen Lernprozess übernehmen und sich auf neue Aufgaben einlassen
■ mit Anregungen und Kritik, z. B. der Aufforderung, zur besseren Orientierung am Zahlenstrahl zunächst die Zehnerzahlen zu legen, angemessen umgehen
■ Selbstvertrauen entwickeln, durch die erfolgreiche Bearbeitung neuer Aufgabenstellungen
■ ein realistisches Selbstbild aufbauen, eigene Stärken und Schwächen erkennen, z. B. dass eine gute mathematische Orientierung im Zahlenraum bis 100 vorhanden ist, aber der Mut, sich eigenständig neuen Herausforderungen zu stellen, fehlt</td><td colspan="2">■ Lern- und Leistungsbereitschaft: sich auf schwierige Aufgaben und Problemstellungen einlassen (lineares Auslegen der Zahlenplättchen 1–100)
■ Zuverlässigkeit und Sorgfalt: Arbeitstempo steigern und zielorientiert arbeiten (zunächst die Zehnerzahlen am Zahlenstrahl anlegen)
■ Ausdauer und Belastbarkeit: Arbeitsphasen ausbauen und Frustrationstoleranz erhöhen (Zahlen nicht zählend, sondern mathematisch begründet anlegen)
■ Kreativität und Flexibilität: eigene Interessen und Ideen formulieren und einbringen, neue Herangehensweisen und Methoden erproben (Aufgabenstellungen eigenständig umsetzen, auch wenn Unsicherheit darüber herrscht, ob sie richtig verstanden wurden)
■ Selbstständigkeit: eigene Arbeitsschritte planen, sich selbstständig notwendige Informationen und Hilfe beschaffen (eigenständig einen passenden Arbeitsplatz finden und benötigte Materialien selbstständig zusammentragen)</td></tr>
</table>

13 Vgl. Arbeitskreis DQR 2011
14 Prozess- wie inhaltsbezogene Kompetenzen können der Fachkompetenz zugeordnet werden; vgl. Ministerium für Schule und Weiterbildung 2011a: 55–67
15 Vgl. Ministerium für Schule und Weiterbildung 2011b: 8/9; Bohl 2009: 20

1.6 Addition mit dem Markenspiel

»Wir überlassen es der Umgebung, das Kind in seiner Arbeit zu leiten; und alle Dinge, die diese Umgebung ausmachen, haben eine gemeinsame Eigenschaft: die Fehlerkontrolle. Da das Kind nicht nur den Impuls hat zu handeln, sondern auch, sich zu vervollkommnen, vertrauen wir ihm, geleitet durch die Fehlerkontrolle seiner Umgebung, die folgerichtige Vervollkommnung seiner Handlungen an.« (Montessori 1934: 41)

Foto 46: Addieren im Zahlenraum bis 9999: Arbeit mit dem Markenspiel

Yasemin hat vor kurzem eine Einführung in die Arbeit mit dem Markenspiel erhalten. Seitdem holt sie es sich jeden Morgen ohne Erinnerung der Lehrerin, nimmt die Zahlenkarten hinzu, ihr Rechenkästchenheft und ihr Mäppchen und bearbeitet die Aufgabenkartei. Sie arbeitet die zwei Freiarbeitsstunden ohne Unterbrechung und lässt sich nicht ablenken. Ihr Arbeitsplatz ist ordentlich.

Yasemin legt die Zahlenkarten stellengerecht aus. Sie rechnet Additionsaufgaben bis 9999 mit drei Summanden. Sie legt die Zahlen mit den Marken des Markenspiels geordnet auf ihren Arbeitstisch. Dann schiebt sie die Marken zusammen. Sie beginnt, die Einer zu zählen und entsprechend umzutauschen. Diesen Arbeitsschritt wiederholt sie mit den Zehnern, den Hundertern und Tausendern. Zum Schluss legt sie mit den Zahlenkarten das Ergebnis und kontrolliert es. Stellt sie einen Fehler fest, bittet sie die Lehrerin um Hilfe. Mit ihr gemeinsam legt sie die Aufgabe erneut, erläutert ihr Vorgehen, findet und korrigiert den Fehler. Korrekt gelöste Aufgaben schreibt sie mit der Lösung in ihr Rechenkästchenheft. Den Stellenwerten entsprechend benutzt sie dazu die Farben Grün, Blau und Rot. Die aufgeschriebene Aufgabe zeigt sie der Lehrerin.

Kompetenzorientierte Leistungsbewertung

Yasemin zeigt einen guten Arbeitseifer, sie lässt sich seit mehreren Tagen täglich auf einen langen Arbeitszyklus von bis zu 1,5 Stunden ein. Die Handlung der Addition mit den Marken des Markenspiels führt sie eigenständig aus. Yasemin kontrolliert ihre Aufgaben selbstständig und erkennt fehlerhafte Ergebnisse. Um diese zu korrigieren, benötigt sie die Unterstützung der Lehrerin. Bei der Fehlersuche erklärt und begründet sie ihr Handeln und setzt sich mit kritischen Fragen der Lehrerin zu ihrer Vorgehensweise auseinander. Oft vergisst sie, sich für 10 Marken eine Marke des nächsthöheren Stellenwertes zu nehmen. Die Misserfolge erschüttert nicht ihr Selbstvertrauen. Sie bricht die Arbeit nicht ab, sondern beginnt die nächste Additionsaufgabe mit Ruhe und Geduld zu legen.

Yasemin hat das Stellenwertsystem des Dezimalsystems verstanden. Sie wechselt ohne Probleme von einer Darstellung in eine andere. Sie hat eine sichere Mengenvorstellung. Vierstellige Zahlen kann sie richtig vorlesen. Yasemin kennt und nutzt mathematische Gesetze zum vorteilhaften Rechnen. Ihre Rechenwege kann sie erläutern. Sie addiert Aufgaben mit mehreren Summanden, schreibt Zahlen stellengerecht untereinander. Dabei setzt sie die einzelnen Rechnungen aber noch ungeordnet in ihr Heft: die räumlichen Abstände zwischen den Aufgaben variieren stark.

Lern- und Leistungsberatung

Die Lehrerin zeigt Yasemin, dass sie ihr ausdauerndes und zielgerichtetes Arbeitsverhalten wahrnimmt und wertschätzt. Bei der gemeinsamen Fehlersuche weist sie sie nicht explizit auf Fehler hin, sondern stellt Fragen, die Yasemin selbst erkennen lassen, wo und wie sie korrigieren muss. Durch das respektvolle Verhalten der Lehrerin gewinnt Yasemin Zuversicht. Sie genießt die Eigenständigkeit und das Vertrauen der Lehrerin in ihre Fähigkeiten, wächst daran und übernimmt gern Verantwortung für ihren eigenen Lernprozess. Ihre guten Ergebnisse und ihr großes Arbeitspensum erfüllen Yasemin mit Zufriedenheit und Stolz. Ihr Selbstwertgefühl wird ausgebaut. Als die Lehrerin ihr zeigt, wie sie die Aufgaben strukturierter ins Heft schreiben kann, nimmt Yasemin die Kritik gut an und versucht sie umzusetzen.

Yasemin könnte lernen, die Zehnerüberschreitung durch die Übertragszahlen festzuhalten (die normgerechte Schreibweise lernen). Sie könnte nach der Addition die Subtraktion durchführen, um die Zehnerunterschreitung kennen zu lernen. Nach Beendigung der Arbeit könnte sie das Punktspiel oder den kleinen Rechenrahmen bearbeiten.

Förder- bzw. Forderempfehlung

- Fortführen der Additionsaufgaben mit dem Markenspiel, bei Schwierigkeiten unter Zuhilfenahme des goldenen Perlenmaterials
- Subtraktionsaufgaben mit dem Markenspiel
- Punktspiel
- Kleiner Rechenrahmen
- Großer Rechenrahmen

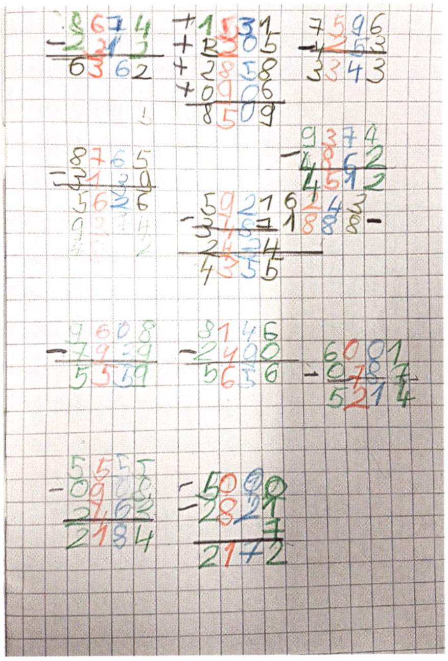

Foto 47/48: Arbeitsergebnis im Heft: unstrukturiert (links) und strukturiert (rechts)

Foto 49: Punktspiel

Foto 50: Großer Rechenrahmen

Möglicher Kompetenzerwerb nach dem DQR (Deutschen Qualifikationsrahmen)[16]: Addition mit dem Markenspiel

<table>
<tr><td rowspan="4">Fachkompetenz[17]</td><td colspan="3">Fertigkeiten: (Prozessbezogene Kompetenzen)</td></tr>
<tr><td>Problem lösen / kreativ sein</td><td>Argumentieren</td><td>Kommunizieren / Darstellen</td></tr>
<tr><td>■ Einsichten in Zusammenhänge des Dezimalsystems zur Problemlösung nutzen
■ Fehler in der Ausführung der Addition finden und korrigieren</td><td>■ Vermutungen über mathematische Zusammenhänge oder Auffälligkeiten anstellen, z. B.: Sobald die Plättchenmenge eines Stellenwertes mehr als 10 beträgt, muss in den nächst höheren Stellenwert umgetauscht werden, um das Ergebnis in Ziffernschreibschweise darstellen zu können.
■ Vermutungen testen und Vermutungen, Lösungen, Aussagen hinterfragen
■ Vermutungen bestätigen oder widerlegen und allgemeine Überlegungen entwickeln oder nachvollziehen
■ Beziehungen und Gesetzmäßigkeiten des Dezimalsystems erklären</td><td>■ Arbeitsergebnisse der Addition in stellengerechter Schreibweise festhalten
■ eine Darstellung in eine andere übertragen (Mengendarstellung durch die Marken des Markenspiels in Ziffernschreibweise)
■ bei der Darstellung mathematischer Sachverhalte mathematische Zeichen und Konventionen verwenden (stellengerechte Schreibweise der Addition)</td></tr>
<tr><td colspan="3">Wissen: (Inhaltsbezogene Kompetenzen)

Zahlenvorstellung
■ Zahlen bis 9999 unter Anwendung der Struktur des Dezimalsystems in Mengen und Zahlenkarten darstellen
■ stellengerechte Strukturen in Zahldarstellungen zur Anzahlerfassung nutzen
■ zwischen verschiedenen Zahldarstellungen (konkrete Menge und Ziffernschreibweise) wechseln
■ das Stellenwertsystem des Dezimalsystems verstehen

Operationen
■ Beziehungen zwischen Zahlen entdecken und mit eigenen Worten beschreiben, z. B.: 10 Einer ergeben einen Zehner, 10 Zehner ergeben einen Hunderter, usw.
■ zwischen der Handlung des Hinzufügens von konkreten Mengen und der schriftlichen Darstellung einer Addition hin und her wechseln
■ den Grundsituationen des Hinzufügens und Vereinigens Plusaufgaben zuordnen
■ Additionsaufgaben im Zahlenraum bis 9999 unter Ausnutzung von Rechengesetzen lösen
■ Hinführung zu: Zahlbeziehungen und Rechengesetze für vorteilhaftes Rechnen nutzen
■ Fachbegriff plus richtig verwenden

Sprechen und Zuhören
■ nonverbal Verstehen signalisieren
■ funktionsangemessen sprechen: bei der Fehlersuche das eigene Handeln erklären
■ Fragen stellen, wenn etwas nicht verstanden ist
■ eigenen Lösungsweg begründen
■ über eigene Gefühle sprechen, z. B. Enttäuschung nach einer fehlerhaften Aufgabe</td></tr>
<tr><td rowspan="2">Personale Kompetenz[18]</td><td>Sozialkompetenz</td><td colspan="2">Selbstständigkeit</td></tr>
<tr><td>■ Verantwortung für den eigenen Lernprozess übernehmen
■ mit Anregungen und Kritik, z. B. der Aufforderung, Aufgaben strukturierter ins Heft zu schreiben, angemessen umgehen
■ Selbstvertrauen entwickeln, durch die Erfahrung, dass das Gefühl des Misserfolgs überwunden werden kann
■ ein realistisches Selbstbild aufbauen, eigene Stärken und Schwächen erkennen, z. B. dass die Addition noch nicht fehlerfrei gelingt, aber die selbstständige Fehlersuche immer erfolgreicher wird</td><td colspan="2">■ Lern- und Leistungsbereitschaft: sich auf schwierige Aufgaben und Problemstellungen einlassen (Addition mit Zehnerüberschreitung rechnen)
■ Zuverlässigkeit und Sorgfalt: Arbeitstempo steigern und zielorientiert arbeiten (sinnvolle Abfolge von Arbeitsschritten ausführen)
■ Ausdauer und Belastbarkeit: Arbeitsphasen ausbauen und Frustrationstoleranz erhöhen (Addition mit mehreren Summanden, Subtraktion ausführen)
■ Kreativität und Flexibilität: eigene Interessen und Ideen formulieren und einbringen, neue Herangehensweisen und Methoden erproben (neue Strukturierung der Heftseite umsetzen)
■ Selbstständigkeit: eigene Arbeitsschritte planen, sich selbstständig notwendige Informationen und Hilfe beschaffen (die Handlung der Addition mit dem Markenspiel eigenständig ausführen, bei der Fehlersuche die Lehrerin einbinden)</td></tr>
</table>

16 Vgl. Arbeitskreis DQR 2011

17 Prozess- wie inhaltsbezogene Kompetenzen können der Fachkompetenz zugeordnet werden; vgl. Ministerium für Schule und Weiterbildung 2011a: 55–67, 23–36

18 Vgl. Ministerium für Schule und Weiterbildung 2011b: 8/9; Bohl 2009: 20

1.7 Auslegen der Einmaleins-Reihen mit den farbigen Perlenstäbchen

»Der Mensch ist ein soziales Wesen, und eine normale Entwicklung kann sich nur vollziehen, wenn das Leben all seine Werte entfalten und verwirklichen kann. Auch hieraus folgt also, dass die Erziehung nicht nur eine intellektuelle Frage ist. Man muss den Wissenserwerb mit sozialen Erfahrungen bereichern, und die Entwicklung des sittlichen Strebens schließt sich dann, beinahe als natürliche Folge, an.« (Montessori 1941: 179/180)

Foto 51: Systematisches Auslegen der Einmaleins-Reihen mit Perlenstäbchen

Enno bittet die Lehrerin um eine neue Arbeit. Sie holt Jasper dazu und zeigt ihnen, wie sie mit den farbigen Perlenstäbchen die Einmaleins-Aufgaben auslegen können. Die beiden Kinder legen die Perlenstäbchen ordentlich aus und halten sich an die vorgegebene Struktur auf dem Brett. Anschließend schreiben sie die Einmaleins-Aufgaben auf kleine Zettel, ordnen sie den gelegten Perlenstäbchen zu, präsentieren ihr Ergebnis der Lehrerin und bitten um neue Arbeitsanweisungen. Die Lehrerin weist sie auf die Quadratzahlen hin (1 x 1, 2 x 2, 3 x 3, ...) und lässt die Jungen die entsprechenden Perlenstäbchen in Quadratplatten umtauschen. Dabei erkennen die beiden schnell die regelmäßige Anordnung auf dem Brett.

Nachdem auch dieser Arbeitsschritt vollendet ist, erklärt die Lehrerin Enno und Jasper, wie man Tauschaufgaben bildet. Enno benennt nun laut eine ausgelegte Einmaleins-Aufgabe (zum Beispiel 3 x 4) und bildet dann die Tauschaufgabe (4 x 3). Ohne Schwierigkeiten tauscht er die Perlenstäbchen entsprechend um (die drei Vierer gegen die vier Dreier).

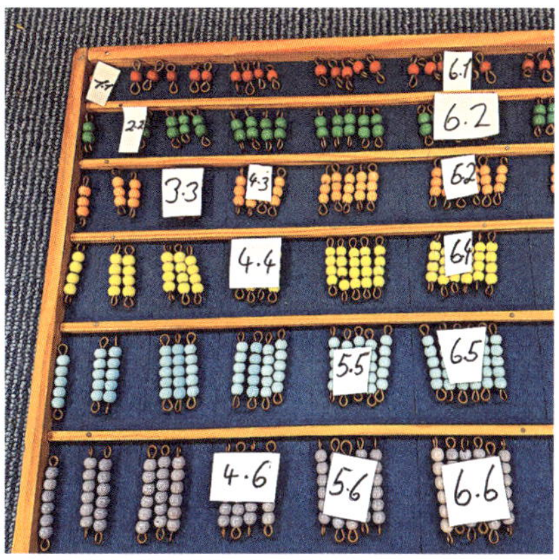

Foto 52/53: Schriftliche Einmaleinsaufgaben der richtigen Perlenstäbchengruppe zuordnen

Foto 54/55: Tauschaufgaben legen und aufschreiben

Jasper hat damit zunächst Schwierigkeiten. Er rechnet die Aufgabe aus, nennt das Ergebnis und möchte dieses mit Perlenstäbchen darstellen. Die Lehrerin und Enno wiederholen daraufhin die Handlungen: nennen laut Aufgabe und Tauschaufgabe und tauschen die Perlenstäbchen entsprechend um. Nachdem Jasper dies einige Male aufmerksam beobachtet hat, versteht er die Operation. Nun arbeiten die beiden Jungen die Operation abwechselnd ausführend, sorgfältig und mit nur wenigen Rechenfehlern.

Kompentenzorientierte Leistungsbewertung

Obwohl Enno und Jasper bisher nicht zusammen gearbeitet haben, gehen sie freundschaftlich auf einander zu. Sie werden schnell zu einem Team, arbeiten ausdauernd und gewissenhaft über mehrere Vormittage zusammen. Mathematischen Herausforderungen stellen sie sich offen und neugierig. Auch bei neuen Aufgaben benötigen sie kaum Rückversicherung durch die Lehrerin. Beide Jungen wechseln zwischen verschiedenen Zahldarstellungen hin und her. Die Operation des Multiplizieren haben sie verstanden, Quadratzahlen können sie benennen. Enno bildet Tauschaufgaben sicher, Jasper fast sicher.

Lern- und Leistungsberatung

Die Jungen empfinden Freude an der Arbeit. Diese Freude ebnet ein positives Gefühl zur Mathematik und den eigenen Fähigkeiten. Enno und Jasper erleben, dass Lernen Vergnügen bereiten kann. Durch den gemeinsamen Spaß an der Arbeit entsteht eine Freundschaft. Jasper und Enno spielen nun auch in der Pause und nachmittags im Ganztag zusammen. Ab diesem Zeitpunkt begeistern sie sich immer wieder gegenseitig für neue Arbeiten und größere Projekte. Die Lehrerin unterstützt ihre Arbeitsvorhaben und drückt so ihre Zustimmung und Wertschätzung aus. Sie stellt ihnen immer wieder neue Materialien vor und ermutigt sie, diese zu bearbeiten. Das durch die Lehrerin entgegengebrachte Vertrauen stärkt das Selbstbewusstsein der Jungen.

Da Jasper und Enno die Operation des Einmaleins verstanden haben, können sie nun verschiedene Arbeiten zum Einmaleins wählen. Sie könnten Quadratzahlen benennen und Tauschaufgaben bilden.

Förder- bzw. Forderempfehlung

- Fortführen der Arbeit: Ergebnis der Einmaleins-Aufgaben ausrechnen, aufschreiben und auf die entsprechende ausgelegte Einmaleinsaufgabe legen
- Multiplikationsaufgaben der Quadratzahlen aufschreiben und über die Aufgaben des kleinen Einmaleins hinweg fortführen
- Einmaleins-Aufgaben aus dem Kästchen der Grundaufgaben zur Multiplikation ziehen und der entsprechenden Menge der Perlenstäbchen zuordnen; anschließend auch die Karte mit der Ergebniszahl zuordnen
- Ergebnis in dekadischer Darstellung mit goldenem Perlenmaterial darstellen
- Einmaleins-Brett
- Einmaleins-Reihen auswendig lernen
- Kleines Multiplikationsbrett
- Kleines Divisionsbrett
- Material zum Quadrieren und Wurzelziehen
- Schachbrett
- Zerlegen des goldenen Hunderterquadrates in Einmaleins-Aufgaben (Binom)
- Berechnung des binomischen Kubus bzw. trinomischen Kubus
- Arbeiten mit dem Bauchladen

Foto 56: Einmaleins-Reihen legen und das Ergebnis mit goldenen Perlen darstellen (dekadische Darstellung

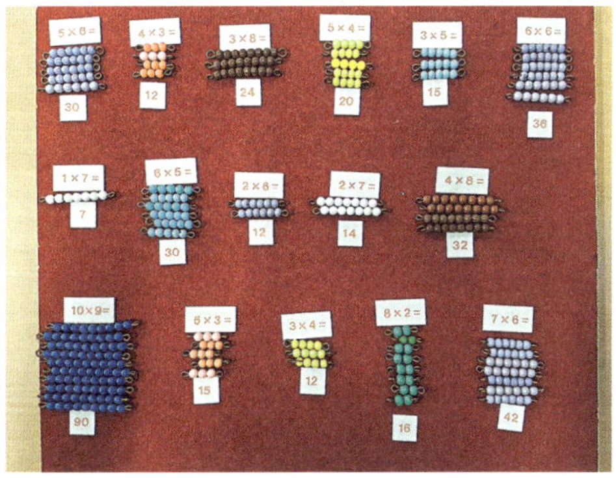

Foto 57: Einmaleins-Aufgaben ziehen und den Perlenstäbchen zuordnen; später auch das Ergebnis zuordnen

Foto 58: Kleines Multiplikationsbrett

Foto 59: Kleines Divisionsbrett

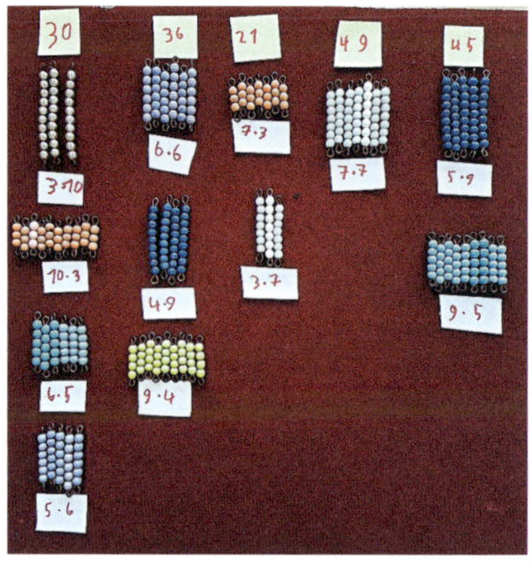

Foto 60/61: Einem Ergebnis alle möglichen Einmaleins-Aufgaben zuordnen (links) mit Arbeitsergebnis

Foto 62: Berechnen des binomischen Kubus

Foto 63: Wurzel ziehen

Möglicher Kompetenzerwerb nach dem DQR (Deutschen Qualifikationsrahmen)[19]: Auslegen der Einmaleinsreihen mit farbigen Perlenstäbchen

	Fertigkeiten: (Prozessbezogene Kompetenzen)		
Fachkompetenz[20]	**Problem lösen / kreativ sein**	**Argumentieren**	**Kommunizieren / Darstellen**
	■ zunehmend systematisch und zielorientiert Einmaleinsreihen mit farbigen Perlenstäbchen auslegen und Einsichten in Zusammenhänge der Einmaleinsaufgaben gewinnen und für nächste Arbeitsschritte nutzen ■ verschiedene Darstellungen vergleichen und bewerten (Perlenstäbchen und feste Quadrate, Tauschaufgaben) ■ Ergebnisse auf ihre Angemessenheit überprüfen ■ Fehler in der Darstellung durch Perlenstäbchen und der schriftlichen Aufgabe finden und korrigieren	■ Vermutungen über mathematische Zusammenhänge oder Auffälligkeiten anstellen z. B.: Haben Tauschaufgaben das gleiche Ergebnis? Bilden Multiplikationsaufgaben mit den selben Faktoren immer Quadratzahlen? Wie sind die Quadratzahlen auf dem Brett angeordent? ■ Vermutungen testen und Vermutungen, Lösungen, Aussagen hinterfragen ■ Vermutungen bestätigen oder widerlegen und allgemeine Überlegungen entwickeln oder nachvollziehen ■ Beziehungen und Gesetzmäßigkeiten in den einzelnen Einmaleinsreihen und zwischen den Einmaleinsreihen erklären und Begründungen anderer nachvollziehen	■ komplexere Aufgabenstellungen gemeinsam bearbeiten, dabei Verabredungen über Arbeitsschritte und Arbeitsteilung treffen und eigene und fremde Standpunkte in Beziehung setzen ■ Arbeitsergebnisse schriftlich festhalten ■ die Darstellung einer konkreten Menge von Perlenstäbchen in eine schriftliche Multiplikationsaufgabe übertragen ■ bei der Darstellung mathematischer Sachverhalte mathematische Zeichen und Konventionen verwenden
	Wissen: (Inhaltsbezogene Kompetenzen)		
	Operationen		**Sprechen und Zuhören**
	■ zwischen verschiedenen Darstellungsformen einer Multiplikation hin und her wechseln ■ der Grundsituationen des wiederholten Hinzufügens gleicher Anzahlen bzw. gleicher Perlenstäbchen Malaufgaben zuordnen ■ Fachbegriff mal richtig verwenden ■ *Hinführung zu*: Kernaufgaben und einzelne weitere Aufgaben des kleinen Einmaleins automatisiert wiedergeben ■ *Hinführung zu*: Aufgaben aller vier Grundrechenarten unter Ausnutzung von Rechengesetzen und Zerlegungsstrategien mündlich und halbschriftlich lösen ■ *Hinführung zu*: Zahlbeziehungen und Rechengesetze für vorteilhaftes Rechnen nutzen		■ nonverbal Verstehen signalisieren ■ funktionsangemessen sprechen: über Arbeitschritte und Probleme informieren, Lösungswege argumentieren ■ Fragen stellen, wenn etwas nicht verstanden ist ■ eigene Meinungen zu Lösungswegen begründen ■ über eigene Gefühle sprechen, z. B. Freude über ein gemeinsam bearbeitetes Projekt
Personale Kompetenz[21]	**Sozialkompetenz**	**Selbstständigkeit**	
	■ Verantwortung für das Gelingen der gemeinsamen Arbeit übernehmen ■ dem Arbeitspartner Hilfe anbieten und ihn achten ■ mit der Erkenntnis, dass der Arbeitspartner Aufgaben schneller und fehlerfrei erledigt, angemessen umgehen ■ Teamfähigkeit ausbauen, lernen, Arbeitspartnern Raum zum eigenen Handlen zu geben ■ Selbstvertrauen entwickeln, durch die Erkenntnis, dass eigene Fähigkeiten von Freunden geschätzt und eingefordert werden ■ ein realistisches Selbstbild aufbauen, eigene Stärken und Schwächen erkennen, z. B. dass neue mathematische Operationen schnell verstanden werden, aber das Schriftbild formschöner sein könnte	■ Lern- und Leistungsbereitschaft: sich auf schwierige Aufgaben und Problemstellungen einlassen (Dekanom auslegen) ■ Zuverlässigkeit und Sorgfalt: Arbeitstempo steigern und zielorientiert arbeiten (Arbeitschritte aufteilen) ■ Ausdauer und Belastbarkeit: Arbeitsphasen ausbauen und Frustrationstoleranz erhöhen (Tauschaufgaben bilden, Quadratzahlen tauschen) ■ Selbstständigkeit: eigene Arbeitsschritte planen, sich selbstständig notwendige Informationen und Hilfe beschaffen (benötigte Materialien selbstständig zusammentragen)	

19 Vgl. Arbeitskreis DQR 2011
20 Prozess- wie inhaltsbezogene Kompetenzen können der Fachkompetenz zugeordnet werden; vgl. Ministerium für Schule und Weiterbildung 2011a: 55–67, 23–36
21 Vgl. Ministerium für Schule und Weiterbildung 2011b: 8/9; Bohl 2009: 20

1.8 Schriftliches Dividieren mit der »Großen Division«

»Zwischen dem ›Verstehen‹, wenn eine Person versucht, uns mit ihrer Rede die Erklärung eines Dinges einzuprägen und dem eigenen Verstehen der Sache besteht ein unendlicher Unterschied. Derjenige, der selbst versteht, hat einen unerwarteten Eindruck: Er fühlt, dass sein Bewusstsein frei geworden ist und dass in ihm etwas hell aufleuchtet. Das Verstehen ist dann nicht etwas Gleichgültiges. Es ist der Beginn von etwas, manchmal ist es der Beginn eines Lebens, das sich in uns erneuert. Vielleicht ist keine Emotion für den Menschen produktiver als die intellektuelle Erregung.« (Montessori 1976: 203)

Foto 64: Arbeit mit der »Großen Division«

Lukas rechnet Aufgaben zur schriftlichen Division und hält die Aufgabe und das Ergebnis normgerecht im Rechenheft fest. Er ist im zweiten Schulbesuchsjahr, beherrscht bereits das Einmaleins – sowohl die Multiplikations- als auch die Divisionsaufgaben – und durchdringt allgemein neue Operationen sehr schnell.

Lukas schreibt die Divisionsaufgabe 25858 : 7 in sein Heft. Dann wendet er sich dem Material zu und zerlegt die fünfstellige Zahl ohne Schwierigkeiten in Einer, Zehner, Hunderter, Tausender und Zehntausender. Er legt entsprechend viele Perlen in vorgegebene Schalen. Nun rechnet er als ersten Schritt 25 : 7 im Kopf. Er schreibt in normgerechter Schreibweise des »Treppenrechnens« 21 unter die 25 und 3 als erste Ziffer der Ergebniszahl hinter das Gleichheitszeichen; den Rest 4 notiert er unter die erste »Treppenstufe« (s. Foto »Arbeitsergebnis«). Danach wendet er sich wieder dem Material zu. Zur Kontrolle seiner Kopfrechnung tauscht er die 2 Zehntausenderperlen in 20 Tausenderperlen um, verteilt die 25 an 7 und bekommt sein Ergebnis bestätigt: 21 Perlen werden verteilt, jeder bekommt 3 Perlen; 4 bleiben übrig und müssen umgetauscht werden. Analog zu diesem Vorgehen rechnet Lukas jeden Schritt der Aufgabe – zunächst in seinem Heft, danach mit dem Material. Zum Schluss kontrolliert er sein Ergebnis anhand der Angabe auf der Rückseite der Aufgabenkartei.

Nach jeder dritten Aufgabe zeigt Lukas sein Heft der Lehrerin. Sie bittet ihn, den Lösungsweg anhand seiner Aufzeichnungen zu erklären. Lukas gelingt es sehr gut, die Rechenopration Schritt für Schritt zu verbalisieren.

Die letzten vier Aufgaben rechnet er ohne Material. Teilweise flüstert er seine im Kopf vollzogenen Rechnungen vor sich hin. Er beendet die Arbeit erst, als er alle Aufgaben korrekt gelöst hat. Entdeckt er Fehler, so rechnet er noch einmal nach – ohne Material.

Lukas lässt sich nicht ablenken. Er arbeitet bis zum Schluss ordentlich und sorgfältig. Seine schriftlichen Aufzeichnungen sind gut strukturiert.

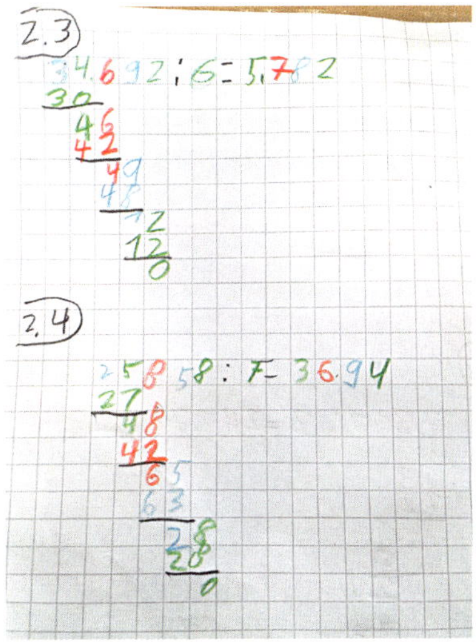

Foto 65: Lukas' Arbeitsergebnis

Kompetenzorientierte Leistungsbewertung

Lukas zeigt Wissbegierde und Ehrgeiz. Er arbeitet selbstständig, genau und zielgerichtet, gliedert seine schriftlichen Arbeitsergebnisse übersichtlich und benötigt keine Rückversicherung durch die Lehrerin. Er beherrscht die Multiplikations- und Divisionsaufgaben des kleinen Einmaleins. Seine Rechenwege erläutert er nachvollziehbar und zeigt ein sehr ausgeprägtes mathematisches Verständnis. Dies ist bereits bei vorangegangenen Arbeiten aufgefallen. Da ihn Arbeitspartner oft bremsten und es deshalb zu Konflikten kam, arbeitet er bevorzugt allein.

Lukas besitzt eine große Beharrlichkeit. Fehlern geht er immer und ohne fremde Hilfe auf den Grund. Er wird ungeduldig mit sich, wenn er sie nicht findet. Hinweise auf Fehler oder Tipps zur Optimierung führen oft zu einer Diskussion. Kritik nimmt er nur von ausgewählten Personen an. Mithilfe des Montessori-Materials durchdringt Lukas auch anspruchsvolle Operationen schnell und führt diese dann auch ohne das Material sicher aus. Gerne nutzt er es auchim umgekehrten Sinne, d. h. er überprüft, ob das Material die mathematischen Gesetze richtig darstellt.

Lern- und Leistungsberatung

Die vorbereitete Umgebung gibt Lukas die Möglichkeit, Arbeiten zu wählen, die er laut Lehrplan erst später bearbeiten müsste, ihn aber bereits jetzt kognitiv befriedigen. Die Lehrerin unterstützt ihn dabei – er darf in seinem persönlichen Tempo lernen, seine Motivation wird nicht gebremst. Durch den Vergleich mit anderen Kindern in seiner jahrgangsgemischten Klasse, durch das Angebot der unterschiedlichen Montessori-Materialien und durch das Handeln der Lehrerin erfährt er, dass Menschen unterschiedlich schnell lernen und darauf gleichberechtigt eingegangen wird. Er erfährt, dass passende kognitive Herausforderungen wichtig für sein allgemeines Wohlbefinden sind.

Da Lukas die Operation der schriftlichen Division mit einem einstelligen Divisor sicher rechnet, könnte er nun Aufgaben mit mehrstelligem Divisor (zunächst mit Material) ausrechnen. Er könnte das große Multiplikationsbrett oder die Bruchrechnung bearbeiten.

Förder- bzw. Forderempfehlung

- Große Division durch mehrstelligem Divisor
- Großes Multiplikationsbrett
- Liegender Rechenrahmen
- Bruchrechnung

Foto 66: Große Division mit mehrstelligen Divisor

Foto 67: Großes Multiplikationsbrett

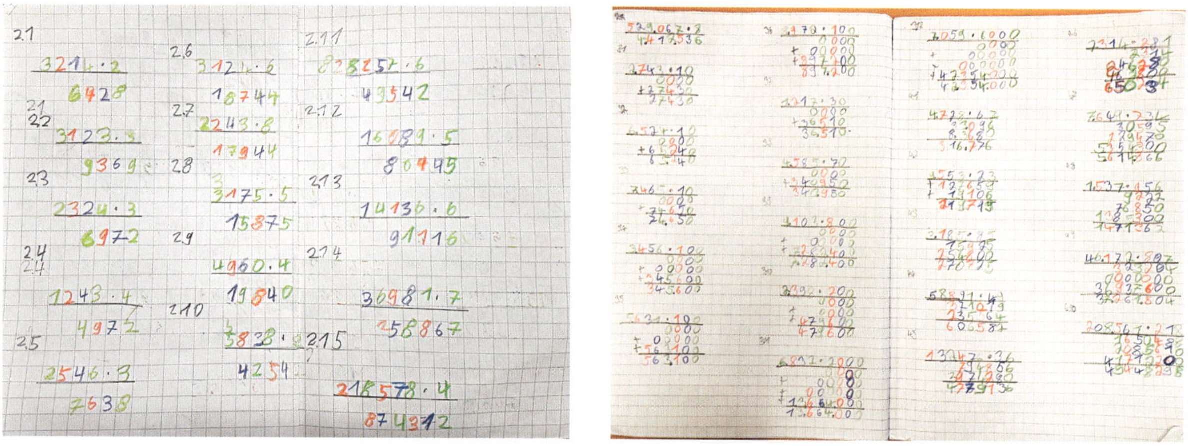

Foto 68/69: Schriftliche Arbeitsergebnisse des »Großen Multiplikationsbretts« (Schachbrett)

Foto 70: Liegender Rechenrahmen

Foto 71: Bruchrechnen

<table>
<tr><th colspan="7">Möglicher Kompetenzerwerb nach dem DQR (Deutschen Qualifikationsrahmen)[22]: Schriftliches Dividieren mit der »Großen Division«</th></tr>
<tr><td rowspan="6">Fachkompetenz[23]</td><td colspan="6">Fertigkeiten: (Prozessbezogene Kompetenzen)</td></tr>
<tr><td colspan="2">Problem lösen / kreativ sein</td><td colspan="2">Argumentieren</td><td colspan="2">Kommunizieren / Darstellen</td></tr>
<tr><td colspan="2">■ zunehmend systematisch und zielorientiert handeln und Einsicht in Zusammenhänge zwischen den ausgeführten Handlungen und der schriftlichen Dokumentation der Divisionsaufgabe gewinnen
■ Handlungen, die mit dem Material ausgeführt werden, auf ihre mathematische Richtigkeit hin überprüfen
■ Fehler in den Aufgaben finden und korrigieren</td><td colspan="2">■ Gesetzmäßigkeit der schriftlichen Division erklären und Begründungen anderer nachvollziehen</td><td colspan="2">■ Arbeitsergebnisse schriftlich festhalten
■ bei der Darstellung einer Divisionsaufgabe mathematische Zeichen und Konventionen verwenden</td></tr>
<tr><td colspan="6">Wissen: (Inhaltsbezogene Kompetenzen)</td></tr>
<tr><td colspan="2">Zahlenvorstellung</td><td colspan="2">Operationen</td><td colspan="2">Sprechen und Zuhören</td></tr>
<tr><td colspan="2">■ Zahlen im Zahlenraum bis 1000000 unter Anwendung der Struktur des Dezimalsystems darstellen (Prinzip der Bündelung, Stellenwertschreibweise)
■ Beziehungen zwischen einzelnen Zahlen entdecken (ist ein Vielfaches / Teiler von)</td><td colspan="2">■ zwischen verschiedenen Zahldarstellungen wechseln (mit Material, symbolisch, sprachlich)
■ zwischen verschiedenen Darstellungsformen von Operationen hin und her wechseln
■ der Grundsituationen des Verteilens Divisionsaufgaben zuordnen
■ Fachbegriffe richtig verwenden (geteilt, dividieren, Division)
■ die Zahlensätze des kleinen Einmaleins automatisiert wiedergeben und deren Umkehrungen sicher ableiten
■ Aufgaben aller vier Grundrechenarten unter Ausnutzung von Rechengesetzen und Zerlegungsstrategien mündlich und halbschriftlich lösen
■ die schriftlichen Rechenverfahren der Division sicher ausführen
■ Zahlbeziehungen und Rechengesetze für vorteilhaftes Rechnen nutzen</td><td colspan="2">■ nonverbal Verstehen signalisieren
■ funktionsangemessen sprechen: informieren, argumentieren
■ Fragen stellen, wenn etwas nicht verstanden ist
■ eigenen Lösungsweg begründen
■ über eigene Gefühle sprechen, z. B. Freude nach einer gelungenen Leistung</td></tr>
<tr><td rowspan="2">Personale Kompetenz[24]</td><td colspan="3">Sozialkompetenz</td><td colspan="3">Selbstständigkeit</td></tr>
<tr><td colspan="3">■ Verantwortung für den eigenen Lernprozess übernehmen
■ Selbstvertrauen entwickeln, durch das Gefühl stetiger Freude beim erfolgreichen kognitiven Lösen von mathematischen Aufgaben
■ ein realistisches Selbstbild aufbauen, eigene Stärken und Schwächen erkennen, z. B. dass mathematische Problemstellungen große Freude bereiten, wenn sie selbstbestimmt (ohne Arbeitspartner) gelöst werden dürfen, aber mit Arbeitspartner als Belastung empfunden werden</td><td colspan="3">■ Lern- und Leistungsbereitschaft: sich auf schwierige Aufgaben und Problemstellungen einlassen (schrifltich dividieren)
■ Zuverlässigkeit und Sorgfalt: Arbeitstempo steigern und zielorientiert arbeiten (sinnvolle Abfolge von Arbeitsschritten ausführen)
■ Ausdauer und Belastbarkeit: Arbeitsphasen ausbauen und Frustrationstoleranz erhöhen (schriftliche Division mit Rest oder zweistelligem Divisor rechnen)
■ Kreativität und Flexibilität: eigene Interessen und Ideen formulieren und einbringen (eigene Divisionsaufgaben erfinden)
■ Selbstständigkeit: eigene Arbeitsschritte planen, sich selbstständig notwendige Informationen und Hilfe beschaffen (die neue Arbeit selbstständig organisieren)</td></tr>
</table>

22 Vgl. Arbeitskreis DQR 2011

23 Prozess- wie inhaltsbezogene Kompetenzen können der Fachkompetenz zugeordnet werden; vgl. Ministerium für Schule und Weiterbildung 2011a: 55–67, 23–36

24 Vgl. Ministerium für Schule und Weiterbildung 2011b: 8/9; Bohl 2009: 20

1.9 Arbeit mit der Balkenwaage

»Denn die Schule selbst ist nicht das Ziel. Lernen nur um des Lernen willen ist eine Qual! Wenn Bildung eine Verwendungsmöglichkeit bietet, kann sie umgehend eine herrliche und lebendige Sache sein. Zudem wird dieses Leben durch die Bildung vereint und genährt.« (Montessori 2015: 340)

Foto 72: Addition von Gewichten: Arbeit an der Balkenwaage

Sascha und Felix möchten zusammen arbeiten und einigen sich schnell darauf, sich mit der Balkenwaage zu beschäftigen. Auch über den Ablauf und die Rollenverteilung sind sie sich bald einig: Sie wiegen abwechselnd selbstgewählte Gegenstände. Obwohl beide Jungen zum ersten Mal mit diesem Material arbeiten, entwickeln sie rasch ein Gefühl dafür, so dass sie die Balkenwaage meist zügig ins Gleichgewicht bringen.

Felix addiert ohne Schwierigkeiten die einzelnen Gewichte. Sascha hat keine Mühe, die Hunderterzahlen zu addieren, aber bei der Addition von Hundertern und Zehnern unterlaufen ihm noch Fehler.

Beide Jungen dokumentieren ihre Arbeit in ihren Heften. Die Struktur haben sie selbstständig gewählt: Sie notieren zunächst den Namen des zu wiegenden Gegenstandes; in die Zeile daunter schreiben sie die mithilfe der Waage ermittelten Einzelgewichte als Additionsaufgabe sowie deren errechnetes Ergebnis. Die Zahlen passen sie der Größe der Rechenkästchen an, die Rechenzeichen gebrauchen sie korrekt. Auch an die Maßangabe für Gramm (g) denken beide Jungen.

Felix schreibt in formschöner Schreibschrift. Er beachtet erste Rechtschreibregeln zur Groß- und Kleinschreibung. Sind die Gegenstände, die sie wiegen, beschriftet, so nutzt Felix diese Vorgabe und schreibt die Namen ab. Dabei unterlaufen ihm keine Rechtschreibfehler.

Sascha nutzt die Abschreibhilfe nicht, schreibt lautgetreu in Druckschrift und hauptsächlich in Großbuchstaben. Seine Buchstaben schreibt er in der richtigen Schreibrichtung und an die Größe der Rechenkästchen angepasst.

Sascha und Felix geben sich gegenseitig Raum zum Handeln und Rechnen. Sie arbeiten konfliktfrei zusammen. Die schriftlichen Arbeitsergebnisse des Partners kontrollieren sie nicht.

Kompetenzorientierte Leistungsbewertung

Sascha und Felix arbeiten fokussiert, ausdauernd und strukturieren ihre Arbeitsschritte eigenständig. Sie sind neugierig, zeigen Interesse und Arbeitsfreude, gehen respektvoll miteinander um, sind kooperations- und teamfähig.

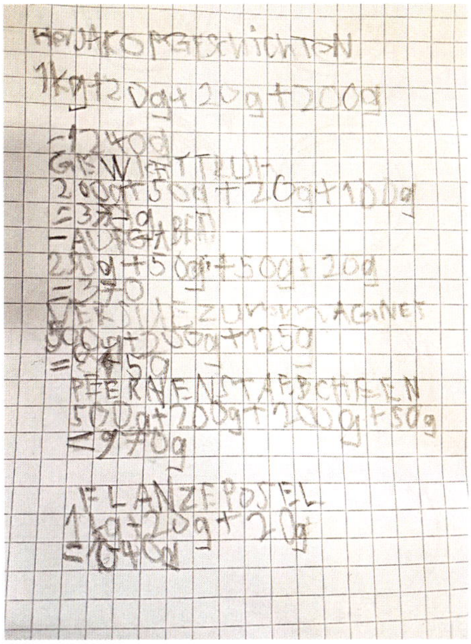

Foto 73: Saschas Arbeitsergebnis

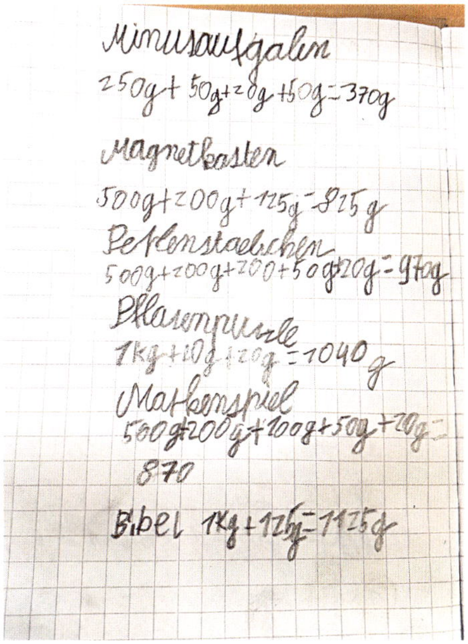

Foto 74: Felix' Arbeitsergebnis

Beide Jungen können Sachsituationen Informationen entnehmen: Sie erkennen die mathematischen Zusammenhänge und nutzen diese zur Lösung neuer Aufgaben. Ihre Vermutungen (über die nötigen Gewichte) begründen sie und erkennen Gesetzmäßigkeiten.

Felix rechnet mit den Einheiten Gramm und Kilogramm und kommt meist zu sachlich richtigen Ergebnissen. Dabei nutzt er Rechengesetze zum vorteilhaften Rechnen (Beispiel: 80 + 30 + 20 = (80 + 20) + 30 = 130). Sascha rechnet ebenfalls mit Gramm und Kilogramm, unterscheidet aber teilweise nicht zwischen den Stellenwerten Hunderter und Zehner. Dadurch entstehen einige Fehler. Rechengesetze nutzt Sascha noch nicht.

Felix hat eine formschöne Schreibschrift, die er der Rechenkästchengröße anpassen kann. Er nutzt Abschreibhilfen, um Rechtschreibfehler zu vermeiden. Sascha schreibt lautgetreu. Er kann allen Lauten einen Druckbuchstaben zuordnen. Er beherrscht die Großbuchstaben in der richtigen Schreibrichtung und kann diese der Rechenkästchengröße anpassen. Abschreibhilfen nutzt er noch nicht.

Lern- und Leistungsberatung

Sascha und der gut ein Jahr ältere Felix sind enge Freunde und haben dank der Jahrgangsmischung und der freien Arbeitspartnerwahl die Möglichkeit, zusammen zu arbeiten. Die Lehrerin unterstützt diese Wahl. Sie beobachtet die beiden und nimmt immer wieder Blickkontakt zu Felix auf. Sie signalisiert ihm Zustimmung, wenn beide Jungen gleichberechtigt arbeiten und ermahnt ihn (ebenfalls nonverbal), wenn er zu dominant wird. Felix versteht diese Rückmeldungen und setzt sie in seinem Verhalten sofort um.

Als die Jungen ihr Arbeitsergebnis präsentieren, erkennt sie die gute Zusammenarbeit an und signalisiert in diesem Moment besonders Felix, dass sie seinen kameradschaftlichen Einsatz und seine Zurückhaltung gesehen und geschätzt hat. Sie würdigt die Selbstständigkeit der beiden Jungen und die gute Strukturierung der Aufgaben im Arbeitsheft, die sie sich eigenständig überlegt haben.

Bei den schriftlichen Ergebnissen macht sie Felix auf Fehler aufmerksam und rechnet mit ihm die betreffenden Aufgaben noch einmal nach. Auch Rechtschreibfehler lässt sie korrigieren. Sascha macht sie ebenfalls auf Rechenfehler aufmerksam. Da er aber für die gemachten Fehler kein Interesse zeigt, besteht sie nicht auf eine Korrektur. Es reicht, dass Sascha heute erste Erfahrungen mit den Gewichten gesammelt hat.

Beide Jungen sollten diese Arbeit wiederholen, um das Gespür für die unterschiedlichen Gewichte zu sichern. Sascha könnte das goldene Perlenmaterial auslegen, um das Stellenwertsystem zu sichern. Er könnte die Addition mit den goldenen Perlen durchführen. Ferner sollte er lernen, dass in Wörtern nur Kleinbuchstaben geschrieben werden.

Förder- bzw. Forderempfehlung

Für beide Jungen:

- Wiederholung: Umgang mit Gewichten, um das Gespür für Gewichte zu festigen

Für Sascha:

- Auslegen des goldenen Perlenmaterials (Bewusstwerden des Stellenwertsystems)
- Legen und Vorlesen von dreistelligen Zahlen
- Addieren von dreistelligen und vierstelligen Zahlen mit dem goldenen Perlenmaterial (Beachtung des Stellenwertes)

<table>
<tr><th colspan="3">Möglicher Kompetenzerwerb nach dem DQR (Deutschen Qualifikationsrahmen)[25]: Arbeit mit der Balkenwaage</th></tr>
<tr><td rowspan="10">Fachkompetenz[26]</td><td colspan="2">Fertigkeiten: (Prozessbezogene Kompetenzen)</td></tr>
<tr><td>Problem lösen / kreativ sein</td><td>Argumentieren</td></tr>
<tr><td>■ Problemstellungen für die Lösung relevante Informationen entnehmen und in eigenen Worten wiedergeben, z. B.: Um das Gewicht eines Bleistiftes zu bestimmen, werden leichte Gewichte benötigt, wird das Gewicht eines schweren Buches bestimmt, werden schwerere Gewichte benötigt
■ zunehmend systematisch Gewichte auf einen Teller der Balkenwaage legen und zielorientiert probieren und Einsichten in die Funktion einer Balkenwaage gewinnen und zur Problemlösung nutzen
■ Ergebnisse auf ihre Angemessenheit überprüfen, indem gewogene Gegenstände nach Gewicht geordnet und verglichen werden
■ Rechenfehler finden und korrigieren</td><td>■ Vermutungen über mathematische Zusammenhänge oder Auffälligkeiten anstellen, z. B.: Wenn ein 500 g Gewicht schwerer als der Gegenstand ist, dann ist auch ein 1000 g Gewicht schwerer.
■ Vermutungen über das Gewicht der Gegenstände im Vorfeld anstellen und dann überprüfen
■ Vermutungen über das Gewicht eines Gegenstandes bestätigen oder widerlegen und allgemeine Überlegungen entwickeln oder nachvollziehen
■ Beziehungen und Gesetzmäßigkeiten erklären und Begründungen anderer nachvollziehen, z. B.: 1 kg ist genauso viel wie 500 g + 500 g, denn 1 kg sind 1000 g.</td></tr>
<tr><td>Modellieren</td><td>Kommunizieren / Darstellen</td></tr>
<tr><td>■ Sachsituationen und Sachaufgaben Informationen entnehmen und dabei zwischen relevanten und nicht relevanten Informationen unterscheiden, z. B.: Beim Arbeitsauftrag »Wiege ein Buch« hinterfragen: »Welche Größe und Dicke soll das Buch haben?« hingegen beim Arbeitsauftrag »Wiege einen Bleistift« erkennen, dass der Unterschied des Gewichtes zweier unterschiedlicher Bleistifte nur minimal und nicht ausschlaggebend ist.</td><td>■ komplexere Aufgabenstellungen gemeinsam bearbeiten, dabei Verabredungen über Arbeitsschritte treffen und eigene und fremde Standpunkte in Beziehung setzen
■ Arbeitsergebnisse in Form einer Rechenaufgabe festhalten
■ geeignete Darstellungsformen die Präsentation eigener Ergebnisse nutzen
■ bei der Darstellung mathematischer Sachverhalte mathematische Zeichen und Konventionen verwenden</td></tr>
<tr><td colspan="2">Wissen: (Inhaltsbezogene Kompetenzen)</td></tr>
<tr><td>Zahlen und Operationen</td><td>Größen und Messen</td></tr>
<tr><td>■ Fachbegriffe richtig verwenden (plus, minus)
■ über Kenntnisse und Fertigkeiten beim schnellen Kopfrechnen verfügen (beim Zusammenrechnen der Gewichtsstücke)
■ Aufgaben der Addition unter Ausnutzung von Rechengesetzen und Zerlegungsstrategien mündlich oder halbschriftlich lösen
■ Zahlbeziehungen und Rechengesetze bei der Addition für vorteilhaftes Rechnen nutzen
■ Rechenwege dem Arbeitspartner nachvollziehbar beschreiben
■ die schriftlichen Rechenverfahren der Addition sicher ausführen</td><td>■ Gewichtsstücke vergleichen und ordnen
■ Gewichte von Gegenständen schätzen
■ Gewichtsstücke und Gewichte von Gegenständen mit geeigneten Messgeräten wie der Balkenwaage messen
■ die Einheiten Gramm, Kilogramm für Gewichte verwenden
■ mit Gewichten rechnen</td></tr>
<tr><td>Sprechen und Zuhören</td><td>Schreiben</td></tr>
<tr><td>■ nonverbal Verstehen signalisieren
■ funktionsangemessen sprechen: erzählen, informieren, argumentieren
■ Fragen stellen, wenn etwas nicht verstanden ist
■ eigene Meinungen begründen
■ über eigene Gefühle sprechen, z. B. Freude mit dem besten Freund arbeiten zu dürfen</td><td>■ flüssig und formklar in Druckschrift bzw. einer verbundenen Schrift schreiben
■ methodisch sinnvoll und korrekt abschreiben und Abschreibtechniken nutzen
■ grundlegende Regelungen der Rechtschreibung kennen und anwenden</td></tr>
</table>

25 Vgl. Arbeitskreis DQR 2011

26 Prozess- wie inhaltsbezogene Kompetenzen können der Fachkompetenz zugeordnet werden; vgl. Ministerium für Schule und Weiterbildung 2011a: 55–67, 23–36

Personale Kompetenz[27]	Sozialkompetenz	Selbstständigkeit
	■ Verantwortung für die gemeinsame Arbeit übernehmen ■ dem Arbeitspartner Hilfe anbieten und ihn achten ■ mit Anregungen und Kritik, z. B. der Aufforderung, zusätzliche Arbeitsschritte, wie die Umrechnung von Kilogramm in Gramm einzuschieben, um Fehler zu vermeiden, angemessen umgehen ■ Teamfähigkeit ausbauen, lernen, Arbeiten so auszuführen, dass alle mitarbeiten können ■ Selbstvertrauen entwickeln, durch die positive Rückmeldung des besten Freundes zur eigenen Leistung ■ ein realistisches Selbstbild aufbauen, eigene Stärken und Schwächen erkennen, z. B. dass Gewichte mit Gramm-Angabe selbstständig addiert werden können, aber zum Addieren der Maßeinheiten Gramm und Kilogramm Hilfe benötigt wird	■ Lern- und Leistungsbereitschaft: sich auf schwierige Aufgaben und Problemstellungen einlassen (Gewicht von Gegenständen bestimmen) ■ Zuverlässigkeit und Sorgfalt: Arbeitstempo steigern und zielorientiert arbeiten (sinnvolle Abfolge von Arbeitsschritten ausführen) ■ Ausdauer und Belastbarkeit: Arbeitsphasen ausbauen und Frustrationstoleranz erhöhen (mit Gramm und Kilogramm rechnen, Ergebnis in verschiedenen Schreibweisen notieren: 1400 g = 1,4 kg) ■ Kreativität und Flexibilität: eigene Interessen und Ideen formulieren und einbringen, neue Herangehensweisen und Methoden erproben (selbstgewählte Gegenstände wiegen) ■ Selbstständigkeit: eigene Arbeitsschritte planen, sich notwendige Informationen und Hilfe beschaffen (eigenständig eine geeignete Dokumentation der Ergebnisse überlegen)

27 Vgl. Ministerium für Schule und Weiterbildung 2011b: 8/9; Bohl 2009: 20

1.10 Zusammenfassende Betrachtung

Kinder können ihre Kompetenzen und erbrachten Leistungen in der Regel sehr realistisch einschätzen. Die Rückmeldung der Lehrerin brauchen sie selten. Sind sie nicht zufrieden mit ihren Ergebnissen, nehmen sie sich das Material oft zu einem späteren Zeitpunkt noch einmal vor, um beim wiederholten Tun zu einem besseren Arbeitsergebnis zu gelangen – so wie Lorin, die selbstständig überprüft, ob sie nach einer bestimmten Zeit die »verliebten Pärchen« noch beherrscht.

Auch die Stärken und Schwächen der Mitschüler können die Kinder einschätzen. Sie kennen und nutzen sowohl ihre sozialen als auch ihre fachlichen Kompetenzen. So loben sie beispielsweise den Mut schüchterner Mitschüler, die ein Plakat präsentieren, oder applaudieren, wenn ihre Patenkinder (jüngere Mitschüler) erste Wörter lesen. In der Partnerarbeit ist die Rückmeldung und der Respekt des Mitschülers vor der eigenen erbrachten Leistung eine wichtige Motivation. So arbeitet Sascha immer wieder gern mit Felix zusammen, der ihn unterstützt, sobald er um Hilfe bittet, und ihm gleichzeitig den Raum lässt, in seinem eigenen Tempo zu arbeiten.

Häufig wird die Arbeit mit dem Montessori-Material zu einem gemeinsamen Projekt. Der Lerninhalt wird eine sportliche Herausforderung eines Schüler-Teams. Darüber entstehen Freundschaften wie bei Enno und Jasper. Die Kinder erfahren, dass Lernen Spaß macht.

Aber nicht für jedes Kind ist die Team- oder Partnerarbeit ein Gewinn. Für Lukas zum Beispiel, der sich durch Mitschüler gebremst fühlt. Da er kognitiv auf einem hohen Entwicklungsstand ist und Zusammenhänge sehr schnell durchschaut, sind langsamer arbeitende Kinder für ihn eine Belastung. Selbst das Material wird für ihn schnell zu einer Behinderung: Sobald er sich mit seiner Hilfe eine Lösungsstrategie erschlossen hat, braucht er es nicht mehr. Seine hohen kognitiven Kompetenzen müssen von der Lehrerin beachtet und honoriert werden. Sie muss seinem Intellekt immer wieder neue Herausforderungen bieten. Hier zeigt sich ein weiterer Vorteil der Freiarbeit: Sie ermöglicht Kindern wie Lukas, sich auch mit Lerninhalten der weiterführenden Schulen zu beschäftigen (z. B. Bruchrechnung, Quadrieren und Wurzelziehen, Versuche zur Wäremelehre und Optik) oder zu eigenen, oft hoch wissenschaftlichen Interessen zu recherchieren und zu referieren. Durch die Jahrgangsmischung ist auch ein Überspringen eines Schuljahres ohne Klassenwechsel möglich.

»Sprache [ist] so bedeutend für das soziale Leben […], dass wir sie als seine Basis ansehen können. Sie ermöglicht den Menschen, sich zu Gruppen und Nationen zu vereinen«

(Montessori 1989: 100)

2. Sprachliche Bildung

Für Montessori trägt die sprachliche Bildung einen elementaren Beitrag zur Friedenserziehung bei, denn Sprache verbindet Menschen. Die Sensibilität für Sprache zeigen die Kinder nach Montessori bereits im Kindergartenalter. Eine besondere Freude an den Buchstaben, am Lesen und Schreiben kann bei den 4–6 Jährigen beobachtet werden. Im Grundschulalter kommt dann die kognitive Auffassungsgabe dazu, um den Sprachaufbau bewusst zu untersuchen, Wortarten zu bestimmen und Satzanalyse zu betreiben.

Der elementare Beitrag der Sprache

Auch im sprachlichen Bereich unterstützen die Montessori-Materialien wie Sandpapierbuchstaben, bewegliches Alphabet, Lesedosen, die große Arbeit zur Bestimmung der Wortarten oder zur Satzzerlegung und Satzanalyse den Kompetenzerwerb nach dem Deutschen Qualifikationsrahmen.

Deutscher Qualifikationsrahmen

2.1 Anlaute heraushören und Sandpapier-Buchstaben zuordnen

»Es ist übrigens eine Illusion, davon auszugehen, das ganze Schulleben sei soziales Lernen, nur weil dort viele Kinder und junge Menschen gehäuft zusammen sind, die im Übrigen aber der Leitung eines Erwachsenen unterworfen bleiben und ihre Initiative auf keine einzige Weise individuell und gemeinschaftlich zur Entwicklung bringen können. (...) Das soziale Leben ist eine Organisation von Menschen, die sich – jeder einzelne – ihrer Verantwortlichkeit gegenüber der gemeinschaftlichen Ordnung bewusst sind und ihre Aufgabe darin erfüllen.« (Montessori 1941: 180)

Der Erstklässler Konrad bittet Johannes, heute mit ihm zusammenzuarbeiten. Johannes, ein Kind im zweiten Schulbesuchsjahr, sagt gerne zu. Sie wählen eine Arbeit zum Bestimmen von Anlauten, holen das benötigte Material (Sandpapierbuchstaben und einen Korb mit vorbereiteten Gegenständen) und suchen sich einen ausreichend großen Arbeitsplatz. Beide Jungen legen die Druckbuchstaben in zufälliger Reihenfolge aus. Konrad wählt aus dem Korb einen Gegenstand aus und nennt dessen Namen – zum Beispiel »Giraffe«. Er ordnet ihn einem Sandpapierbuchstaben zu – im Beispiel dem »G«. Dabei unterlaufen ihm nur wenige Fehler. Teilweise landen die Gegenstände zwar auf Buchstaben, die sachlich falsch erscheinen, z. B. der Zug auf dem »L«. Auf Nachfrage erhält die Lehrerin jedoch eine Antwort (»Das ist eine Lokomotive«), die zeigt, dass Konrad den Anlaut richtig zugeordnet hat.

Foto 75: Partnerarbeit mit den Sandpapierbuchstaben

Konrad bekommt nach jeder Entscheidung sofort eine Rückmeldung von Johannes, der stolz auf jede richtige Zuordnung seines Arbeitspartners ist. Wendet sich Konrad mit Fragen an ihn, hört er geduldig zu und versucht, ihn durch kleine Hinweise zur richtigen Zuordnung zu lenken. Die beiden Jungen arbeiten konzentriert zusammen. Es herrscht eine kameradschaftliche Atmosphäre. Am Ende der Arbeit lobt Johannes Konrad. Beide Kinder machen einen glücklichen und zufriedenen Eindruck.

Kompetenzorientierte Leistungsbewertung

Beide Jungen fokussieren sich auf ihre gewählte Arbeit und tauchen in einen strebsamen Arbeitszyklus ein. Sie halten sich an Gesprächsregeln und helfen sich gegenseitig.

Konrad ist oft unsicher, ob seine Lösungswege richtig sind. Daher sucht er sich in der Freiarbeit meist ältere Partner, deren Unterstützung und Bestätigung ihm Sicherheit gibt. Sein Selbstbewusstsein und seine Eigenständigkeit muss er noch ausbauen. Konrad hört die Anlaute richtig und kann fast allen den richtigen Druckbuchstaben zuordnen.

Der ältere Johannes arbeitet oft in der Lerngruppe der Erstklässler mit, da ihm noch die nötige Sicherheit in vielen eingeführten Operationen fehlt und er seine Fertigkeiten und Fähigkeiten festigen muss. In der Gruppe der Erstklässler übernimmt er dann eine führende Rolle, die ihm Bestätigung und neue Lernmotivation gibt. Johannes hört alle Anlaute richtig und kann sie den Buchstaben sicher zuordnen.

Lern- und Leistungsberatung

Die Lehrerin beobachtet das Arbeitsteam wohlwollend und sieht, dass beide Jungen voneinander profitieren. Konrad sollte weiterhin mit anderen Kindern gemeinsam lernen dürfen, bis er den Mut findet, sich alleine einer Aufgabe zu stellen. Da er die Anlaute sicher zuordnen kann, könnte er nun versuchen, lautgetreue Wörter zu legen oder zu schreiben. Johannes sollte weiterhin Lerninhalte wiederholen und sichern. Dadurch werden ihm seine Lernerfolge bewusst und er ermutigt, sich neuen und schwierigeren Aufgaben zuzuwenden. Johannes sollte üben, erste Sätze zu lesen und zu schreiben. Er könnte beginnen, Wortarten kennen und unterscheiden zu lernen.

Förder- bzw. Forderempfehlung

Für Johannes:

- Auftragsröllchen
- Erste Lesehefte
- Arbeit mit dem Bauernhof

Für Konrad:

- Sandpapierbuchstaben: Verbindung zwischen Laut und Zeichen erfahren durch Hören, Sehen, Tasten
- Bewegliches Alphabet
- Arbeit mit dem Buchstabenkasten
- Erste lautgetreue Wörter schreiben
- Leseheftchen
- Lesedosen
- Kontinenten-Kiste
- Tierpuzzle mit Namensdeklination zu den Gliedmaßen
- Bauernhof

Foto 76: Gegenstände der Lesedosen mit aufgedruckten Buchstaben aus dem Buchstabenkasten legen

<table>
<tr><td colspan="4">Möglicher Kompetenzerwerb nach dem DQR (Deutschen Qualifikationsrahmen)[1]:
Anlaute heraushören und Sandpapier-Buchstaben zuordnen</td></tr>
<tr><td rowspan="5">Fachkompetenz[2]</td><td colspan="3">Wissen: (Inhaltsbezogene Kompetenzen)</td></tr>
<tr><td colspan="2">Sprechen und Zuhören</td><td>Schreiben</td></tr>
<tr><td colspan="2">■ nonverbal Verstehen signalisieren
■ funktionsangemessen sprechen: erzählen, welchen Gegenstand man gewählt hat, informieren, auf welchen Anlaut man diesen Gegenstand legen möchte und argumentieren, warum man diese Zuordnung wählt
■ Fragen stellen, wenn die Zuordnung unklar ist oder man den Gegenstand nicht kennt
■ eigene Meinungen begründen
■ über eigene Gefühle sprechen, z. B. Stolz über die eigene Leistung oder die Leistung des Arbeitspartners</td><td>■ Hinführung zu: bekannte Texte mit überwiegend lautgetreuen Wörtern fehlerfrei abschreiben</td></tr>
<tr><td colspan="3">Wichtige Fähigkeiten und Kenntnisse im Rechtschreiben – Klassen 1 bis 4</td></tr>
<tr><td>auf der Laut-Buchstaben-Ebene</td><td colspan="2">■ regelhafte Laut-Buchstaben-Zuordnung der Schreibung kennen und anwenden
■ ähnliche Laute und Lautfolgen unterscheiden und sie den entsprechenden Buchstaben zuordnen</td></tr>
<tr><td rowspan="2">Personale Kompetenz[3]</td><td colspan="2">Sozialkompetenz</td><td>Selbstständigkeit</td></tr>
<tr><td colspan="2">■ Verantwortung für den Lernprozess eines Mitschülers bzw. den eigenen Lernprozess übernehmen
■ dem Arbeitspartner Hilfe anbieten und ihn achten
■ mit Anregungen und Kritik, z. B. der Aufforderung, den Anlaut besonders zu betonen, um Fehler zu vermeiden, angemessen umgehen
■ Teamfähigkeit ausbauen, lernen, Hilfe nur dann anzubieten, wenn sie nötig ist
■ Selbstvertrauen entwickeln, durch die Erfahrung mehr zu können als andere
■ ein realistisches Selbstbild aufbauen, eigene Stärken und Schwächen erkennen, z. B. dass, obwohl Selbstzweifel bestanden, ein Lernprozess stattgefunden hat, der weitergegeben werden kann</td><td>■ Lern- und Leistungsbereitschaft: sich auf schwierige Aufgaben und Problemstellungen einlassen (Anlaute heraushören, Laute Buchstaben zuordnen)
■ Zuverlässigkeit und Sorgfalt: Arbeitstempo steigern und zielorientiert arbeiten (sinnvolle Abfolge von Arbeitsschritten ausführen)
■ Ausdauer und Belastbarkeit: Arbeitsphasen ausbauen und Frustrationstoleranz erhöhen (lautgetreue Wörter mit Buchstaben legen)
■ Kreativität und Flexibilität: eigene Interessen und Ideen formulieren und einbringen, neue Herangehensweisen und Methoden erproben (Sandpapierbuchstaben nicht willkürlich, sondern nach dem Alphabet anordnen)
■ Selbstständigkeit: eigene Arbeitsschritte planen, sich selbstständig notwendige Informationen und Hilfe beschaffen (eigenständig einen passenden Arbeitsplatz finden und benötigte Materialien selbstständig zusammentragen)</td></tr>
</table>

1 Vgl. Arbeitskreis DQR 2011
2 Vgl. Ministerium für Schule und Weiterbildung 2011a: 23–36
3 Vgl. Ministerium für Schule und Weiterbildung 2011b: 8/9; Bohl 2009: 20

2.2 Wörter legen mit dem Buchstabenkasten

»Das Kind wird durch eine große Mission angetrieben, zu wachsen und ein Erwachsener zu werden ... Diese Auffassung verlangt von Seiten des Erwachsenen eine größere Sorgfalt und schärfere Beobachtung der wahren kindlichen Bedürfnisse; als erste praktische Tat führt sie dazu, die geeignete Umgebung zu schaffen, in der das Kind handeln kann, um erstrebenswerte Ziele zu erreichen, um es so auf den Weg der Ordnung und der Vervollkommnung seiner unbändigen Aktivität zu lenken.« (Montessori 2010: 78)

Foto 77: Arbeit mit dem Buchstabenkasten

Max zeigt schon länger eine hohe Motivation bei allen Arbeiten, die zum Lesen oder Schreiben hinführen. Heute beschäftigt er sich mit dem Buchstabenkasten: Die Lehrerin nennt ihm lautgetreue Wörter, die er mit den Buchstaben legt. Als Hilfe nutzt er seine Anlauttabelle.

Nachdem er den Buchstabenkasten geöffnet hat, zeigt er eigenständig von Buchstabe zu Buchstabe und benennt jeden einzelnen richtig. Bei den Satzzeichen stockt er und bittet um Erklärungen, die er interessiert aufnimmt.

Max hört aufmerksam hin, wenn die Lehrerin ihm ein Wort nennt. Den Anlaut legt er sofort, danach spricht er sich das Wort laut und langsam vor. Sobald er einen Laut nicht dem richtigen Buchstaben zuordnen kann, sucht er ihn auf seiner Anlauttabelle, den Laut vor sich hin sprechend. Dies gelingt ihm zügig und immer fehlerfrei.

Max sitzt neben und nicht gerade vor dem Buchstabenkasten. Die Lehrerin weist ihn zwar mehrfach auf die eher ungünstige Sitzposition hin, er behält sie aber bei.

Max arbeitet sehr konzentriert und zügig. Er fordert immer neue Wörter ein. Bald hat er eigene Ideen. Darunter befinden sich auch nicht-lautgetreue Wörter, die er lautgetreu schreibt. Er arbeitet lange und ausdauernd. Zum Schluss präsentiert er stolz sein Ergebnis. Zusammen mit der Lehrerin ergänzt er die Laute, die in einigen seiner Wörter fehlen. Durch die deutliche Artikulation der Lehrerin entdeckt er die Fehler schnell und korrigiert sie.

Kompetenzorientierte Leistungsbewertung

Max möchte unbedingt Lesen und Schreiben lernen. Bei Arbeiten aus dem sprachlichen Bereich zeigt er deshalb einen besonders großen Arbeitseifer und fokussiert sich schnell auf die Aufgabe. Seine Umgebung nimmt er nicht mehr wahr. In den Gesprächen mit der Lehrerin hört er aufmerksam zu und äußert eigene Wünsche, eigene Wörter lautieren zu dürfen. Max ist offen für Kritik, arbeitet sorgfältig und strukturiert seinen Arbeitsplatz sinnvoll.

In einfachen lautgetreuen Wörtern hört Max alle Laute und kann sie auch den richtigen Buchstaben zuordnen. Er kann alle Buchstaben richtig benennen und hat den Aufbau von Wörtern verstanden. Er kann sie auch von einer seitlichen Sitzposition aus lesen. Teilweise benötigt er Hilfe bei der Fehlersuche im Wort. Durch deutliches Vorsprechen eines falsch geschriebenen Wortes durch die Lehrerin hört er, welcher Laut fehlt und ergänzt den entsprechenden Buchstaben.

Lern- und Leistungsberatung

Beim Benennen der einzelnen Buchstaben stellt Max selbst fest, dass er bereits alle Buchstaben sicher erkennt. Die Lehrerin zeigt ihm, durch das betonte Vorlesen des gelegten lautgetreuen Wortes, wie er selbstständig die Fehlerkontrolle durchführt. Max erfährt, dass dieser Arbeitsschritt dazu gehört. Durch die Erkenntnis, dass er keine Fehler in den lautgetreuen Wörtern gemacht hat, wächst sein Selbstvertrauen. Folgerichtig signalisiert er der Lehrerin durch eigene Wortvorschläge, dass er nun selbstständig weiterarbeiten kann und möchte. Diese Entscheidung respektiert die Lehrerin und übergibt ihm die Verantwortung für den Arbeitsprozess. Die Anerkennung seiner Leistung erhält Max bei der Präsentation seines Arbeitsergebnisses. Dabei erlebt er auch, dass Fehler gemacht werden dürfen und er diese gemeinsam mit der Lehrerin korrigieren kann.

Als nächstes könnte Max die Lesedosen bearbeiten. Er könnte erste Leseheftchen mit lautgetreuen Wörtern erlesen. Max sollte mithilfe der Sandpapierbuchstaben die Schreibrichtung der Druckbuchstaben lernen.

Förder- bzw. Forderempfehlung

Foto 78: Arbeitsergebnis Kontinentenkiste

Foto 79: Land- und Wasserformen

- Sandpapierbuchstaben: Verbindung zwischen Laut und Zeichen durch Hören, Sehen, Tasten erfahren
- Wiederholende Übung: Wörter mit dem Buchstabenkasten legen
- Lesedosen
- Leseheftchen
- Tierpuzzle mit Namensdeklination zu den Gliedmaßen
- Bauernhof
- Kontinenten-Kiste
- Land- und Wasserformen

<table>
<tr><th colspan="4">Möglicher Kompetenzerwerb nach dem DQR (Deutschen Qualifikationsrahmen)[4]:
Wörter legen mit dem Buchstabenkasten</th></tr>
<tr><td rowspan="6">Fachkompetenz[5]</td><td colspan="3">Wissen: (Inhaltsbezogene Kompetenzen)</td></tr>
<tr><td colspan="2">Sprechen und Zuhören</td><td>Schreiben</td></tr>
<tr><td colspan="2">■ nonverbal Verstehen signalisieren
■ funktionsangemessen sprechen: deutlich intoniert sprechen, um die einzelnen Laute des Wortes zu hören
■ Fragen stellen, wenn etwas nicht verstanden ist
■ die Wahl der Buchstabenfolge begründen
■ über eigene Gefühle sprechen, z.B. den Wunsch äußern, eigene Wörter auswählen zu dürfen</td><td>■ Hinführung zu: bekannte Texte mit überwiegend lautgetreuen Wörtern fehlerfrei abschreiben
■ Hinführung zu: eigene Texte verständlich aufschreiben
■ Hinführung zu: beim Schreiben eigener Texte erste Rechtschreibmuster und rechtschriftliche Kenntnisse anwenden (z.B. Einhalten der Wortgrenzen)
■ Hinführung zu: Rechtschreibstrategien zum normgerechten Schreiben verwenden (z.B. Mitsprechen)</td></tr>
<tr><td colspan="3">Wichtige Fähigkeiten und Kenntnisse im Rechtschreiben – Klassen 1 bis 4</td></tr>
<tr><td>auf der Laut-Buchstabenebene</td><td colspan="2">■ regelhafte Laut-Buchstaben-Zuordnung der Schreibung kennen und anwenden
■ ähnliche Laute und Lautfolgen unterscheiden und sie den entsprechenden Buchstaben zuordnen</td></tr>
<tr><td colspan="3"></td></tr>
<tr><td rowspan="2">Personale Kompetenz[6]</td><td colspan="2">Sozialkompetenz</td><td>Selbstständigkeit</td></tr>
<tr><td colspan="2">■ Verantwortung für den eigenen Lernprozess übernehmen
■ mit Anregungen und Kritik, z.B. der Aufforderung, den Arbeitsschritt der deutlichen Intonierung eines Wortes zu wiederholen, angemessen umgehen
■ Selbstvertrauen entwickeln, durch die Erfahrung, dass immer weniger Fehler gemacht werden
■ ein realistisches Selbstbild aufbauen, eigene Stärken und Schwächen erkennen, z.B. dass alle Buchstaben sicher benannt werden, aber beim lautgetreuen Schreiben Buchstaben vergessen werden, weil Laute nicht gehört wurden</td><td>■ Lern- und Leistungsbereitschaft: sich auf schwierige Aufgaben und Problemstellungen einlassen (lautgetreue Wörter mit Buchstaben legen)
■ Zuverlässigkeit und Sorgfalt: Arbeitstempo steigern und zielorientiert arbeiten (sinnvolle Abfolge von Arbeitsschritten ausführen)
■ Ausdauer und Belastbarkeit: Arbeitsphasen ausbauen und Frustrationstoleranz erhöhen (nicht-lautgetreue Wörter mit Buchstaben legen)
■ Kreativität und Flexibilität: eigene Interessen und Ideen formulieren und einbringen (selbstgewählte Worte mit Buchstaben legen)
■ Selbstständigkeit: eigene Arbeitsschritte planen, sich selbstständig notwendige Informationen und Hilfe beschaffen (zunächst alle Buchstaben benennen)</td></tr>
</table>

4 Vgl. Arbeitskreis DQR 2011
5 Vgl. Ministerium für Schule und Weiterbildung 2011a: 23–36
6 Vgl. Ministerium für Schule und Weiterbildung 2011b: 8/9; Bohl 2009: 20

2.3 Erstes Lesen und Schreiben mit der Lesedose

»Wir [können] nicht ein Genie bilden, sondern nur dem Individuum helfen (...), seine Potentialitäten zu verwirklichen.« (Montessori 1989: 87)

Nico wählt selbstständig noch keine Arbeiten mit größeren Herausforderungen. Daher regt die Lehrerin ihn an, lautgetreue einsilbige Wörter der Lesedosen zu lesen und zu schreiben, und legt mit ihm ein Arbeitspensum fest. Sie legt den Inhalt der Lesedose I sichtbar auf den Tisch und schreibt den Namen eines der Gegenstände in Druckbuchstaben auf einen Zettel. Nico erkennt alle Buchstaben und schleift die Laute richtig aneinander. Zügig ordnet er das geschriebene Wort dem entsprechenden Gegenstand zu.

Foto 80: Arbeit mit der Lesedose

Da er die Gegenstände sieht, liest er teilweise nur die ersten Buchstaben und rät dann: Statt »Kuli« liest er beispielsweise »Kugelschreiber«. Die unterschiedliche Anzahl der Buchstaben irritiert ihn dabei nicht. Daraufhin zeigt ihm die Lehrerin die Gegenstände der Lesedose II erst, nachdem Nico das ganze Wort erlesen hat. Das gelingt ihm bei allen Wörtern ohne Schwierigkeiten.

Dann schreibt er die Wörter in sein Heft ab. Die Größe seiner Groß- und Kleinbuchstaben unterscheidet sich kaum, sie ragen über die Lineatur hinaus. Die Stifthaltung und die Schreibrichtung seiner Buchstaben sind richtig. Nach seiner Arbeit ist Nico sichtlich erschöpft und bittet darum, in die Kladde malen zu dürfen.

Foto 81: Nicos Arbeitsergebnis

Kompetenzorientierte Leistungsbewertung

Nico kennt alle Druckbuchstaben und kann sie den richtigen Lauten zuordnen. Er hat den Leseprozess verstanden und beginnt, einsilbige lautgetreue Wörter zu erlesen. Er liest sinnentnehmend. Dass er von der Anzahl der Buchstaben auf die Länge des gesprochenen Wortes schließen kann, ist ihm noch nicht bewusst.

Beim Abschreiben unterlaufen Nico keine Fehler, er schreibt formschöne Druckbuchstaben. Die Größe seiner Groß- und Kleinbuchstaben unterscheidet sich jedoch nicht. Nico benötigt nach ca. 30 Minuten eine Lernpause.

Lern- und Leistungsberatung

Die Lehrerin bestätigt Nicos gute Leseleistungen. Sie erschwert die Arbeit und zeigt ihm so, dass er sich auf seine Leseleistung verlassen kann. Das stärkt sein Selbstvertrauen. Zu seinem schriftlichen Arbeitsergebnis meldet sie ihm zurück, dass seine Buchstaben gut zu lesen sind und fordert ihn auf, das nächste Mal die Lineatur zu beachten.

Nico sollte die einfachen Lesedosen wiederholt bearbeiten, ohne die Gegenstände bereits vor sich liegen zu haben, damit er die Wörter bis zum Schluss erliest und nicht errät. Er könnte weitere Lesedosen bearbeiten und anfangen, mehrsilbige Wörter zu erlesen. Er könnte die Lesehefte bearbeiten und mit dem Buchstabenkasten lautgetreue Wörter legen. Außerdem kann mithilfe eines behutsam erhöhten Aufgabenpensums sein Arbeitszyklus verlängert werden.

Förder- bzw. Forderempfehlung

- Wiederholende Arbeit mit den Lesedosen
- Weitere Lesedosen
- Leseheftchen
- Lautgetreue Wörter mit dem Buchstabenkasten legen
- Kontinenten-Kiste
- Tierpuzzle mit Namensdeklination zu den Gliedmaßen
- Hol- und Bringwörter
- Wörter sortieren, z.B. Obst – Gemüse, Lufttiere – Landtiere – Wassertiere, Mädchennamen – Jungennamen
- Reimwörter

Foto 82: Tierpuzzle

Foto 83: Arbeit mit den Leseheftchen

<table>
<tr><th colspan="4">Möglicher Kompetenzerwerb nach dem DQR (Deutschen Qualifikationsrahmen)[7]: Erstes Lesen und Schreiben mit der Lesedose</th></tr>
<tr><td rowspan="6">Fachkompetenz[8]</td><td colspan="3">Wissen: (Inhaltsbezogene Kompetenzen)</td></tr>
<tr><td>Sprechen und Zuhören</td><td>Schreiben</td><td>Lesen</td></tr>
<tr><td>■ nonverbal Verstehen signalisieren
■ funktionsangemessen sprechen: Gegenstände der Lesedose benennen
■ Fragen stellen, wenn Buchstaben nicht wiedererkannt oder gelesene Wörter nicht verstanden werden
■ Zuordnungen begründen
■ über eigene Gefühle sprechen, z. B. Erschöpfung nach einer anstrengenden Arbeit</td><td>■ flüssig und formklar Druckbuchstaben schreiben
■ lautgetreue Wörter der Lesedose fehlerfrei abschreiben
■ Hinführung zu: Abschreibtechniken nutzen
■ Hinführung zu: eigene Texte verständlich aufschreiben
■ Hinführung zu: beim Schreiben eigener Texte erste Rechtschreibmuster und rechtschriftliche Kenntnisse anwenden (z. B. Einhalten der Wortgrenzen)
■ Hinführung zu: Rechtschreibstrategien zum normgerechten Schreiben verwenden (z. B. Mitsprechen)</td><td>■ Wörter sinnentnehmend lesen
■ Hinführung zu: kurze altersgemäße Texte lesen und Fragen zum Text beantworten
■ Hinführung zu: in Texten gezielt Informationen finden und wiedergeben können</td></tr>
<tr><td colspan="3">Wichtige Fähigkeiten und Kenntnisse im Rechtschreiben – Klassen 1 bis 4</td></tr>
<tr><td>auf der Laut- Buchstabenebene</td><td colspan="2">■ regelhafte Laut-Buchstaben-Zuordnung der Schreibung kennen und anwenden
■ ähnliche Laute und Lautfolgen unterscheiden und sie den entsprechenden Buchstaben zuordnen</td></tr>
<tr><td>auf der Wortebene</td><td colspan="2">■ Namen und Nomen mit großem Anfangsbuchstaben schreiben</td></tr>
<tr><td rowspan="2">Personale Kompetenz[9]</td><td>Sozialkompetenz</td><td colspan="2">Selbstständigkeit</td></tr>
<tr><td>■ Verantwortung für den eigenen Lernprozess übernehmen
■ mit Anforderungen und geforderten Arbeitspensen angemessen umgehen
■ Selbstvertrauen entwickeln, durch das Vertrauen der Lehrerin in die eigene Leistungsfähigkeit
■ ein realistisches Selbstbild aufbauen, eigene Stärken und Schwächen erkennen, z. B. dass der Prozess des Lesens beherrscht wird, aber Kraft kostet</td><td colspan="2">■ Lern- und Leistungsbereitschaft: sich auf schwierige Aufgaben und Problemstellungen einlassen (Gegenstände der Lesedose in der Lesedose lassen, bis sie erlesen wurden)
■ Zuverlässigkeit und Sorgfalt: Arbeitstempo steigern und zielorientiert arbeiten (beim Abschreiben auf die Lineatur achten)
■ Ausdauer und Belastbarkeit: Arbeitsphasen ausbauen und Frustrationstoleranz erhöhen (größeres Arbeitspensum festlegen)
■ Kreativität und Flexibilität: eigene Interessen und Ideen formulieren und einbringen (eigene erste Wörter oder Sätze zum Lesen wählen)
■ Selbstständigkeit: eigene Arbeitsschritte planen, sich selbstständig notwendige Informationen und Hilfe beschaffen (Arbeitsschritte kennenlernen, um sie später selbstständig ausführen zu können)</td></tr>
</table>

7 Vgl. Arbeitskreis DQR 2011
8 Vgl. Ministerium für Schule und Weiterbildung 2011a: 23–36
9 Vgl. Ministerium für Schule und Weiterbildung 2011b: 8/9; Bohl 2009: 20

2.4 Die Wortart »Nomen« mit dem Bauernhof sichern

»Das Kind ist nicht ein leeres Gefäß, das wir mit unserem Wissen angefüllt haben und das uns alles verdankt. Nein, das Kind ist der Baumeister des Menschen, und es gibt niemanden, der nicht von dem Kind, das er selbst einmal war, gebildet wurde.« (Montessori 1989: 13)

Foto 84: Arbeit mit dem Bauernhoftieren

Mathilda hat vor einigen Tagen die Symbole für die Wortarten Nomen, Artikel und Adjektiv kennengelernt. Heute vertieft sie gemeinsam mit der Lehrerin ihr Wissen über Nomen. Zu Beginn benötigt Mathilda Hilfe, um sich an die Merkmale dieser Wortart zu erinnern. Die Lehrerin nennt ihr Nomen und bittet sie um die Beweisführung. Dies fällt Mathilda zunehmend leicht. Danach fordert die Lehrerin sie auf, selbst Nomen aufzuzählen, was ihr zunächst Schwierigkeiten bereitet, dann aber immer besser gelingt.

Nun wählt die Lehrerin Namenskarten von Bauernhoftieren aus. Mathilda liest die Wörter ohne Hilfe. Sie ordnet die Namen den entsprechenden Tierfiguren zu. Bei den Wörtern »Eber« und »Hengst« fragt sie nach. Über jede Karte legt sie das Symbol für Nomen (das große schwarze Dreieck). Eines der Symbole klebt sie daraufhin in ihr Schreibheft, schreibt alle Tiernamen darunter und ergänzt schließlich zu jedem Nomen den passenden Artikel. Da sie auf der zweiten Heftseite keinen Abstand zum Rand gelassen hat, schreibt sie hier die Artikel hinter die

Foto 85/86: Mathildas Arbeitsergebnisse

Nomen. Bei der Präsentation ihres Ergebnisses erklärt Mathilda der Lehrerin, wie es zur falschen Anordnung der Wörter auf der zweiten Heftseite kam, dass sie den Fehler gern korrigiert hätte, dies aber wegen des bereits aufgeklebten Symbols nicht mehr möglich gewesen sei.

Kompetenzorientierte Leistungsbewertung:
Mathilda zeigt Lerneifer und Beharrlichkeit. Obwohl sie sich an die Definition eines Nomen nicht mehr sicher erinnert, stellt sie sich erneut der Aufgabenstellung und geht ihr nicht aus dem Weg. Schnell erinnert sie sich und festigt nun ihr Wissen. Ihr Arbeitsplatz ist ordentlich und Arbeitsschritte strukturiert sie nach und nach eigenständig und sinnvoll. Sie verfügt über einen guten Wortschatz. Sie erliest einfache Wörter selbstständig. Sie hat gelernt, die Wortart Nomen zu analysieren. Mathilda schreibt eine formschöne Druckschrift, deren Größe sie der Lineatur korrekt anpasst. Sie beachtet die Regeln zur Groß- und Kleinschreibung.

Lern- und Leistungsberatung
Die Lehrerin hilft Mathilda, sich auf ihre Arbeit zu fokussieren, indem sie zu Beginn gemeinsam mit ihr die Beweisführung der Nomen wiederholt. Nach und nach überlässt sie Mathilda die nötigen Arbeitsschritte (zunächst Beweisführung zu vorgegebenen Nomen, dann eigene Nomen benennen und Beweis führen, dann selbstständige Arbeit mit den Bauernhoftieren). Auf diese Weise unterstützt sie die Schülerin darin, in einen langen und konzentrierten Arbeitszyklus zu gelangen.

Die Lehrerin signalisiert Mathilda Verständnis für ihre Unzufriedenheit über die Anordnung auf der zweiten Heftseite. Sie bestätigt ihr aber auch, eine gute Lösung gefunden zu haben. Dadurch signalisiert sie Mathilda, dass Fehler passieren und dass das Finden guter Lösungswege ebenfalls eine Kompetenz ist.

Nun könnte Mathilda ihre Untersuchungen zu Sprache und Sprachgebrauch ausbauen und weitere Regeln zur Groß- und Kleinschreibung kennen lernen. Sie könnte erste Arbeiten zum grammatikalischen Satzaufbau bearbeiten sowie weitere Wortarten kennen und unterscheiden lernen. Da Mathilda die Druckschrift sicher beherrscht, könnte sie außerdem beginnen, eine verbundene Schrift zu erlernen.

Förder- bzw. Forderempfehlung
- Große Arbeit zur Bestimmung der Wortarten
- Sprachkästen
- Auftragskästen
- Im »Satz des Tages« Wortarten bestimmen
- Wortarten hüpfen
- Jagd nach dem Prädikat
- Sterntabelle
- Verbundene Schrift erlernen

Foto 87: Große Arbeit zur Bestimmung der Wortarten

Foto 88: »Satz des Tages«

Foto 89: Wortarten hüpfen

Foto 90: Verbundene Schrift erlernen mithilfe von Sandpapierbuchstaben

<table>
<tr><th colspan="3">Möglicher Kompetenzerwerb nach dem DQR (Deutschen Qualifikationsrahmen)[10]: Die Wortart »Nomen« mit dem Bauernhof sichern</th></tr>
<tr><td rowspan="8">Fachkompetenz[11]</td><td colspan="2">Wissen: (Inhaltsbezogene Kompetenzen)</td></tr>
<tr><td>Sprechen und Zuhören</td><td>Schreiben</td></tr>
<tr><td>■ nonverbal Verstehen signalisieren
■ funktionsangemessen sprechen: über den Arbeitsauftrag informieren, die Wortartenbestimmung argumentativ durchführen
■ Fragen stellen, wenn etwas nicht verstanden ist
■ eigene Meinungen über Wörter und ihre Zuordnung zu bestimmten Wortarten begründen
■ über eigene Gefühle sprechen, z. B. Unsicherheit bei der Bestimmung von Wortarten</td><td>■ Wörtern fehlerfrei abschreiben
■ Abschreibtechniken nutzen
■ flüssig und formklar in Druckschrift schreiben
■ Hinführung zu: beim Schreiben eigener Texte erste Rechtschreibmuster und rechtschriftliche Kenntnisse anwenden (z. B. Großschreibung der Nomen)
■ Hinführung zu: Rechtschreibstrategien zum normgerechten Schreiben verwenden (z. B. Mitsprechen)</td></tr>
<tr><td>Lesen</td><td>Bereich: Sprache und Sprachgebrauch untersuchen</td></tr>
<tr><td>■ Wörter lesen und den eigenen Wortschatz erweitern</td><td>■ Wörter sammeln und ordnen
■ Wörter Wortarten zuordnen
■ grundlegende Fachbegriffe Nomen, Artikel, Einzahl, Mehrzahl beim Untersuchen von Sprache und Sprachgebrauch verwenden</td></tr>
<tr><td colspan="2">Wichtige Fähigkeiten und Kenntnisse im Rechtschreiben – Klassen 1 bis 4</td></tr>
<tr><td>auf der Laut- Buchstabenebene</td><td>■ regelhafte Laut-Buchstaben-Zuordnung der Schreibung kennen und anwenden
■ ähnliche Laute und Lautfolgen unterscheiden und sie den entsprechenden Buchstaben zuordnen</td></tr>
<tr><td>auf der Wortebene</td><td>■ Namen und Nomen mit großem Anfangsbuchstaben schreiben</td></tr>
<tr><td rowspan="2">Personale Kompetenz[12]</td><td>Sozialkompetenz</td><td>Selbstständigkeit</td></tr>
<tr><td>■ Verantwortung für den eigenen Lernprozess übernehmen
■ mit Anregungen und Kritik angemessen umgehen, z. B. der Aufforderung, neue Fähigkeiten regelmäßig zu üben, damit sie gesichert werden
■ Selbstvertrauen entwickeln, durch die Wertschätzung der Lehrerin eine gelungene kreativen Korrektur durchgeführt zu haben
■ ein realistisches Selbstbild aufbauen, eigene Stärken und Schwächen erkennen, z. B. dass Fachbegriffe Nomen, Verb und Artikel sicher zum eigenen Wortschatz gehören, aber die Wortartenbestimmung nicht selbstständig gelingt</td><td>■ Lern- und Leistungsbereitschaft: sich auf schwierige Aufgaben und Problemstellungen einlassen (Wortarten bestimmen)
■ Zuverlässigkeit und Sorgfalt: Arbeitstempo steigern und zielorientiert arbeiten (sinnvolle Abfolge von Arbeitsschritten ausführen)
■ Ausdauer und Belastbarkeit: Arbeitsphasen ausbauen und Frustrationstoleranz erhöhen (weitere Wortarten bestimmen)
■ Kreativität und Flexibilität: eigene Interessen und Ideen formulieren und einbringen (Beweisführung für selbstgewählte Nomen durchführen)
■ Selbstständigkeit: eigene Arbeitsschritte planen, sich selbstständig notwendige Informationen und Hilfe beschaffen (eigenständig eine kreative Fehlerkorrektur vornehmen)</td></tr>
</table>

10 Vgl. Arbeitskreis DQR 2011
11 Vgl. Ministerium für Schule und Weiterbildung 2011a: 23–36
12 Vgl. Ministerium für Schule und Weiterbildung 2011b: 8/9; Bohl 2009: 20

2.5 Satzteile mit der Sterntabelle kennen lernen

»Aber damit diese Neigung (die intelligente Aktivität, Anm. d. Verf.) verbleibt und damit die Persönlichkeit in ihrer Entwicklung fortschreitet, ist es notwendig, dass täglich eine wirkliche Arbeit vollbracht wird. (...) Auf der ursprünglichen Stufe herrscht die Unordnung im Verhalten und die Unfähigkeit, die Aufmerksamkeit zu fixieren. (...) Davon unterscheidet sich eine zweite Stufe, die durchschnittlich charakterisiert ist durch das Verschwinden der Unruheperiode; (...) Die Arbeit wird eine Haltung.« (Montessori 1976: 104/105)

Foto 91: Arbeit mit der Sterntabelle

Paul hat die Aufgabe, aus den Satzteilen Subjekt, Prädikat und Objekt Sätze zu bilden. Er setzt sich mit dieser Arbeit erst nach Aufforderung der Lehrerin auseinander. Die ersten Sätze bildet sie mit ihm gemeinsam. Er beginnt mit einem Prädikat, das er selbst aussucht. Er wählt »essen«, schreibt es auf einen kleinen Zettel und legt diesen auf das Symbol für das Prädikat (den großen roten Kreis). Er schreibt »esen« und nicht »essen«. Dann liest er die Frage »Wer? Oder Was?« und beantwortet sie mit »das Mädchen«. Er schreibt den Artikel klein und das Nomen mit großem Anfangsbuchstaben auf einen Zettel und legt diesen auf den Kreis des Subjekts. »Mädchen« schreibt er mit e und t: »Metchen«. Dann konjugiert er das Prädikat und schreibt unter die Grundform »ist«, statt »isst«. Die Frage »Wen? Oder Was?« beantwortet er mit »eine Gurke«. Er schreibt die Wörter auf einen Zettel und legt diesen auf den Kreis des Akkusativ-Objekts.

Die Lehrerin kontrolliert die kleinen Zettel auf Rechtschreibfehler, bevor Paul zum nächsten Arbeitsschritt übergeht. Sie bittet ihn, sein Prädikat und das Wort »Mädchen« im Wörterbuch nachzuschlagen und zu korrigieren. Paul korrigiert »essen« und »isst« ohne fremde Hilfe. Das Wort »Metchen« findet er nicht. Die Lehrerin hilft ihm bei der Suche.

Nachdem alle Rechtschreibfehler korrigiert sind, legt Paul die Zettel mit den Satzteilen in immer neuer Anordnung vor sich auf den Tisch, bildet auf diese Weise unterschiedliche Sätze, die er aufschreibt. Den Satzanfang schreibt er jedes Mal groß und setzt auch die korrekten Schlusszeichen – je nachdem, ob er einen Satz oder eine Frage gebildet hat. Er schreibt in Schreibschrift.

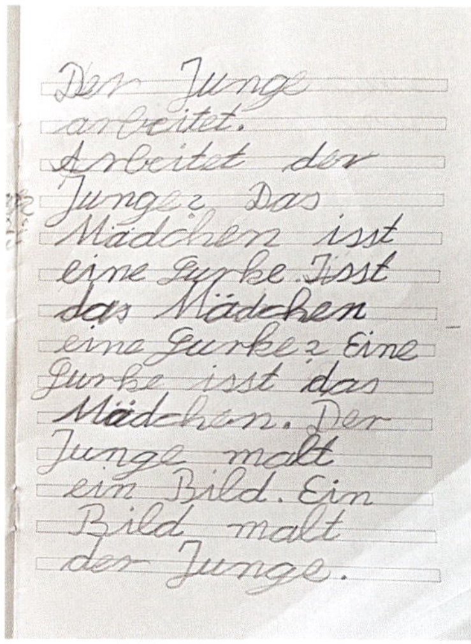

Foto 92: Pauls Arbeitsergebnis

Paul unterbricht immer wieder seine Arbeit, um sich mit seinen Tischnachbarn zu unterhalten. Oft muss ihn die Lehrerin an seine Aufgabe erinnern. Nach zwei Freiarbeitsstunden hat er drei Sätze in allen möglichen Variationen aufgeschrieben. Sein Arbeitsergebnis zeigt er der Lehrerin erst auf deren Bitte hin.

Kompetenzorientierte Leistungsbewertung
Bei der Wahl einer anspruchsvollen Aufgabe benötigt Paul oft Hilfe. Eigenständig wählt er nur Arbeiten, bei denen er weder lesen noch schreiben muss. Er benötigt noch viel Zeit, um seine Ergebnisse zu verschriftlichen. Der Prozess des Schreibens kostet ihn Kraft und fordert eine hohe Konzentration. Nach Aufforderung der Lehrerin lässt er sich jedoch auf anspruchsvolle Herausforderungen ein.

Die Lehrerin hat beobachtet, dass Paul beim Schreiben eigener kleiner Geschichten keine Satzschlusszeichen setzt und selten Regeln der Groß- und Kleinschreibung beachtet. Aus diesem Grund hat sie ihm die Arbeit mit der Sterntabelle gezeigt. Paul konzentriert sich hier vor allem auf die richtige grammatikalische Struktur eines Satzes und erste Rechtschreibregeln. Der Inhalt ist zweitrangig. Auf diese Weise isoliert die Lehrerin die Schwierigkeiten.

Paul lässt sich leicht ablenken. In einen längeren selbstvergessenen Arbeitszyklus taucht er nicht ein. Arbeitsergebnisse lässt er nur auf Aufforderung hin kontrollieren. Selbstständig führt er keine Fehlerkontrolle durch.

Paul kennt die Grundform von Verben, bestimmt sie sicher als Prädikat eines Satzes und kann sie konjugieren. Auch das Subjekt bestimmt Paul eigenständig. Oft schreibt er den begleitenden bestimmten oder unbestimmten Artikel groß. Das Akkusativobjekt zu bestimmen, fällt ihm teilweise schwer. Paul schreibt eine formschöne Schreibschrift korrekt in die Lineatur. Er findet alle Möglichkeiten der Satzbildung. Die Rechtschreibregeln der Groß- und Kleinschreibung beachtet er noch nicht konsequent, setzt die Satzschlusszeichen nun aber richtig.

Lern- und Leistungsberatung
Die konsequente Begleitung der Lehrerin gibt Paul Sicherheit, die Arbeit bewältigen zu können. Er fühlt sich nicht überfordert. Die Lehrerin schafft eine Struktur, die die große Herausforderung in zu bewältigende Arbeitsschritte unterteilt. Auch die Fehler lässt sie schrittweise korrigieren: Zunächst die Rechtschreibfehler, danach die grammatikalischen Fehler. So erfährt Paul, dass es möglich ist, größere Anforderungen in für ihn überschaubare Zwischenaufgaben zu zerlegen. Durch die stetige Wiederholung der einzelnen Schritte gelangt Paul langsam in einen geregelten, strukturierten Arbeitzyklus, den er als wohltuend wahrnimmt, da er ihm Sicherheit gibt und ihn innerlich zur Ruhe kommen lässt.

Paul sollte diese Arbeit weiter wiederholen. Er könnte auch längere Sätze mit der Sterntabelle bilden. Paul sollte seine Rechtschreibfehler verbessern, auf Zettel für seine Lernwörterkartei schreiben und regelmäßig üben.

Förder- bzw. Forderempfehlung

- Wiederholende Arbeit: weitere, komplexere Sätze, um den Satzaufbau zu sichern
- Arbeit mit dem Wörterbuch
- Lernwörterkartei
- Einfache Satzzerlegungstabelle
- Satzzerlegungskasten I, II und III

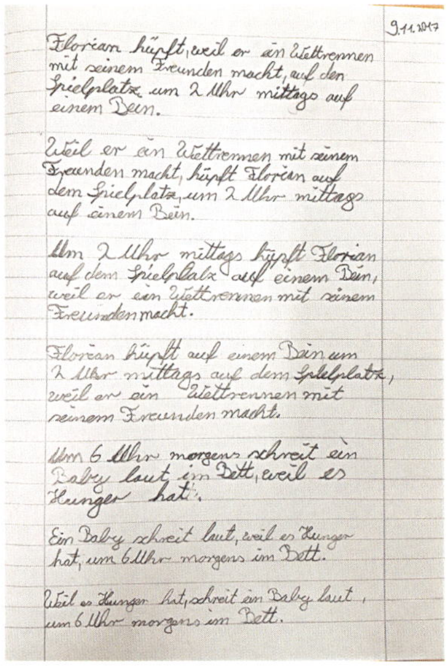

Foto 93/94: Komplexere Arbeit mit der Sterntabelle (links) und das Arbeitsergebnis

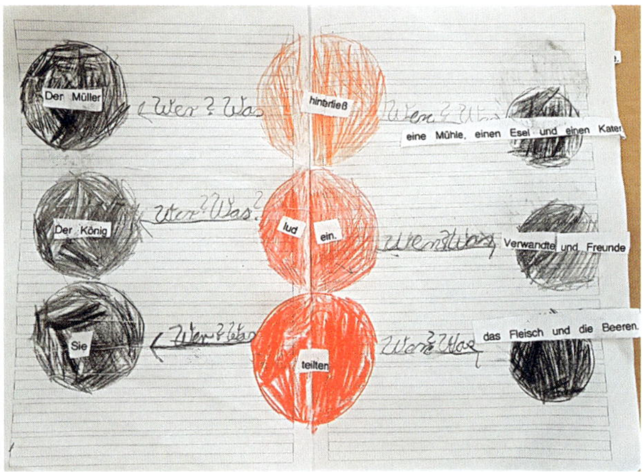

Foto 95/96: Arbeit mit der einfachen Satzzerlegungstabelle (links) und das Arbeitsergebnis

Möglicher Kompetenzerwerb nach dem DQR (Deutschen Qualifikationsrahmen)[13]: Satzteile mit der Sterntabelle kennen lernen			
Fachkompetenz[14]	**Wissen: (Inhaltsbezogene Kompetenzen)**		
	Sprechen und Zuhören	**Schreiben**	**Sprache und Sprachgebrauch untersuchen**
	■ nonverbal Verstehen signalisieren ■ funktionsangemessen sprechen: argumentativ die Satzteile bestimmen ■ Fragen stellen, wenn etwas nicht verstanden ist ■ die getroffene Zuordnung der Satzteile zu Prädikat, Subjekt oder Objekt begründen ■ über eigene Gefühle sprechen, z. B. Lustlosigkeit bei einer fremdbestimmten Arbeit	■ flüssig und formklar in Druckschrift schreiben ■ Abschreibtechniken nutzen ■ eigene Texte verständlich aufschreiben ■ beim Schreiben erste Rechtschreibmuster und rechtschriftliche Kenntnisse anwenden ■ Rechtschreibstrategien zum normgerechten Schreiben verwenden ■ eigene Entwürfe in Bezug auf die verwendeten sprachlichen Mittel sowie die äußere Gestaltung überarbeiten (z. B. Satzbau, grammatische und orthografische Richtigkeit) ■ Hilfsmittel wie das Wörterbuch verwenden	■ grundlegende Fachbegriffe Prädikat, Subjekt und Objekt beim Untersuchen von Sprache und Sprachgebrauch verwenden
	Wichtige Fähigkeiten und Kenntnisse im Rechtschreiben – Klassen 1 bis 4		
	auf der Laut- Buchstabenebene	■ ähnliche Laute und Lautfolgen unterscheiden und sie den entsprechenden Buchstaben zuordnen ■ stimmhafte und stimmlose Konsonanten unterscheiden ■ lang und kurz gesprochene Vokale unterscheiden ■ Abweichungen von der regelhaften Laut-Buchstaben-Zuordnung erkennen und beachten	
	auf der Wortebene	■ Wörter auf die Grundform zurückführen und in abgeleiteten oder verwandten Formen der Schreibung des Wortstammes beibehalten ■ Namen und Nomen mit großem Anfangsbuchstaben schreiben	
	auf der Satzebene	■ den Satzanfang groß schreiben ■ Punkt, Fragezeichen und Ausrufezeichen setzen	
	Verbindliche Fachbegriffe – Klassen 1 bis 4		
	Wort	■ Buchstabe – Laut ■ Wortart ■ Verb: Grundform – gebeugte Form	
	Satzebene	■ Satzzeichen: Punkt, Fragenzeichen, Aurufezeichen ■ Satzkern (Prädikat) – Subjekt, weitere Ergänzungen	
Personale Kompetenz[15]	**Sozialkompetenz**	**Selbstständigkeit**	
	■ Verantwortung für den eigenen Lernprozess übernehmen ■ mit Anregungen und Kritik, z. B. der Aufforderung, zunächst alle Wörter im Wörterbuch nachzuschlagen und gegebenenfalls zu korrigieren, angemessen umgehen ■ Selbstvertrauen entwickeln durch die Erfahrung, dass umfangreichere Arbeitsaufträge in mehrere Schritte aufgeteilt werden können und dann erfolgreich zu bewältigen sind ■ ein realistisches Selbstbild aufbauen, eigene Stärken und Schwächen erkennen, z. B. dass es schwer fällt sich auf eine Arbeit einzulassen, wenn dies aber gelingt, sich ein wohltuendes Gefühl der Ruhe und Ausgeglichenheit einstellt	■ Lern- und Leistungsbereitschaft: sich auf schwierige Aufgaben und Problemstellungen einlassen (Satzteile bestimmen, Rechtschreibfehler korrigieren, Wörterbuch nutzen) ■ Zuverlässigkeit und Sorgfalt: Arbeitstempo steigern und zielorientiert arbeiten (sinnvolle Abfolge von Arbeitsschritten ausführen) ■ Ausdauer und Belastbarkeit: Arbeitsphasen ausbauen und Frustrationstoleranz erhöhen (immer komplexere Sätze bilden) ■ Kreativität und Flexibilität: eigene Interessen und Ideen formulieren und einbringen (Inhalt der Satzteile selber bestimmen) ■ Selbstständigkeit: eigene Arbeitsschritte planen, sich selbstständig notwendige Informationen und Hilfe beschaffen (durch die Wiederholung von Arbeitsschritten diese verinnerlichen und später selbstständig ausführen können)	

13 Vgl. Arbeitskreis DQR 2011
14 Vgl. Ministerium für Schule und Weiterbildung 2011a: 23–36
15 Vgl. Ministerium für Schule und Weiterbildung 2011b: 8/9; Bohl 2009: 20

2.6 Satzteile mit dem Satzzerlegungskasten bestimmen

»Nur die ›normalisierten‹, von der Umgebung unterstützten Kinder offenbaren in ihrer sukzessiven Entwicklung die wunderbaren Fähigkeiten, die wir beschreiben: die spontane Disziplin, die ständige, freudige Arbeit, die sozialen Gefühle der Hilfe und des Verständnisses für die anderen.« (Montessori 1989: 185)

Foto 97: Arbeit mit dem Satzzerlegungskasten

Jonathan arbeitet seit einigen Tagen mit dem Satzzerlegungskasten. Ohne Aufforderung nimmt er sich morgens das Material und beginnt strukturiert und zielgerichtet mit der Analyse eines vorgegebenen Satzes: Er bestimmt zunächst das Prädikat und das Subjekt. Nacheinander geht er dann die Fragen auf den Pfeilen durch und bestimmt so die Objekte und adverbialen Bestimmungen. Hat er die Satzteile angeordnet, bittet er die Lehrerin um Kontrolle. Auf ihr Nachfragen begründet er seine Entscheidungen mit Fachbegriffen und korrigiert Fehler mit ihrer Hilfe. Sein Arbeitsergebnis hält er anschließend in seinem Schreibheft fest. Jonathan arbeitet über einen langen Zeitraum und lässt sich nicht ablenken.

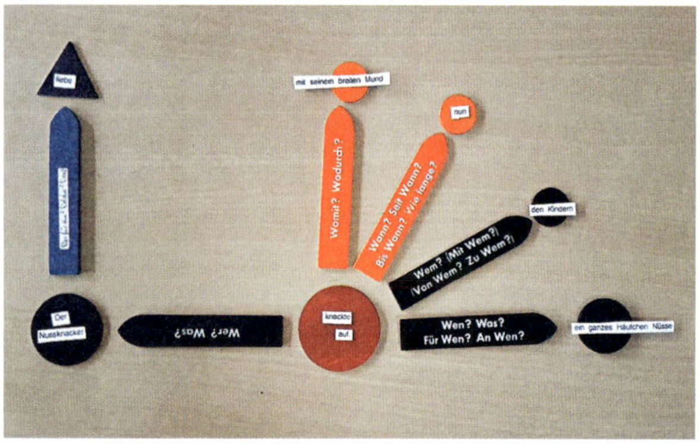

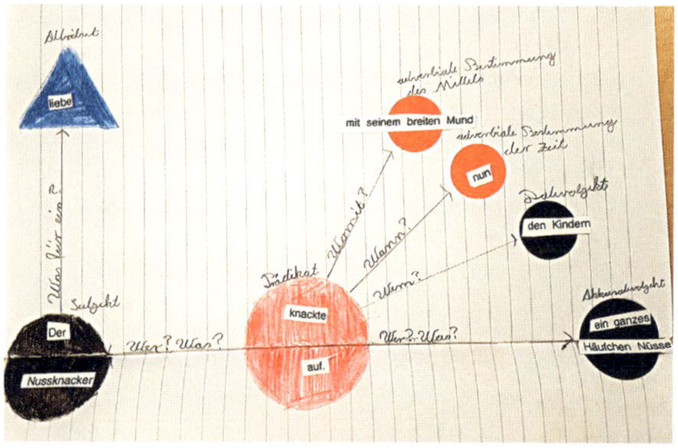

Foto 98/99: Jonathans Arbeitsergebnis: gelegt (links) und verschriftlicht

Kompetenzorientierte Leistungsbewertung

Jonathan zeigt eine große Beharrlichkeit und Ausdauer. Obwohl die Arbeitsschritte sich seit Beginn der Arbeit vor 3 Wochen ständig wiederholen, arbeitet er zielstrebig und konzentriert. Sein Arbeitsplatz ist aufgeräumt und übersichtlich. Er ist offen für Anregungen und Kritik. Fehler korrigiert er gemeinsam mit der Lehrerin.

Jonathan zeigt einen sehr guten Lernzuwachs. Er bestimmt mittlerweile Prädikat und Subjekt eines Satzes sicher. Auch das Akkusativobjekt bestimmt er in der Regel richtig. Beim Dativ- und vor allem beim Genetiv-Objekt unterlaufen ihm noch Fehler. Die meisten adverbialen Bestimmungen ordnet er richtig zu und kann sie benennen. Jonathan nutzt die Fachbegriffe Prädikat, Subjekt, Objekt und adverbiale Bestimmung. Er arbeitet im Heft ordentlich und sorgfältig.

Lern- und Leistungsberatung

Seitdem die Sätze länger und verschachtelter sind, muss Jonathan die Lehrerin regelmäßig um Kontrolle seiner Sätze bitten, damit sich kein Fehler einschleicht. Diese Bedingung hat Jonathan akzeptiert. Die Lehrerin übergibt ihm die Verantwortung für seinen Arbeitsprozess, hält er sich an die abgesprochene Regel, lässt sie ihn selbstständig arbeiten. Sie erkennt seine Eigenständigkeit und Verlässlichkeit an. Bei der Kontrolle der Sätze bittet sie Jonathan, die Fragen der Sterntabelle, die zur Bestimmung der Satzteile gestellt werden müssen, laut vorzulesen (»Wo? Woher? Wohnin? legt Maria das Buch?«) und Fachbegriffe zu nennen (adverbiale Bestimmung des Ortes). Sie macht ihm deutlich, dass durch das laute Vorsprechen, die Lösungen einfacher zu finden sind und die Fachbegriffe sich besser im Gedächtnis festigen. Sie bestätigt ihm sachlich richtige Ergebnisse und bespricht Fehler. Jonathan bekommt so ein Gefühl für seine Leistung. Er freut sich über seine Erfolge. Durch die sachlichen Korrekturhinweise der Lehrerin lernt er einen angemessenen Umgang mit Fehlern.

Jonathan könnte die Satzzerlegung mit den Pfeilen aus Kasten II und III bearbeiten.

Förder- bzw. Forderempfehlung

- Wiederholende Arbeit zur Satzzerlegung: weitere Sätze analysieren
- Satzzerlegung mit den Pfeilen aus Kasten II und III

Foto 100/101: Satzteilbestimmung: weitere Arbeitsergebnisse

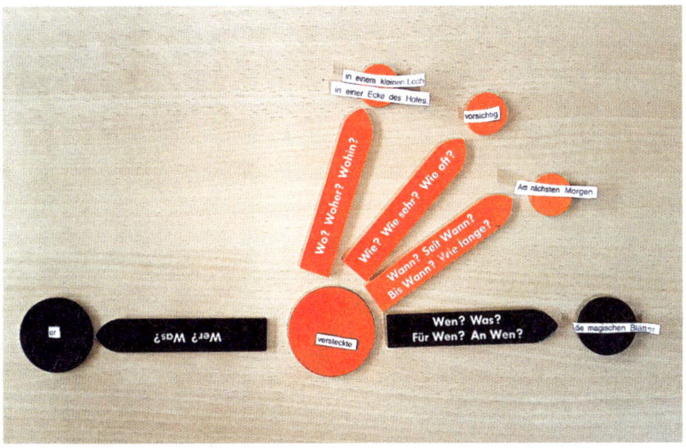

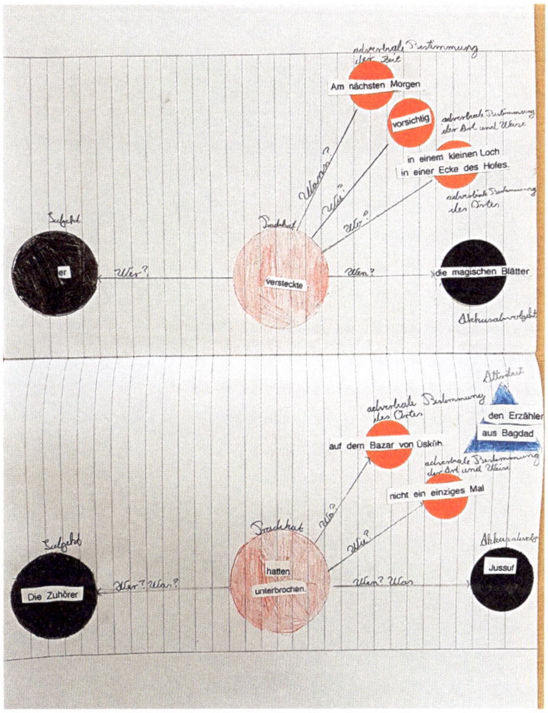

<table>
<tr><th colspan="5">Möglicher Kompetenzerwerb nach dem DQR (Deutschen Qualifikationsrahmen)[16]: Satzteile mit dem Satzerlegungskasten bestimmen</th></tr>
<tr><td rowspan="6">Fachkompetenz[17]</td><td colspan="4">Wissen: (Inhaltsbezogene Kompetenzen)</td></tr>
<tr><td>Sprechen und Zuhören</td><td>Lesen</td><td>Schreiben</td><td>Sprache und Sprachgebrauch untersuchen</td></tr>
<tr><td>■ nonverbal Verstehen signalisieren
■ funktionsangemessen sprechen: argumentativ Satzteile bestimmen
■ Fragen stellen, wenn etwas nicht verstanden ist
■ die Zuordnung der Satzteile begründen
■ über eigene Gefühle sprechen, z. B. Unsicherheit bei der Zuordnung von Satzteilen</td><td>■ Sätze sinnentnehmend lesen, um sie dann zu analysieren und Satzteile zu bestimmen
■ bei Verständnisschwierigkeiten Verstehenshilfen anwenden: nachfragen, Wörter nachschlagen</td><td>■ flüssig und formklar in einer gut lesbaren verbundenen Handschrift schreiben
■ Abschreibtechniken nutzen</td><td>■ grundlegende Fachbegriffe Prädikat, Subjekt, Objekt und adverbiale Bestimmung beim Untersuchen von Sprache und Sprachgebrauch verwenden</td></tr>
<tr><td colspan="4">Verbindliche Fachbegriffe – Klassen 1 bis 4</td></tr>
<tr><td>Satzebene</td><td colspan="3">■ Satzzeichen: Punkt, Fragenzeichen, Aurufezeichen
■ Satzkern (Prädikat) – Subjekt, weitere Ergänzungen</td></tr>
<tr><td colspan="4"></td></tr>
<tr><td rowspan="2">Personale Kompetenz[18]</td><td colspan="2">Sozialkompetenz</td><td colspan="2">Selbstständigkeit</td></tr>
<tr><td colspan="2">■ Verantwortung für den eigenen Lernprozess übernehmen
■ mit Anregungen und Kritik, z. B. der Aufforderung, die Dokumentation der Lösung ordentlicher anzufertigen, angemessen umgehen
■ Selbstvertrauen entwickeln durch die Erfahrung, dass die Bestimmung der Satzteile immer sicherer gelingt
■ ein realistisches Selbstbild aufbauen, eigene Stärken und Schwächen erkennen, z. B. dass es Freude bereitet, sich anspruchsvollen Arbeiten zu stellen, aber dabei auch immer wieder Fehler passieren</td><td colspan="2">■ Lern- und Leistungsbereitschaft: sich auf schwierige Aufgaben und Problemstellungen einlassen (Sätze analysieren)
■ Zuverlässigkeit und Sorgfalt: Arbeitstempo steigern und zielorientiert arbeiten (sinnvolle Abfolge von Arbeitsschritten ausführen)
■ Ausdauer und Belastbarkeit: Arbeitsphasen ausbauen und Frustrationstoleranz erhöhen (immer verschachteltere Sätze analysieren)
■ Selbstständigkeit: eigene Arbeitsschritte planen, sich selbstständig notwendige Informationen und Hilfe beschaffen (bei der Fehleranalyse die Hilfe der Lehrerin einfordern)</td></tr>
</table>

16 Vgl. Arbeitskreis DQR 2011
17 Vgl. Ministerium für Schule und Weiterbildung 2011a: 23–36
18 Vgl. Ministerium für Schule und Weiterbildung 2011b: 8/9; Bohl 2009: 20

2.7 Zusammenfassende Betrachtung

Den eigenen Lernprozess eigenständig zu organisieren ist eine hohe Kompetenz. Um diese Selbstständigkeit anzuregen und zu fördern, bekommen die Kinder in Montessori-Einrichtungen in der Freiarbeit einen geschützten Raum, in dem ihnen die Verantwortung für ihren Lernprozess übertragen wird. Die Lehrerin nimmt sich zurück. Die Kinder lernen durch das Prinzip Freiheit (freie Wahl der Arbeit, des Arbeitspartners, des Raums und der Zeit) ihre Arbeit selbstständig zu organisieren und zu strukturieren. Nicht jedem Kind fällt das von Anfang an leicht.

Es gibt Kinder, die aus unterschiedlichsten Gründen Probleme haben, sich für eine Arbeit zu entscheiden oder sich länger darauf zu konzentrieren. In solchen Fällen ist die Beobachtungskompetenz der Lehrerin wichtig. Sie muss einen Weg finden, diese Kinder langsam an die Freiheit heranzuführen, sie zur Selbstständigkeit zu motivieren, an Anforderungen zu gewöhnen und zu einem längeren Arbeitszyklus zu führen. Aus diesem Grund grenzt sie für Kinder wie Nico und Paul die Freiheit zunächst ein. Für beide übernimmt die Lehrerin die Wahl der Aufgabe und legt das Arbeitspensum fest. Erst danach darf Nico seiner selbstgewählten Beschäftigung (Malen) nachgehen. Für Paul schafft sie durch die Wahl der Arbeit einerseits eine Fokussierung auf Aufgaben, mit denen er noch Schwierigkeiten hat; andererseits strukturiert sie seine Arbeitsschritte, um ihn vor einer Überforderung zu bewahren.

Durch die Struktur und die arbeitenden Mitschüler erfahren die Kinder eine wohltuende Lernatmosphäre, die sie immer wieder auffordert, sich neuen Herausforderungen zu stellen (höhere Lernanforderungen, komplexere Aufgabenstellungen, zeitlich umfangreichere Arbeiten). Mit Freunden an der Seite lernen sie, immer selbstständiger Arbeitsschritte zu organisieren und Verantwortung für ihren Lernzuwachs zu übernehmen.

»In dieser Epoche, in der eine Art sensibler Periode der Vorstellungskraft existiert, geht es darum, den ›Keim für die Wissenschaft‹ zu legen«
(Montessori 1988: 125).

3. Naturwissenschaftliche Bildung

Vor allem im Grundschulalter zeigen die Kinder nach Montessori ein intensives Interesse an Naturphänomen, große Neugierde für Kulturtechniken und Freude am Gemeinschaftsleben. Grundschüler möchten Dinge erforschen und Beobachtungen auf den Grund gehen. Sie möchten Teil unserer sozialen Gesellschaft werden, sich an Regeln halten, Aufgaben übernehmen (vgl. Praxisbeispiel 2 »Übung des täglichen Lebens: Putzen der Regale« im A-Teil Kapitel 2.2) und sind offen für Rituale andere Kulturen.

Deutsches Qualifikationsrahmen

Auch der Deutsche Qualifikationsrahmen legt im naturwissenschaftlichen Bereich seinen Schwerpunkt auf einen inhaltlichen Kompetenzerwerb im Bereich Natur und Leben und Themen für ein funktionierendes Gemeinschaftsleben.

Die Kompetenzerwartungen im naturwissenschaftlichen Bereich des Ministeriums decken sich also mit den Sensibilitäten, die Montessori bei Grundschulkindern beobachtet hat und werden durch ihre naturkundliche Materialien unterstützend erworben.

3.1 Arbeit mit dem Tierpuzzle

»Die Normalisierung kommt von der ›Konzentration‹ auf eine Arbeit. Zu diesem Zweck müssen sich Motive in der Umgebung befinden, die geeignet sind, diese Aufmerksamkeit wachzurufen ...« (Montessori 1989: 184)

Foto 102: Mithilfe von Puzzles den Körperbau von Tieren kennen lernen

Jakob hat beobachtet, dass einige seiner Freunde sich mit Tierpuzzles beschäftigen. Das möchte er heute auch. Er sucht sich den Frosch aus und setzt sich zu den anderen Kindern. Die Teile puzzelt er zunächst in seiner Kladde zum ganzen Frosch zusammen und nutzt sie dann als Schablonen zum Abzeichnen. Dabei verrutschen ihm die Teile, so dass die Form seines abgezeichneten Frosches von der Vorlage stark abweicht. Jakob lässt sich dadurch in seiner Arbeit nicht irritieren. Zum Schluss ordnet er den Gliedmaßen Karten mit den Bezeichnungen (Körper, Kopf, Vorderbeine usw.) zu und schreibt die Wörter in gut lesbarer Druckschrift an die entsprechenden Stellen seiner Zeichnung.

Jakob fokussiert sich auf seine Arbeit. Erst als er diese beendet hat, nimmt er wieder Kontakt zu seinen Tischnachbarn auf. Sein Arbeitsergebnis präsentiert er nicht. Er räumt stattdessen seine Utensilien ordentlich auf und wählt die nächste Freiarbeit. In den Wochen darauf nimmt sich Jakob wiederholt das Frosch-Puzzle vor. Seine Zeichnungen werden von Mal zu Mal ge-

Foto 103/104: Jakobs Arbeitsergebnisse: Links sein erster Versuch mit dem Frosch-Puzzle, rechts eines seiner späteren Ergebnisse

nauer, seine Schrift formschöner. Zum Ende des Schuljahres passen in seinen Bildern alle Gliedmaßen zusammen – und er ergänzt sie, indem er dem Frosch eine lange Zunge mit einer Fliege auf der Spitze malt.

Kompetenzorientierte Leistungsbewertung

Jakob lässt sich zu neuen Arbeiten motivieren. Er arbeitet gewissenhaft, zielgerichtet und selbstständig.

Jakob setzt Puzzleteile richtig zusammen. Beim Abzeichnen hat er Schwierigkeiten, wieder ein Ganzes zu bilden. Er hat Probleme mit der räumlichen Anordnung. Seine Stifthaltung ist richtig und er schreibt die Druckbuchstaben in der korrekten Schreibrichtung. Die Buchstaben stehen dabei noch nicht im richtigen Größenverhältnis zueinander. Beim Abschreiben unterlaufen ihm keine Rechtschreibfehler.

Ob Jakob die Fehler in seiner Zeichnung erkennt, ist nicht eindeutig beobachtbar. Sicher ist, dass er seinen verzerrten Frosch lässt, wie er ist und die Zeichnung nicht korrigiert. Dies könnte daran liegen, dass er die fehlerhafte Anordnung nicht bemerkt oder bereits eine so gute Selbsteinschätzung hat, dass er weiß, dass er zum jetzigen Zeitpunkt noch kein besseres Arbeitsergebnis erreichen kann. Für Letzteres spricht, dass er diese Arbeit in den nächsten Wochen wiederholt ausführt und seinen gemalten Frosch der Lehrerin erst präsentiert, als alle Gliedmaße richtig zueinander gezeichnet sind.

Lern- und Leistungsberatung

Die vorbereitete Umgebung und die freie Wahl der Arbeit ermöglichen Jakob, sich durch die Arbeiten seiner Mitschüler inspirieren zu lassen. Davon macht er Gebrauch, und die Lehrerin erkennt seine Selbstständigkeit (auch bei der Planung seiner Arbeitsschritte) an. Sie zeigt ihm, dass dieses Verhalten erwünscht ist und stärkt so seine Eigenständigkeit. Seinen langen und konzentrierten Arbeitszyklus erwähnt sie wertschätzend im Gespräch. Sie fragt nach dem Arbeitsergebnis und signalisiert so Interesse an seinen Lernerfolgen.

Jakob erfährt Vertrauen und Respekt, weil er die Freiheit hat, selbst zu entscheiden, ob er sein Arbeitsergebnis präsentieren möchte.

Jakob sollte weiter zur räumlichen Wahrnehmung und an seiner Feinmotorik arbeiten. Er sollte seine Lesekompetenz ausbauen, indem er übt, einfache Sätze oder kurze Texte zu lesen. Um die Größenverhältnisse seiner Buchstaben zu verbessern, sollte er Wörter in Druckschrift in die Lineatur des ersten Schuljahres schreiben.

Förder- bzw. Forderempfehlung

- Wiederholende Arbeit: Tierpuzzle
- Weltpuzzle
- Deutschlandpuzzle
- Flaggen abzeichnen
- Blaue Dreiecke
- Wiederholung: Lesedosen (mit Abschreiben der Wörter in die Lineatur des ersten Schuljahres)
- Weiterführende Arbeit mit den Tierpuzzles:
  - Tierklassen kennen und auswendig lernen
  - Unterschiede der Tierklassen erforschen
  - Arbeitsergebnisse schriftlich festhalten
  - Anfertigen von Tabellen

Foto 105/106: Arbeit mit dem Weltpuzzle (links) und Arbeitsergebnis

Foto 107: Steckfähnchenkarte

Foto 108/109: Arbeit mit dem Deutschland-Puzzle (links) und Arbeitsergebnis

Foto 110: Flaggen der Bundesländer

Möglicher Kompetenzerwerb nach dem DQR (Deutschen Qualifikationsrahmen)[1]: Arbeit mit dem Tierpuzzle				
Fachkompetenz[2]	**Wissen: (Inhaltsbezogene Kompetenzen)**			
	Grundlegende Fertigkeiten	**Schreiben**	**Lesen**	**Natur und Leben**
	■ richtige Stifthaltung beim Zeichnen, Malen und Schreiben ■ Schablonen zum Zeichnen nutzen ■ vorgegebene Flächen sorgfältig und genau ausmalen ■ Zeichnungen anfertigen	■ Wörter fehlerfrei abschreiben ■ Abschreibtechniken nutzen ■ flüssig und formklar in Druckschrift schreiben ■ *Hinführung zu*: eigene Texte verständlich aufschreiben ■ *Hinführung zu*: beim Schreiben eigener Texte erste Rechtschreibmuster und rechtschriftliche Kenntnisse anwenden (z. B. Einhalten der Wortgrenzen, Mitsprechen)	■ erste Wörter sinnentnehmend lesen, um sie den richtigen Gliedmaßen zuordnen zu können	■ Körperbau des Frosches erkunden und das Ergebnis dokumentieren
	Wichtige Fähigkeiten und Kenntnisse im Rechtschreiben – Klassen 1 bis 4			
	auf der Laut- Buchstabenebene	■ regelhafte Laut-Buchstaben-Zuordnung der Schreibung kennen und anwenden ■ ähnliche Laute und Lautfolgen unterscheiden und sie den entsprechenden Buchstaben zuordnen		
	auf der Wortebene	■ Namen und Nomen mit großem Anfangsbuchstaben schreiben		
Personale Kompetenz[3]	**Sozialkompetenz**	**Selbstständigkeit**		
	■ Verantwortung für den eigenen Lernprozess übernehmen ■ mit Anregungen und Kritik, z. B. der Aufforderung, ein Arbeitsergebnis vorzuzeigen, angemessen umgehen ■ Selbstvertrauen entwickeln durch die Erfahrung, dass durch wiederholende Übungen immer bessere Ergebnisse erzielt werden ■ ein realistisches Selbstbild aufbauen, eigene Stärken und Schwächen erkennen, z. B. dass ein gesunder Ehrgeiz existiert, der dazu führt, Arbeiten wiederholt auszuführen, bis ein zufriedenstellendes Ergebnis erzielt wird	■ Lern- und Leistungsbereitschaft: sich auf schwierige Aufgaben und Problemstellungen einlassen (Puzzleteile räumlich richtig anordnen) ■ Zuverlässigkeit und Sorgfalt: Arbeitstempo steigern und zielorientiert arbeiten (durch Wiederholungen zu einem immer besseren Arbeitsergebnis gelangen) ■ Ausdauer und Belastbarkeit: Arbeitsphasen ausbauen und Frustrationstoleranz erhöhen (verschiedene Motive zusammenpuzzlen) ■ Kreativität und Flexibilität: eigene Interessen und Ideen formulieren und einbringen, neue Herangehensweisen und Methoden erproben (verschiedene Reihenfolge von Arbeitsschritten ausprobieren, um zu einem erfolgreichen Ergebnis zu gelangen) ■ Selbstständigkeit: eigene Arbeitsschritte planen, sich selbstständig notwendige Informationen und Hilfe beschaffen (benötigte Arbeitsutensilien selbstständig zusammentragen und später wieder aufräumen)		

1 Vgl. Arbeitskreis DQR 2011
2 Vgl. Ministerium für Schule und Weiterbildung 2011a: 23–36, 39–51
3 Vgl. Ministerium für Schule und Weiterbildung 2011b: 8/9; Bohl 2009: 20

3.2 Arbeit mit der Kontinentenkiste

»Die Arbeit darf nicht willkürlich vorgeschlagen werden (…) Es muss sich um eine Arbeit handeln, die der Mensch in seinem Innersten anstrebt, nach der seine verborgenen Lebensneigungen verlangen (…) Hier haben wir die Arbeit, welche die Persönlichkeit ordnet und ihr den Weg der Entfaltung erschließt.« (Montessori 2010: 355)

Foto 111: Zuordnen der Kontinentennamen und typischen Tierarten

Lars und Matthias bitten die Lehrerin um eine neue Arbeit. Gemeinsam entscheiden sie sich für die Kontentenkiste und rollen die Weltkarte aus. Der erste Schritt besteht darin, jedem Kontinent seine Namenskarte und Figuren der dort lebenden Tierarten zuzuordnen.

Beide Jungen lesen abwechselnd laut vor, kennen die meisten Kontinentennamen, können diese auf der Weltkarte aber nicht richtig zuordnen. Sie holen sich Hilfe bei der Lehrerin und arbeiten danach selbstständig weiter. Sie kennen alle Tiere und ordnen diese zunächst nach ihrer eigenen Vermutung den Kontinenten zu. Dann überprüfen sie ihr Ergebnis mithilfe des Kontrollbuchs: Abwechselnd lesen sie die kurzen Sachtexte zu den Tieren laut vor. Beim Vorlesen schwieriger Wörter geben sie dem jeweils anderen die Zeit, die er braucht. Sie lesen verstehend, laut und deutlich, dass auch der zuhörende Partner den Inhalt gut erfasst. Fragen zum Text können sie beantworten.

Nachdem sie die Zuordnung aller Tierarten kontrolliert und gegebenenfalls korrigiert haben, verschriftlichen sie ihre Ergebnisse: Sie zeichnen die Kontinente in ihre Kladde (indem sie die Kontinenten-Puzzleteile als Schablone nutzen) und malen sie mit verschiedenen Farben aus. Sie orientieren sich an den Farben des kleinen Globus. Dann schneiden sie Abbildungen der Tierarten aus und kleben sie zum entsprechenden Kontinent.

Matthias schneidet die Tiere sauber an ihren Umrissen aus und klebt sie ordentlich in seine Kladde. Den Namen des Kontinents schreibt er ohne Fehler ab. Seine Druckschrift ist trotz fehlender Lineatur formschön.

Lars schneidet die Abbildungen großzügig aus – nicht an den Umrissen, sondern in Form von Rechtecken, die er nur mit einem kleinen Klebepunkt in seiner Kladde fixiert. Eine ausgeschnittene Abbildung ragt über die Heftseite hinaus. Lars schreibt eine formschöne Druckschrift.

Beide Jungen zeigen großes Interesse an der Arbeit. Während des Ausschneidens und Aufklebens tauschen sie sich über ihr neugewonnenes Wissen über die Tiere aus und geben sich gegenseitig Tipps zur Optimierung von Arbeitsschritten. Ihr Arbeitsplatz ist während des Ausschneidens und Klebens sehr chaotisch. Immer wieder müssen sie des-

Foto 112: Matthias' Arbeitsergebnis

Foto 113: Lars' Arbeitsergebnis

halb nach Utensilien wie Kleber und Schere suchen. Als sie ihre Arbeit beenden, sind sie zufrieden mit ihrem Ergebnis, das sie stolz präsentieren. Ihren Arbeitsplatz räumen sie ordentlich auf.

Kompetenzorienitierte Leistungsbewertung

Lars und Matthias zeigen eine große Arbeitsfreude. Sie lassen sich auf eine umfangreiche Arbeit und anspruchsvolle Aufgabenstellung ein, die sie nach einer kurzen Einführung eigenständig ausführen. Rückversicherung durch die Lehrerin benötigen sie während der Arbeitsphase nicht. Beide Jungen zeigen eine gute Ausdauer und Belastbarkeit, sind kritikfähig und offen für Anregungen des Arbeitspartners.

Lars und Matthias stellen Vermutungen über den Lebensraum der Tiere an und können diese begründen. Sie halten sich an Gesprächsregeln, äußern eigene Ideen und gehen auf Gedanken des Arbeitpartners ein. Kurze Sachtexte können sie sinnentnehmend und gut betont vorlesen. Die Zuordnung der Kontinentennamen zu den Kontinenten auf der Weltkarte gelingt nicht ohne Hilfe. Lars und Matthias haben Merkmale von einigen Tieren der Welt kennen gelernt (Aussehen, Lebensraum, Nahrung), die Heimat-Kontinente dieser Tiere herausgearbeitet und dokumentiert. Ihre Ergebnisse kontrollieren und korrigieren sie selbstständig.

Matthias hat eine gute Augen-Hand-Koordination und schneidet exakt auf der Linie. Er klebt ordentlich und sorgfältig und hält sein Arbeitsergebnis ansprechend fest. Seine Druckschrift ist formschön, aber teilweise sind seine Kleinbuchstaben so groß wie seine Großbuchstaben. Lars zeichnet die Kontinente sehr ordentlich und malt sie exakt aus. Seine Tiere schneidet er nicht an der Umrandung aus. Filigrane Schneidearbeiten vermeidet er. Schnell passiert es ihm, dass er Flächen abschneidet, die eigentlich zur auszuschneidenden Figur gehören. Er muss noch lernen, beim Aufkleben auf die Größe der Heftseite zu achten. Er schreibt eine formschöne Druckschrift.

Lern- und Leistungsberatung

Die Lehrerin fragt beide Kinder zu Beginn der Einführung, ob diese bereit für eine größere Arbeit sind. Dadurch signalisiert sie Vertrauen in ihre Kompetenzen und fordert sie auf, Verantwortung für das Gelingen ihrer Arbeit zu übernehmen. Da die große Weltkarte nur im Flur ausgerollt werden kann, bespricht sie mit Lars und Matthias, unter welchen Bedingungen sie dort ohne Aufsicht arbeiten dürfen. Auch hier übernehmen die Jungen bewusst Verantwortung.

Zum Schluss der Freiarbeit äußert die Lehrerin Anerkennung für ihre lange Arbeitsphase und die ordentlichen und vollständigen Arbeitsergebnisse. Mit dieser direkten Rückmeldung wertschätzt sie die erbrachte Leistung der beiden Jungen und weist sie darauf hin, was sie verbessern könnten (z. B. die Ordnung des Arbeitsplatzes). Auch ihr Sozialverhalten, ihre Teamfähigkeit und ihre gute Leseleistung würdigt die Lehrerin. Schließlich macht sie sie auf Rechtschreibfehler aufmerksam und bittet sie, diese zu korrigieren.

Da Lars und Matthias sinnentnehmend Sachtexte lesen, könnten sie sich mit weiteren naturkundlichen Fragen beschäftigen und ihre Arbeitsergebnisse in der Kladde oder in Schreibheften mit Lineatur festhalten. Sie könnten selbstgewählte Themen eigener Interessensgebiete erforschen, dazu kleine Plakate gestalten und vortragen. Beide Jungen könnten eine verbundene Schrift lernen.

Förder- bzw. Forderempfehlung

- Deutschland-Puzzle
- Weltpuzzle
- Flaggen der Welt abmalen
- Erste Informationen zu den Ländern der Flaggen in Büchern sammeln und aufschreiben
- Planeten-Arbeit
- Experimentier-Kästen
- Land- und Wasserformen
- Skelett erforschen
- Plakate zu selbstgewählten Themen gestalten und vorstellen

Foto 114/115: Flaggen der Welt abmalen

Foto 116: Planeten-Arbeit

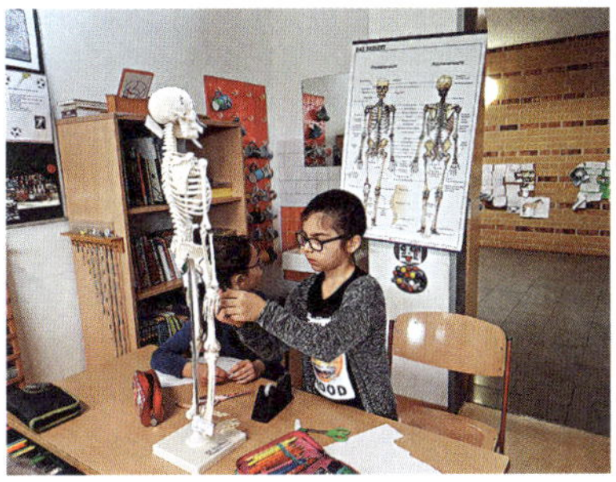

Foto 117: Skelett erforschen: Knochennamen zuordnen

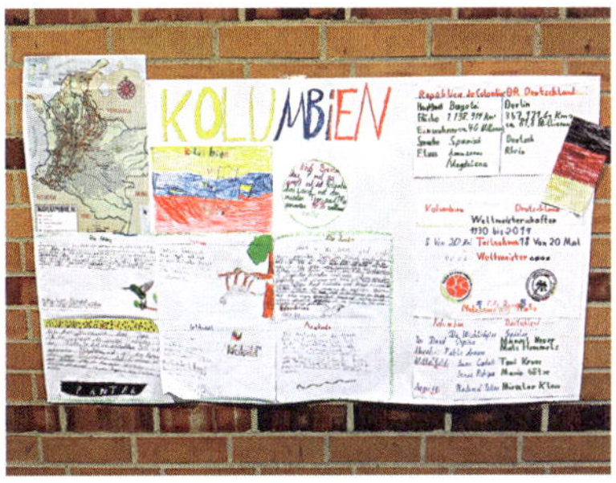

Foto 118: Gestaltetes Plakat zu Kolumbien

Foto 119: Karteikarten für ein Referat vorbereiten

<table>
<tr><th colspan="4">Möglicher Kompetenzerwerb nach dem DQR (Deutschen Qualifikationsrahmen)[4]: Arbeit mit der Kontinentenkiste</th></tr>
<tr><td rowspan="9">Fachkompetenz[5]</td><td colspan="3">Wissen: (Inhaltsbezogene Kompetenzen)</td></tr>
<tr><td>Grundlegende Fertigkeiten</td><td>Sprechen und Zuhören</td><td>Natur und Leben</td></tr>
<tr><td>■ richtige Stifthaltung
■ Schablonen zum Zeichnen nutzen
■ vorgegebene Flächen sorgfältig und genau ausmalen
■ Zeichnungen anfertigen
■ auf der Linie schneiden
■ Auge-Hand-Koordination schulen</td><td>■ nonverbal Verstehen signalisieren
■ funktionsangemessen sprechen: dem Arbeitspartner erzählen und ihn darüber informieren, was man bereits über die Tiere der Kontinentenkiste weiß
■ Fragen stellen, wenn gelesene Wörter oder Inhalte nicht verstanden sind
■ eigene Meinungen über die Zuordnung von Tier und Kontinent begründen
■ über eigene Gefühle sprechen, z. B. Stolz über das große Vertrauen der Lehrerin</td><td>■ Körperbau und Lebensbedingungen von einigen Tieren der Welt erkunden und die Ergebnisse dokumentieren, indem die Kontinente gezeichnet, Tierbilder ausgeschnitten und aufgeklebt und Tiernamen dazu geschrieben werden
■ Weltkarten und Weltpuzzleteile als Orientierungshilfe nutzen</td></tr>
<tr><td colspan="2">Schreiben</td><td>Lesen</td></tr>
<tr><td colspan="2">■ Wörter fehlerfrei abschreiben
■ Abschreibtechniken nutzen
■ flüssig und formklar in Druckschrift schreiben
■ Hinführung zu: eigene Texte verständlich aufschreiben
■ Hinführung zu: beim Schreiben eigener Texte erste Rechtschreibmuster und rechtschriftliche Kenntnisse anwenden (z. B. Einhalten der Wortgrenzen, Mitsprechen)</td><td>■ altersgemäße Sachtexte lesen
■ in Texten gezielt Informationen finden und wiedergeben können</td></tr>
<tr><td colspan="3">Wichtige Fähigkeiten und Kenntnisse im Rechtschreiben – Klassen 1 bis 4</td></tr>
<tr><td>auf der Laut- Buchstabenebene</td><td colspan="2">■ regelhafte Laut-Buchstaben-Zuordnung der Schreibung kennen und anwenden
■ ähnliche Laute und Lautfolgen unterscheiden und sie den entsprechenden Buchstaben zuordnen</td></tr>
<tr><td>auf der Wortebene</td><td colspan="2">■ Namen und Nomen mit großem Anfangsbuchstaben schreiben</td></tr>
<tr><td colspan="3"></td></tr>
<tr><td rowspan="2">Personale Kompetenz[6]</td><td colspan="2">Sozialkompetenz</td><td>Selbstständigkeit</td></tr>
<tr><td colspan="2">■ Verantwortung für das Gelingen der gemeinsamen Arbeit übernehmen
■ dem Arbeitspartner Hilfe anbieten und ihn achten
■ mit Anregungen und Kritik, z. B. der Aufforderung, den Arbeitsplatz auch während der Arbeitsphase in Ordnung zu halten, angemessen umgehen
■ Teamfähigkeit ausbauen, lernen, Arbeitseinteilungen neu vorzunehmen, wenn nicht gekannte, aber gut nutzbare Fähigkeiten des Arbeitspartners während der Arbeitsphase deutlich werden
■ Selbstvertrauen entwickeln durch den Vertrauensvorschuss der Lehrerin, selbstständig und ohne Aufsicht im Flur arbeiten zu dürfen
■ ein realistisches Selbstbild aufbauen, eigene Stärken und Schwächen erkennen, z. B. dass Buchstaben formschön notiert werden, aber filigrane Schneidearbeiten noch schwer fallen</td><td>■ Lern- und Leistungsbereitschaft: sich auf schwierige Aufgaben und Problemstellungen einlassen (Sachtexte erlesen)
■ Zuverlässigkeit und Sorgfalt: Arbeitstempo steigern und zielorientiert arbeiten (sinnvolle Abfolge von Arbeitsschritten ausführen)
■ Ausdauer und Belastbarkeit: Arbeitsphasen ausbauen und Frustrationstoleranz erhöhen (für Lars: auf der Linie schneiden)
■ Kreativität und Flexibilität: eigene Interessen und Ideen formulieren und einbringen, neue Herangehensweisen und Methoden erproben (nicht nur vorgegebene Tiere, sondern auch selbstgewählte Tiere zuordnen)
■ Selbstständigkeit: eigene Arbeitsschritte planen, sich selbstständig notwendige Informationen und Hilfe beschaffen (die neue Arbeit selbstständig organisieren)</td></tr>
</table>

4 Vgl. Arbeitskreis DQR 2011

5 Vgl. Ministerium für Schule und Weiterbildung 2011a: 23–36, 39–51

6 Vgl. Ministerium für Schule und Weiterbildung 2011b: 8/9; Bohl 2009: 20

3.3 Arbeit mit den Planetenmodellen

»Das Geheimnis guten Unterrichts liegt darin, die Intelligenz des Kindes als ein fruchtbares Feld zu betrachten, auf das Saat gestreut werden kann, damit sie unter der flammenden Wärme der Phantasie wachse. Daher ist das Ziel, das Kind nicht nur zum bloßen Verstehen zu führen, und noch weniger, es zum Auswendiglernen zu zwingen, sondern seine Phantasie anzustoßen, so dass es sich zutiefst begeistert. Wir wollen keine selbstzufriedenen Schüler, sondern leidenschaftliche ...« (Montessori 1988: 47)

Foto 120: Faszination Himmelskörper: Die Planeten-Arbeit

Jasmin und Aaron haben sich Planetenmodelle (vgl. Stein 2005: www.esthersplaneten.de/planeten/) aus dem Regal genommen. Die Lehrerin gibt ihnen eine Einführung, danach arbeiten die beiden Kinder selbstständig weiter. Sie lesen Informationstexte, sortieren Bilder zu und legen den Merksatz aus, mit dessen Hilfe sie die Reihenfolge und Umlaufbahnen der acht Planeten unseres Sonnensystems bestimmen.

Während der kurzen Einführung hören beide Kinder sehr aufmerksam und interessiert zu. Aaron kennt bereits einige Planeten und erkennt auch die entsprechenden Modelle. Der Merksatz »Jeden Samstag erklärt mir mein Vater unseren Nachthimmel« kann er aufsagen und erläutern. Jasmin erkennt das Modell der Erde anhand der Kontinente und der blauen Farbe der Ozeane.

Abwechselnd lesen Aaron und Jasmin sich die Textkarten zu den Planeten fast fließend und betont vor, ordnen sie den Modellen richtig zu und stellen diese auf die korrekten Umlaufbahnen.

Foto 121: Aaron benutzt zum Zeichnen der Planeten einen Zirkel

Foto 122: Jasmin schreibt ihren Text über den Jupiter

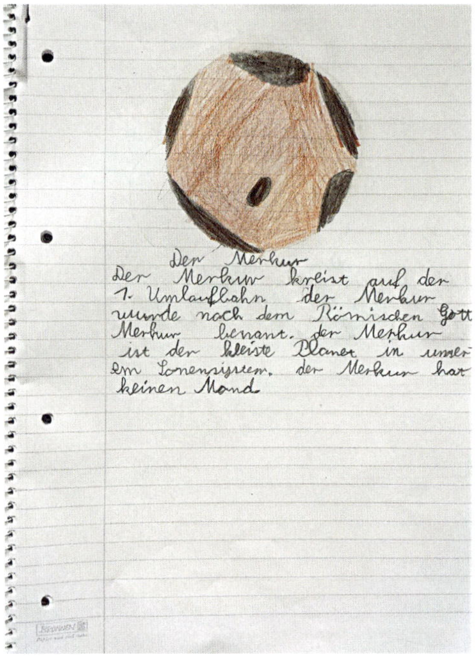

Foto 123: Aarons Arbeitsergebnis

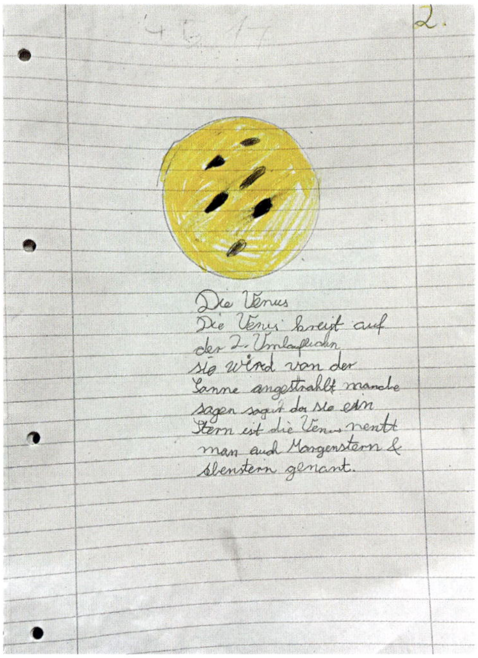

Foto 124: Jasmins Arbeitsergebnis

Als nächstes zeichnen die Kinder die Planeten ab. Aaron benutzt dafür einen Zirkel. Er malt ordentlich aus und berücksichtigt die markanten Merkmale der Planeten. Jasmin zeichnet zunächst frei aus der Hand. Nachdem sie Aarons Vorgehen beobachtet hat, nutzt auch sie den Zirkel.

Nun lesen sie noch einmal die Textkarten, merken sich wichtige Kennzeichen der Planeten, die sie dann in einem eigenen Text jeweils unter ihre gemalten Planeten schreiben. Beide Kinder schreiben in Schreibschrift.

Sowohl Aarons als auch Jasmins Sachtexte sind ausführlich und informativ. Aaron setzt Punkte am Satzende, und ihm unterlaufen nur wenige Rechtschreibfehler. Teilweise sind die Satzanfänge klein geschrieben. Als die Lehrerin ihn darauf hinweist, korrigiert er selbstständig seine Fehler. Jasmin schreibt zum ersten Mal in die Lineatur für Viertklässler. Dabei nutzt sie nicht die komplette Seitenbreite, und die Lehrerin bespricht mit ihr den Seitenaufbau. Danach nutzt Jasmin die gesamte Breite der Seite. Sie macht wenige Rechtschreibfehler, vergisst jedoch Satzschlusszeichen. Teilweise unterlaufen ihr grammatikalische Fehler.

Jasmin und Aaron arbeiten an diesem mehrere Tage dauernden Projekt stets gewissenhaft und in kameradschaftlicher Atmosphäre. Ihre Texte schreiben sie nebeneinander sitzend, ohne sich abzulenken, jeder in seinem individuellen Arbeitsrhythmus.

Kompetenzorientierte Leistungsbewertung:

Beide Kinder zeigen einen großen Arbeitseifer und eine gute Ausdauer. Durch das Thema motiviert, wählen sie bewusst diese umfangreiche Arbeit. Nach einer kurzen Arbeitseinführung tauchen beide in einen langen konzentrierten Arbeitszyklus ein und setzen die Arbeitsschritte eigenständig um. Sie respektieren und helfen sich gegenseitig, sind offen für Anregungen und Kritik des Arbeitspartners, kreativ in der Gestaltung ihrer Planetenbücher und belastbar.

Jasmin und Aaron halten sich an Gesprächsregeln, bringen eigene Ideen ein und äußern sich zu den Gedanken des Arbeitspartners. Sie stellen Vermutungen an, können diese begründen und fragen, wenn sie etwas nicht verstehen.

Aaron liest die Kartentexte fast fließend und gut betont vor. Er erfasst und behält viele Informationen, so dass seine eigenen Sachtexte interessant und aussagekräftig sind. Er schreibt eine formschöne Schreibschrift in die Lineatur des vierten Schuljahres, wendet Rechtschreibregeln meist konsequent an, setzt Satzschlusszeichen, vergisst aber, die Satzanfänge groß zu schreiben. Weist man ihn auf diese Fehler hin, verbessert er sie selbstständig. Aaron nutzt den Zirkel sachgerecht als Zeichengerät. Seine Planetenzeichnungen sind genau und liebevoll ausgemalt. Er achtet auch hier auf Details.

Jasmin liest die Texte fast fließend und betont vor. Sie erfasst viele wichtige Informationen, die sie in einem freien Text gut formuliert wiedergibt. Sie schreibt eine formschöne Schreibschrift in die Lineatur des vierten Schuljahres und wendet die Rechtschreibregeln meist konsequent an. Sie setzt keine Satzschlusszeichen. Teilweise stimmt der Satzaufbau oder die Konjugation der Verben nicht. Jasmin zeichnet die Kontur der Planeten teilweise frei aus der Hand, teilweise nutzt sie den Zirkel sachgerecht als Zeichengerät.

Lern- und Leistungsberatung

In der vorbereiteten Umgebung finden Aaron und Jasmin viele Angebote zu naturkundlichen Themen. Sie erleben, dass ihre persönlichen Interessen wahrgenommen werden und sie den Raum und die Zeit zur Verfügung gestellt bekommen, um ihren Neigungen gemäß arbeiten zu können. Da sie ein ansprechendes und fehlerfreies Planetenbuch gestalten möchten, nehmen sie auch begleitende Lerninhalte aufmerksam auf. Die Lehrerin greift diese Motivation auf, um auch andere Lerninhalte üben zu lassen, zum Beispiel die Rechtschreibung und das Setzen der Satzschlusszeichen.

Jasmin und Aaron sind ein gutes Team. Sie geben sich während der gemeinsamen Arbeit gegenseitig Rückmeldung in Form von Tipps und eigenen Ideen zur optimalen Gestaltung ihrer Ergebnisse. Eine zusätzliche Bestätigung durch die Lehrerin benötigen sie in dieser Arbeitsphase nicht. Erst das fertige Ergebnis präsentieren sie der Lehrerin, besprechen mit ihr die Fehler und bekommen Hinweise für die weitere Arbeit. Die Lehrerin fragt nach Fachbegriffen (Planet, Umlaufbahn, Atmosphäre, u. ä.) und überprüft, ob die Kinder die Sachtexte verstanden haben. Die Lehrerin führt diese Rückmeldungen respektvoll und wertschätzend.

Nun könnten Aaron und Jasmin weiter zum Universum und zu Himmelskörpern forschen, andere naturwissenschaftliche Bereiche erkunden und Experimente durchführen (zum Beispiel physikalische Phänomene untersuchen). Sie könnten Plakate, Referate oder Powerpoint-Vorträge zu selbstgewählten Themen gestalten und präsentieren.

Förder- bzw. Forderempfehlung

- Arbeit zur ersten Mondlandung
- Sonnen- und Mondfinsternis erkunden
- Sternbilder
- Sagen zu den Sternbildern lesen / nacherzählen / nachspielen
- Plakate, Referate oder Powerpoint-Vorträge gestalten und vorstellen
- Experimente zum elektrischen Strom
- Experimente zur Wärmelehre
- Experimente zum Magnetismus
- Experimente zum Wasser

Foto 125: Arbeitsergebnis Sternensage mit Stabpuppen nachspielen

Foto 126: Sternbilder nachstecken

Foto 127: Experiment zur Wärmelehre

Foto 128: Experiment zum Magnetismus

Möglicher Kompetenzerwerb nach dem DQR (Deutschen Qualifikationsrahmen)[7]: Arbeit mit den Planetenmodellen

Fachkompetenz[8]

Wissen: (Inhaltsbezogene Kompetenzen)

Sprechen und Zuhören	Schreiben	Lesen
■ funktionsangemessen sprechen: den Arbeitspartner darüber informieren, was bereits über Planeten gewusst wird ■ Fragen stellen, wenn Sachverhalte oder Fakten in den Sachtexten nicht verstanden sind ■ eigene Ideen zur Gestaltung der Plantenhefte einbringen und sich zu Gedanken des Arbeitspartners äußern ■ eigene Meinungen begründen ■ über eigene Gefühle sprechen, z. B. Begeisterung über das Universum	■ eigene Sachtexte in einer gut lesbaren verbundenen Handschrift schreiben ■ eigene Texte mit eigenen Worten verständlich aufschreiben ■ Texte verschiedener Textsorten funktionsangemessen verfassen, z. B. Sachtexte ■ beim Schreiben eigener Texte erste Rechtschreibmuster und rechtschriftliche Kenntnisse anwenden ■ grundlegende Regelungen der Rechtschreibung kennen und anwenden ■ Hilfsmittel wie das Wörterbuch verwenden, um Fehler zu korrigieren ■ Abschreibtechniken nutzen	■ Texte interessenbezogen auswählen und die eigene Entscheidung begründen ■ Sachtexte zu den Planeten verstehen ■ in Sachtexten gezielt Informationen zu den einzelnen Planeten finden und in eigenen Worten wiedergeben können ■ zentrale Aussagen von Sachtexten erfassen und zusammenfassend wiedergeben ■ Aussagen mit Textstellen belegen ■ bei Verständnisschwierigkeiten Verstehenshilfen anwenden: nachfragen, Wörter nachschlagen, Text zerlegen ■ in Druck- und elektronischen Medien zum Thema Planeten recherchieren

Wichtige Fähigkeiten und Kenntnisse im Rechtschreiben – Klassen 1 bis 4

auf der Laut- Buchstabenebene	■ regelhafte Laut-Buchstaben-Zuordnung der Schreibung kennen und anwenden ■ ähnliche Laute und Lautfolgen unterscheiden und sie den entsprechenden Buchstaben zuordnen
auf der Wortebene	■ Wörter auf die Grundform zurückführen und in abgeleiteten oder verwandten Formen die Schreibung des Wortstammes beibehalten
auf der Satzebene	■ den Satzanfang groß schreiben ■ Punkt, Fragezeichen und Ausrufezeichen setzen

Natur und Leben	mathematische Kompetenzen
■ mit/in Medien recherchieren und die Informationen für eine Präsentation, in Form eines kleinen Buches, nutzen ■ Ergebnisse dokumentieren und Zeichnungen anfertigen, eigene Texte schreiben und mit Zeichnungen der Planeten illustrieren ■ im Gespräch mit dem Arbeitspartner oder der Lehrerin Zusammenhänge zwischen Lebensräumen und Lebensbedingungen für Tiere, Menschen und Pflanzen bei uns auf der Erde beschreiben	■ Kreise aus freier Hand und mit Hilfsmitteln wie Schablone und dem Zeichengerät Zirkel zeichnen

Personale Kompetenz[9]

Sozialkompetenz	Selbstständigkeit
■ Verantwortung für das Gelingen der gemeinsamen Arbeit übernehmen ■ dem Arbeitspartner Hilfe anbieten, z. B. zeigen, wie mit dem Zirkel Kreise gezogen werden, und ihn achten ■ mit Anregungen und Kritik, z. B. der Aufforderung, die Heftseite anders zu strukturieren, angemessen umgehen ■ Teamfähigkeit ausbauen, lernen, eigenes Wissen weiterzugeben und nicht zurückzuhalten, damit alle ein bestmögliches Arbeitsergebnis gestalten können ■ Selbstvertrauen entwickeln, durch das zufriedenstellende Arbeitsergebnis ■ ein realistisches Selbstbild aufbauen, eigene Stärken und Schwächen erkennen, z. B. dass die Führungsrolle bei einer Partnerarbeit gerne übernommen wird, aber es schwer fällt, nicht im eigenen Arbeitstempo arbeiten zu können	■ Lern- und Leistungsbereitschaft: sich auf schwierige Aufgaben und Problemstellungen einlassen (Informationen aus Sachtexten filtern) ■ Zuverlässigkeit und Sorgfalt: Arbeitstempo steigern und zielorientiert arbeiten (sinnvolle Abfolge von Arbeitsschritten ausführen) ■ Ausdauer und Belastbarkeit: Arbeitsphasen ausbauen und Frustrationstoleranz erhöhen (Sachtexte ausführlich und mit eigenen Worten formulieren) ■ Kreativität und Flexibilität: eigene Ideen einbringen, neue Herangehensweisen und Methoden erproben (das Zeichengerät Zirkel nutzen lernen) ■ Selbstständigkeit: eigene Arbeitsschritte planen, sich selbstständig notwendige Informationen und Hilfe beschaffen (eigenständig einen passenden Arbeitsplatz finden und benötigte Materialien selbstständig zusammentragen)

7 Vgl. Arbeitskreis DQR 2011
8 Vgl. Ministerium für Schule und Weiterbildung 2011a: 23–36, 39–51, 55–67
9 Vgl. Ministerium für Schule und Weiterbildung 2011b: 8/9; Bohl 2009: 20

3.4 Bauen eines Stromkreises

»Wissen kann am besten vermittelt werden, wo Lernbegierde ist. Deswegen ist dies die Periode, in der die Saat von allem gesät werden kann und der Geist des Kindes wie ein fruchtbares Feld bereit liegt zu empfangen, was zur Bildung keimen will. (...) Das Interesse ist vergangen, wenn der Samen zu spät gesät wird.« (Montessori 1988: 37/38)

Foto 129: Arbeit mit dem Experimentierkasten zum elektrischen Strom

Sven und Simon haben während der letzten Tage Klassenkameraden dabei beobachtet, wie sie mithilfe des Stromkastens zwei Glühlampen zum Leuchten brachten. Davon waren sie so fasziniert, dass sie ihre eigene Arbeit teilweise vergaßen. Als nun die Klassenkameraden mit ihren Versuchen fertig sind und der Experimentierkasten wieder frei zur Verfügung steht, einigen sich Sven und Simon sofort auf dieses Arbeitsmittel.

Die beiden Jungen nehmen sich nur den Experimentierkasten vor – die dazugehörige Versuchskartei lassen sie im Regal stehen. Zunächst probieren sie frei aus, wie sich die Glühlämpchen in die Fassungen drehen lassen. Mit einem Schraubendreher montieren sie dann die Leitungen an die Fassungen. Mit dem Werkzeug gehen beide fachgerecht um. Im letzten Arbeitsschritt montieren sie die Leitungen an die Flachbatterie. Sie freuen sich, als die Glühlämpchen aufleuchten und demonstrieren dies stolz ihren Freunden in der Klasse. Dabei erklären sie ihre Arbeitschritte. Schriftlich halten sie das Ergebnis nicht fest.

Beide Jungen arbeiten hoch motiviert zusammen. Sie besprechen ihre Ideen und tauschen sich über mögliche nächste Arbeitsschritte aus. Bei Misserfolg halten sie kurz inne, suchen gemeinsam den Fehler und entwickeln neue Ideen, die sie dann zusammen ausprobieren.

Kompetenzorietierte Leistungsbewertung

Sven und Simon zeigen große Begeisterung für diesen Lerngegenstand und einen guten Forschungstrieb. Ihr Interesse an den Experimenten zum elektrischen Strom hält über eine Woche an. Sie arbeiten gewissenhaft, strukturiert und beenden Versuche erst, wenn sie erfolgreich druchgeführt sind. Die Jungen kooperieren gut miteinander und sind offen für Anregung und Kritik des Arbeitspartners.

Beide Jungen suchen kreativ nach Lösungswegen. Durch Versuch und Irrtum sammeln sie Erfahrungen und ziehen Schlussfolgerungen. Im Gespräch bringen sie eigene Lösungswege ein und äußern sich zu den Vorschlägen des anderen. Sie stellen Fragen und besprechen alternative Vorgehensweisen. Sven und Simon nutzen die Werkzeuge sachgerecht. Ihr Erfolg sind unterschiedlich komplexe elektrische Stromkreise, die sie selbstständig gebaut haben und dessen Aufbauten sie sachlich richtig erklären können.

Lern- und Leistungsberatung

Svens und Simons großer Wunsch, zum Thema Strom zu experimentieren, motiviert sie, geduldig abzuwarten, bis das Material frei wird. Die Freude an der anschließenden Arbeit belohnt ihr Durchhaltevermögen. Beim Experimentieren verbindet sie die gemeinsame Begeisterung (beim Gelingen einer Versuchsdurchführung) und auch die geteilte Enttäuschung (beim Misslingen einer Versuchsdurchführung) sowie die partnerschaftliche Fehlersuche. Sie spüren, dass Lernen verbindet: Teamarbeit erleben sie als etwas Positives.

Rückmeldung zu ihrem Lernprozess erhalten sie durch das Material (»Die Glühbirnen leuchten nicht, also haben wir einen Fehler gemacht; sie leuchten, also haben wir es richtig gemacht«). Die Wertschätzung ihrer erfolgreichen Arbeit erfolgt durch die anderen Kinder der Klasse, denen sie die Ergebnisse präsentieren. Sie erleben, wie viel Spaß es macht, Wissen weiterzugeben.

Sven und Simon könnten ihre Ergebnisse schriftlich festhalten und die Experimentierkartei bearbeiten. Sie könnten mit anderen Versuchskästen weitere physikalische Themengebiete erforschen.

Förder- bzw. Forderempfehlung

- Weitere eigene Versuche durchführen
- Versuche der Experimentierkartei durchführen
- Ergebnisse der Versuche schriftlich festhalten
- Weitere physikalische Themengebiete erforschen
- Versuche der Klasse vorführen und erklären

<table>
<tr><th colspan="4">Möglicher Kompetenzerwerb nach dem DQR (Deutschen Qualifikationsrahmen)[10]: Bauen eines Stromkreises</th></tr>
<tr><td rowspan="3">Fachkompetenz[11]</td><td colspan="3">Wissen: (Inhaltsbezogene Kompetenzen)</td></tr>
<tr><td>Grundlegende Fertigkeiten</td><td>Sprechen und Zuhören</td><td>Natur und Leben</td></tr>
<tr><td>■ Feinmotorik schulen, indem mit Kleinteilen gebaut und gearbeitet wird
■ Werkzeuge wie Schraubendreher und Abisolierzange sachgerecht benutzen</td><td>■ nonverbal Verstehen signalisieren
■ funktionsangemessen sprechen: über Vorhaben und Arbeitsschritte informieren und argumentieren
■ Fragen stellen, wenn der Versuch nicht gelingt und die Fehlersuche beginnt
■ eigene Meinung über mögliche Ursache und Wirkung begründen
■ über eigene Gefühle sprechen, z. B. Begeisterung, wenn der Versuch gelingt und das Glühbirnchen leuchtet
■ eigene Ideen zu Arbeitsschritten einbringen und sich zu Gedanken anderer äußern</td><td>■ Versuche planen und durchführen
■ Modelle zum Stromkreislauf anfertigen</td></tr>
<tr><td rowspan="2">Personale Kompetenz[12]</td><td colspan="2">Sozialkompetenz</td><td>Selbstständigkeit</td></tr>
<tr><td colspan="2">■ Verantwortung zum Gelingen des Versuches übernehmen
■ dem Arbeitspartner Hilfe anbieten und ihn achten
■ mit Anregungen und Kritik, z. B. der Aufforderung, nach mehrmaligen Misserfolgen, den Arbeitsschritt den Arbeitspartner ausführen zu lassen, um zum Erfolg zu gelangen, angemessen umgehen
■ Teamfähigkeit ausbauen, lernen, abzuwarten und sich mit anderen abzusprechen, um alle Bedürfnisse zu berücksichtigen
■ Selbstvertrauen entwickeln durch die Möglichkeit, verschiedene Lösungswege ausprobieren zu dürfen und die Erfahrung, dass mehrere davon erfolgreich sind
■ ein realistisches Selbstbild aufbauen, eigene Stärken und Schwächen erkennen, z. B. dass der Lösungsweg schnell erkannt wird, die Umsetzung aber eine Feinmotorik erfordert, die erst geschult werden muss</td><td>■ Lern- und Leistungsbereitschaft: sich auf schwierige Aufgaben und Problemstellungen einlassen (einen Stromkreis bauen)
■ Zuverlässigkeit und Sorgfalt: Arbeitstempo steigern und zielorientiert arbeiten (mit der Versuchskartei arbeiten)
■ Ausdauer und Belastbarkeit: Arbeitsphasen ausbauen und Frustrationstoleranz erhöhen (immer komplexere Stromkreise bauen)
■ Kreativität und Flexibilität: eigene Interessen und Ideen formulieren und einbringen, neue Herangehensweisen und Methoden erproben (eigene freie Versuche durchführen, Versuche zur Falsifizierung durchführen)
■ Selbstständigkeit: eigene Arbeitsschritte planen, sich selbstständig notwendige Informationen und Hilfe beschaffen (benötigte Utensilien für die Versuche selbstständig zusammentragen)</td></tr>
</table>

10 Vgl. Arbeitskreis DQR 2011
11 Vgl. Ministerium für Schule und Weiterbildung 2011a: 23–36, 39–51
12 Vgl. Ministerium für Schule und Weiterbildung 2011b: 8/9; Bohl 2009: 20

3.5 Versuche zur Wärmelehre

»Aber alles steht in einem Zusammenhang, und das interessante besteht darin, sich in diesen Beziehungen zurechtfinden zu können. (...)Dies ist ein wesentlicher Erziehungsgrundsatz: Einzelheiten lehren bedeutet Verwirrung stiften. Die Beziehung unter den Dingen herstellen bedeutet Erkenntnisse vermitteln.« (Montessori 1988: 126)

Ilias und Marcel bearbeiten eine vorgegebene Versuchskartei zur Wärmelehre. Ilias übernimmt das Vorlesen der Aufbauanleitung. Auch schwierige Wörter liest er fast flüssig. Bei Fachausdrücken wie »Erlenmeyerkolben« bitten die Jungen die Lehrerin um eine Erläuterung. Nachdem ihnen alle Begriffe klar sind, setzen sie die Anleitungen selbstständig um. Muss bei einem Experiment ein Teelicht angezündet werden, übernimmt Marcel diese Aufgabe. Ilias traut sich dies nicht zu.

Foto 130: Arbeit mit dem Experimentierkasten zur Wärmelehre

Beide Jungen beobachten sehr aufmerksam, beschreiben genau, was sie sehen, und stellen Überlegungen über die Ursachen an. Die Beobachtungen richtig zu deuten, fällt ihnen bei den unterschiedlichen Versuchen auch unterschiedlich schwer. Die Jungen dokumentieren ihre Experimente ordentlich im Heft. Anhand der Rückseite der Versuchskartei kontrollieren sie, ob

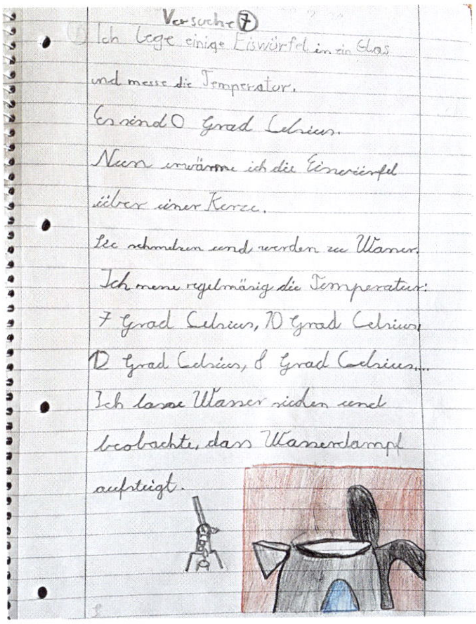

Foto 131: Ilias' Arbeitsergebnismelehre

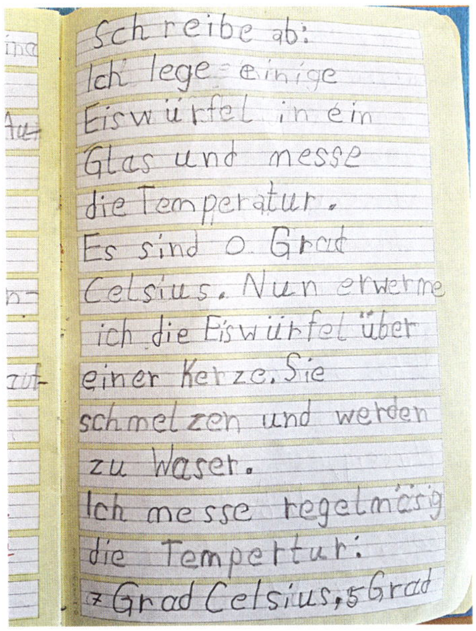

Foto 132: Marcels Arbeitsergebnis

ihre Vermutungen richtig sind und schreiben dann die Durchführung, Beobachtung und Deutung des Versuches ab. Marcel schreibt in Druckschrift, Ilias in Schreibschrift.

Die Jungen arbeiten genau und zielstrebig zusammen. Sie tauschen sich über Beobachtungen und mögliche Theorien aus. Gegenüber der Lehrerin gibt jedoch nur Ilias eine mögliche Deutung wieder. Marcel hört ihm dabei aufmerksam zu, aber äußert sich nur auf Aufforderung der Lehrerin. Seine Überlegungen bringt er unsicher mit fragendem Unterton vor.

Kompetenzorientierte Leistungsbewertung

Ilias und Marcel arbeiten gewissenhaft und setzen Arbeitsanweisungen eigenständig um. Sie fragen nach und holen sich Hilfe, wenn sie Versuchsanleitungen nicht verstehen. Beide Jungen gehen kameradschaftlich miteinander um, respektieren und helfen sich gegenseitig bei der Durchführung der Versuche. Sie halten sich an Gesprächsregeln, bringen eigene Ideen zu möglichen Erklärungen über beobachtete Phänomene ein und äußern sich zu den Gedanken des Arbeitspartners. Es gelingt ihnen, eine positive Arbeitsatmosphäre zu schaffen.

Sie sammeln erste Erfahrungen im Bereich der Wärmelehre. Sachgemäßig führen sie Versuchsaufbauten und -anweisungen durch. Sie beobachten genau und können diese Beobachtungen wiedergeben. Beide Jungen stellen erste Mutmaßungen über die Ursachen der beobachteten Phänomene an. Ilias überträgt Wissen aus vorangegangenen Versuchen auf neue Sachverhalte – seine Deutungen sind oft richtig. Marcel gelingt es mit Ilias' Hilfe, neue Beobachtungen richtig zu interpretieren. Beide Jungen halten ihre Ergebnisse detailliert und fachgemäß schriftlich fest. Ilias schreibt eine formschöne verbundene Schrift. Er schreibt nahezu feherfrei und nutzt Abschreibtechniken sinnvoll. Marcel schreibt eine formschöne Druckschrift. Er benötigt viel Zeit zum Abschreiben.

Lern- und Leistungsberatung

Ilias und Marcel befinden sich auf sehr unterschiedlichen Lernniveaus; die Jahrgangsmischung der Montessori-Klasse ermöglicht ihnen dennoch eine gewinnbringende Zusammenzuarbeit. Marcel lernt am Modell von Ilias: Er kann seinen Ausführungen folgen, aber den beobachteten Wissensübertrag auf neue Versuche und Alltagssituationen noch nicht selbstständig leisten. Auch Ilias profitiert von der Zusammenarbeit: Sie stärkt sein Arbeits- und Sozialverhalten, er übernimmt Verantwortung – nicht nur für seinen eigenen, sondern auch für Marcels Lernprozess.

Beide Jungen sammeln erste Erfahrungen in der Durchführung physikalischer Versuche. Während Marcel zunächst »nur« beobachtet, versucht Ilias, zu deuten und zu erklären. Ilias bekommt von Marcel eine direkte Rückmeldung, ob seine Deutungen schlüssig und verständlich sind. Versteht Marcel seine Ausführungen, empfindet Ilias Stolz und freut sich über den Lernzuwachs seines Partners.

In ihrer Rückmeldung wertschätzt die Lehrerin Ilias' Einsatz und die gelungene Teamarbeit. Sie gibt auch Hinweise zur sachgerechten Durchführung der Versuche, der Deutung und der Dokumentation, bespricht wohlwollend und respektvoll Rechtschreibfehler und lässt diese korrigieren.

Ilias und Marcel sollten die Versuche wiederholt durchführen, um die Beobachtungen und Deutungen zu festigen. Sie sollten weitere physikalische Phänomene erforschen, um das wissenschaftliche Arbeiten zu üben. Marcel sollte daüber hinaus regelmäßig Schreibaufgaben bearbeiten, um sein Schreibtempo zu steigern. Er könnte mit dem Erlernen einer verbundenen Schrift beginnen.

Förder- bzw. Forderempfehlung

- Wiederholung / Sicherung: Versuche wiederholt durchführen
- Weitere physikalische Themengebiete erforschen
- Versuche der Klasse vorführen und erklären

Für Marcel:

- Abschreibtexte
- Schriftliche Arbeiten jeder Art
- Sandpapierbuchstaben (verbundene Schrift lernen)

Foto 133: Experimente mit Wasser

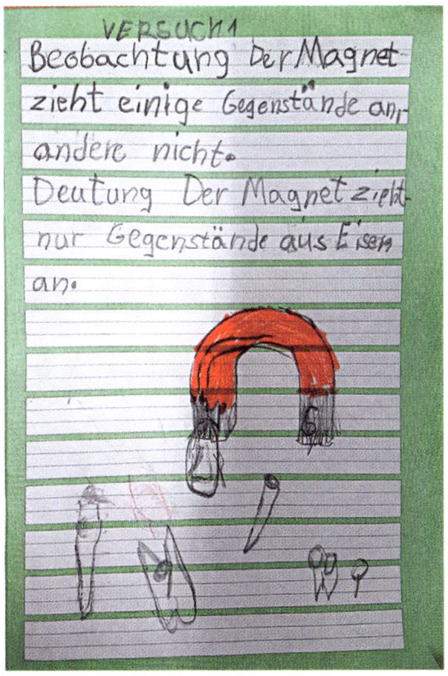

Foto 134: Arbeitsergebnisse im Heft einer Zweitklässlerin zum Magnetismus

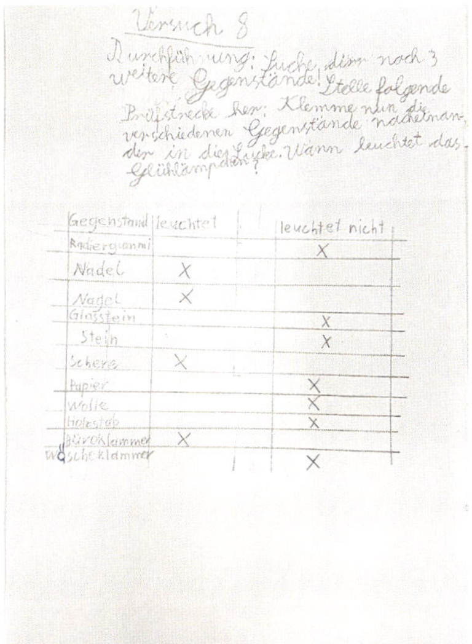

Foto 135: Arbeitsergebnisse eines Drittklässlers zum elektrischen Strom

<table>
<tr><th colspan="4">Möglicher Kompetenzerwerb nach dem DQR (Deutschen Qualifikationsrahmen)[13]: Versuche zur Wärmelehre</th></tr>
<tr><td rowspan="12">Fachkompetenz[14]</td><td colspan="3">Wissen: (Inhaltsbezogene Kompetenzen)</td></tr>
<tr><td>Grundlegende Fertigkeiten</td><td>Sprechen und Zuhören</td><td>Natur und Leben</td></tr>
<tr><td>■ Feinmotorik schulen durch den Umgang mit den Versuchsutensilien</td><td>■ nonverbal Verstehen signalisieren
■ funktionsangemessen sprechen: über Arbeitsschritte informieren, Beobachtungen wiedergeben und deuten
■ eigene Ideen zu gemachten Beobachtungen einbringen und sich zu Gedanken des Arbeitspartners äußern
■ Fragen stellen, wenn etwas nicht verstanden ist (Versuchsanweisungen, Fachbegriffe, Deutungen)
■ eigene Meinungen zu Ursache und Wirkung begründen
■ über eigene Gefühle sprechen, z. B. Angst, eine Kerze anzuzünden</td><td>■ Versuche zur Wärmelehre planen und durchführen und Ergebnisse auswerten
■ sichtbare stoffliche Veränderungen der belebten und unbelebten Natur untersuchen: Wasser in verschiedenen Aggregatzuständen, unterschiedliche Materialien beim Erhitzen
■ Eigenschaften in Experimenten entdecken, z. B. Gegenstände dehnen sich bei Wärme aus und ziehen sich bei Kälte zusammen
■ Ergebnisse darstellen und beschreiben, z. B. die Aggregatzustände des Wassers
■ Veränderungen in der Natur beschreiben und Entwicklungsphasen darstellen, z. B. Wasserkreislauf
■ Messinstrumente wie das Thermometer nutzen
■ Laborutensilien wie den Erlenmeyerkolben, Glasrohre, Stopfen, Reagenzgläser, Bunsenbrenner kennen lernen
■ Verhaltensregeln im Labor, wie Tragen eines Laborkittels, kennen lernen</td></tr>
<tr><td colspan="2">Schreiben</td><td>Lesen</td></tr>
<tr><td colspan="2">■ flüssig und formklar in Druckschrift schreiben bzw. in einer gut lesbaren verbundenen Handschrift
■ methodisch sinnvoll und korrekt abschreiben
■ Abschreibtechniken nutzen
■ beim Schreiben eigener Texte erste Rechtschreibmuster und rechtschriftliche Kenntnisse anwenden (z. B. Einhalten der Wortgrenzen, Mitsprechen)
■ grundlegende Regelungen der Rechtschreibung kennen und anwenden
■ Hilfsmittel wie das Wörterbuch verwenden
■ das Alphabet beim Nachschlagen in Wörterverzeichnissen nutzen</td><td>■ schriftliche Versuchsanweisungen verstehen und selbstständig danach handeln
■ in Texten gezielt Informationen finden und wiedergeben können
■ zentrale Aussagen von Deutungen gemachter Beobachtungen erfassen und zusammenfassend wiedergeben
■ bei Verständnisschwierigkeiten Verstehenshilfen anwenden: nachfragen, Wörter nachschlagen</td></tr>
<tr><td colspan="3">Wichtige Fähigkeiten und Kenntnisse im Rechtschreiben – Klassen 1 bis 4</td></tr>
<tr><td>auf der Laut- Buchstabenebene</td><td colspan="2">■ von: regelhafte Laut-Buchstaben-Zuordnung der Schreibung kennen und anwenden
■ bis: Abweichungen von der regelhaften Laut-Buchstaben-Zuordnung erkennen und beachten</td></tr>
<tr><td>auf der Wortebene</td><td colspan="2">■ Wörter auf die Grundform zurückführen und in abgeleiteten oder verwandten Formen die Schreibung des Wortstammes beibehalten</td></tr>
<tr><td>auf der Satzebene</td><td colspan="2">■ den Satzanfang groß schreiben
■ Punkt, Fragezeichen und Ausrufezeichen setzen</td></tr>
<tr><td colspan="2"></td><td></td></tr>
</table>

	Sozialkompetenz	Selbstständigkeit
Personale Kompetenz[15]	■ Verantwortung zum Gelingen der Versuche übernehmen ■ dem Arbeitspartner Hilfe anbieten und ihn achten ■ mit Anregungen und Kritik, z. B. der Aufforderung, sich Schwächen zu stellen und ungeliebte Fertigkeiten zu erlernen, angemessen umgehen ■ Teamfähigkeit ausbauen, lernen, auch unangenehme Aufgaben zu übernehmen ■ Selbstvertrauen entwickeln, sich, durch den kontinuierlichen Zuspruch des Arbeitspartner, einer schwierigen Anforderung stellen (Anzünden einer Kerze) ■ ein realistisches Selbstbild aufbauen, eigene Stärken und Schwächen erkennen, z. B. dass nach vier Grundschuljahren viele Fertig- und Fähigkeiten erworben sind und nun Sicherheit bei der Bewältigung von Aufgaben geben, aber es immer wieder Herausforderungen gibt, bei denen man auf die Hilfe von anderen (manchmal auch Jüngeren) angewiesen ist	■ Lern- und Leistungsbereitschaft: sich auf schwierige Aufgaben und Problemstellungen einlassen (Versuche zur Wäremelehre durchführen) ■ Zuverlässigkeit und Sorgfalt: Arbeitstempo steigern und zielorientiert arbeiten (mit der Versuchskartei arbeiten) ■ Ausdauer und Belastbarkeit: Arbeitsphasen ausbauen und Frustrationstoleranz erhöhen (immer komplexere Versuchsdurchführungen ausführen) ■ Kreativität und Flexibilität: eigene Interessen und Ideen formulieren und einbringen, neue Herangehensweisen und Methoden erproben (eigene freie Versuche durchführen, Versuche zur Falsifizierung durchführen) ■ Selbstständigkeit: eigene Arbeitsschritte planen, sich selbstständig notwendige Informationen und Hilfe beschaffen (benötigte Utensilien für die Versuche selbstständig zusammentragen)

13 Vgl. Arbeitskreis DQR 2011
14 Vgl. Ministerium für Schule und Weiterbildung 2011a: 23–36, 39–51
15 Vgl. Ministerium für Schule und Weiterbildung 2011b: 8/9; Bohl 2009: 20

3.6 Gestalten eines Plakates zum Thema Schildkröten

»In den alten Schulen ist der Wettstreit die einzige Art, das Klassenniveau zu heben. Aber das führt natürlich zu Neid, Hass und Demütigung, was bedrückende und antisoziale Gefühle sind. Das intelligentere Kind wird somit eitel und bekommt die Macht über die anderen, während sich in unseren Schulen die Fünfjährigen als Beschützer ihrer kleineren Gefährten fühlen. (...) Die Klasse wird eine durch Liebe vereinte Gruppe. Die Kinder lernen untereinander ihre Charaktere kennen und schätzen sich gegenseitig.« (Montessori 1989: 204)

Foto 136: Literaturrecherche zum Thema Meeresschildkröten

Lisa und Jens haben beschlossen, gemeinsam ein Plakat zu gestalten. Sie tauschen sich über ihre Interessensgebiete aus und einigen sich auf das Thema Meeresschildkröten. Dazu leihen sie sich selbstständig Bücher aus der Schulbibliothek. Zuvor haben sie vereinbart, welche Informationen sie zusammentragen möchten und wer welche Unterpunkte gestaltet. Sie beginnen, in den Büchern zu recherchieren und eigene Texte zu schreiben.

Lisa liest leise in den Büchern. Ihr Finger streicht dabei unter den Sätzen. Nachdem sie einen Text gelesen hat, diskutiert sie oft mit Jens über den Inhalt. Jens hat ein großes fachliches Vorwissen, das er in diesen Gesprächen leidenschaftlich vorbringt. Dass Lisa ihm teilweise widerspricht, lässt er nur ungern zu – manchmal auch gar nicht. Selbst Textstellen, die Lisa ihm vorliest, um ihre Meinung zu belegen, überzeugen ihn nicht. Teilweise geht er mit dem Buch zur Lehrerin, um die Widersprüche zu klären. Gibt sie ihm nicht Recht, erzeugt auch dies in ihm Widerwillen.

Nach den Gesprächen mit Jens entscheidet Lisa, welche Sätze sie aus dem Buch abschreiben möchte. Teilweise formuliert sie um und gibt den Inhalt mit eigenen Worten wieder. Jens liest sich leise vor. Er nutzt seinen Finger als Strukturierungshilfe. Wörter, die er nicht versteht, liest er mehrfach, gegebenenfalls fragt er Lisa nach einer Erklärung und diskutiert das Gelesene mit ihr. Erst danach beginnt er, seinen Sachtext zu schreiben.

Lisa übernimmt als Ältere wie selbstverständlich die Führung. Sie bemerkt, wenn Jens Hilfe benötigt und greift dann freundlich und zurückhaltend ein. Sie geht auf Jens' Meinung und Wünsche ein. Sein fachliches Vorwissen beeindruckt und nutzt sie. Bei Konflikten schafft sie eine deeskalierende Atmosphäre und findet Lösungswege. Jens hat klare Vorstellungen davon, wie das Plakat gestaltet sein soll, und artikuliert sie deutlich und selbstbewusst. Sind Lisas Ideen konträr zu seinen, fällt es ihm sehr schwer, diese zu respektieren.

Die Texte der beiden Kinder sind informativ und formschön geschrieben. In den abgeschriebenen Sätzen finden sich kaum Rechtschreibfehler, in den frei formulierten Sätzen wenige mehr. Insgesamt ist das Plakat ordentlich gestaltet. Es hat eine gute Struktur. Die Bilder sind passend zu den Texten angeordnet.

Jens und Lisa arbeiten mehrere Freiarbeitsstunden gewissenhaft und lassen sich nicht ablenken. Zum Schluss räumen sie ihre Arbeitsutensilien ordentlich auf.

Kompetenzorientierte Leistungsbewertung

Beide Kinder zeigen eine große Wissbegierde und Fleiß. Da sie bereits Klassenkameraden bei der Gestaltung eines Plakates beobachtet haben, wissen sie um das Arbeitspensum. Sie arbeiten selbstständig und strukturieren Arbeitsschritte eigenständig. Sie gehen sorgfältig, zielgerichtet und ausdauernd vor. Lisa ist kritikfähig und offen für Anregungen. Sie merkt, wenn Jens Hilfe benötigt und unterstützt ihn so viel wie nötig und so wenig wie möglich. Lisa stellt gezielt Rückfragen und findet in Konfliktsituationen schnell einen Kompromiss. Dabei stellt sie ihre eigenen Bedürfnisse oft zurück. Jens bringt sich sehr selbstbewusst und aktiv in die Partnerarbeit ein. Er äußert seine Ideen und Wünsche und hört sich Lisas Gedanken an. Ihre Kritik führt bei ihm jedoch schnell zu Ablehnung und Widerstand.

Lisa wählt selbstständig Bücher zum Thema mit altersgemäßen Texten aus. Sie liest sinnentnehmend. Dabei nutzt sie Strategien zur Orientierung im Text. Sie recherchiert in den Büchern und unterscheidet zwischen wichtigen und unwichtigen Informationen. Oft tauscht sie sich mit Jens über Gelesenes aus. Ihre Aussagen belegt sie mit Textstellen. Lisa bringt eigene Ideen ein und äußert sich zu Jens' Gedanken und Wünschen. Ihre Meinung kann sie begründen. Wichtige Informationen hält Lisa schriftlich fest. Teilweise schreibt sie Fachbegriffe auf, ohne sie erklären zu können. Ihre Druckschrift ist formschön und sie beherrscht alle Buchstaben. Sie schreibt fehlerfrei ab. Formuliert Lisa frei, setzt sie Satzschlusszeichen richtig und beachtet meist die Groß- und Kleinschreibung. Sie weiß, was Nomen sind, erkennt sie aber nicht alle sicher im Text. Auch ihre Satzanfänge sind nicht konsequent großgeschrieben. Bei den Doppelkonsonanten und der Auslautverhärtung unterlaufen ihr kaum Fehler.

Jens zeigt zum gewählten Thema ein umfangreiches Vorwissen und einen großen aktiven Wortschatz. Auch er wählt selbstständig passende Bücher mit altersgemäßen Texten aus. Er liest unbekannte Sachtexte fast fließend. Dabei nutzt er Strategien zur Orientierung im Text. Er recherchiert in Medien und unterscheidet wichtige von unwichtigen Informationen. Fachbegriffe kann er erklären. Jens kann sich zu Aussagen im Text äußern und sie mit seinem Vorwissen verknüpfen. Er kann seine Sicht darstellen und Widersprüche zu Textstellen begründen. Jens beherrscht alle Druckschriftbuchstaben, die er formklar schreibt. Beim Abschreiben unterlaufen ihm kaum Fehler. Seine selbst formulierten Sätze sind grammatikalisch richtig, er denkt an die Satzschlussreichen und beginnt, Regeln der Groß- und Kleinschreibung umzusetzen.

Lern- und Leistungsberatung

Lisa erfährt in der Arbeit mit Jens, wie viel sie bereits über gut strukturierte Arbeitsabläufe weiß. Wichtige Punkte für eine gelungene Plakatgestaltung sind ihr bewusst und sie gibt diese fachmännisch an Jens weiter. Da sie die Ältere in dieser Partnerschaft ist, übernimmt sie wie selbstverständlich die Verantwortung für das Gelingen dieses Projektes. Ihr Selbstbewusstsein wird gestärkt. In Konfliktsituationen erfährt Lisa, dass sie die Spannungen entschärfen kann und Regelungen findet, die von Jens akzeptiert werden. Auch diese Kompetenz wird ihr bewusst.

Jens erlebt in Lisa eine Arbeitspartnerin, die ihm nicht immer Recht gibt. Er erfährt, dass es andere Meinungen gibt, mit denen er sich arrangieren muss, wenn er ein gemeinsames Projekt bearbeitet. Er übt, Diskussionen zu führen, sich an Gesprächsregeln zu halten, Kompromisse zu finden und zu akzeptieren.

Lisa und Jens sollten die Rechtschreibfehler auf dem Plakat verbessern. Sie sollten selbstständig mit dem Wörterbuch arbeiten, um die Fehler zu korrigieren. Die korrigierten Wörter sollten sie in den nächsten Tagen wiederholt üben, z. B. durch eine eigene Lernwörterkartei. Beide Kinder sollten das Plakat vor der Klasse präsentieren. Sie könnten zu weiteren Themen Plakate, Referate oder Powerpoint-Vorträge gestalten und vorstellen. Lisa könnte mit der großen Arbeit zur Erkennung der Wortarten anfangen.

Förder- bzw. Forderempfehlung

- Verbessern der Rechtschreibfehler in den Texten
- Üben der korrigierten Wörter z. B. durch eine eigene Lernwörterkartei
- Gestalten von Plakaten zu anderen Themen
- Vorstellen der gestalteten Plakate
- Gestalten und präsentieren von Referaten und Powerpoint-Vorträgen
- Große Arbeit zur Erkennung der Wortarten

Foto 137: Arbeit mit dem Wörterbuch

Foto 138: Üben mit der eigenen Lernwörterkartei

Foto 139: Vorbereiten eines Vortrags

Foto 140: Präsentieren eines Plakats

Foto 141: Referat zu den menschlichen Organen

Foto 142: Powerpoint-Vortrag zum Thema Schnecken

Möglicher Kompetenzerwerb nach dem DQR (Deutschen Qualifikationsrahmen)[16]: Gestalten eines Plakates zum Thema Schildkröten

Fachkompetenz[17]

Wissen: (Inhaltsbezogene Kompetenzen)

Sprechen und Zuhören

- einen Vortrag über Schildkröten planen
- funktionsangemessen sprechen: den Arbeitspartner über in Medien gelesene Fakten zu Schildkröten informieren und die getroffene Auswahl der Informationen für den Vortrag argumentativ darlegen
- Zustimmung oder Ablehnung zu z. B. Arbeitsschritten, Aufgabenteilungen zeigen
- artikuliert und an der gesprochenen Standardsprache orientiert sprechen
- gemeinsame Anliegen und Konflikte diskutieren und nach Lösungen suchen
- gemeinsam entwickelte Gesprächsregeln beachten
- Gesprächsbeiträge einbringen, z. B. eigene Ideen und Meinungen zur Plakatgestaltung und Beiträge anderer aufgreifen
- eigene Meinungen begründen
- gezielt Rückfragen stellen, z. B. um Erklärungen für die Arbeitsaufteilung bitten, nach Hintergründen für inhaltliche Behauptungen oder Beispielen fragen
- eigene Gefühle beschreiben, z. B. Verwirrtheit, weil sich inhaltliche Fakten widersprechen und auf Befindlichkeiten anderer reagieren, z. B. auf die Gereiztheit des Arbeitspartners, wenn Wissen in Frage gestellt wird
- über Lernerfahrung sprechen und andere in ihrem Lernprozess unterstützen

Natur und Leben

- die Entwicklung von Schildkröten beschreiben
- Zusammenhänge zwischen Lebensräumen und Lebensbedingungen für Schildkröten beschreiben
- in Medien recherchieren und die Informationen für eine Präsentation nutzen
- Ergebnisse in eigenen Sachtexten dokumentieren, Zeichnungen und Collagen anfertigen

Schreiben

- flüssig und formklar in Druckschrift schreiben bzw. in einer gut lesbaren verbundenen Handschrift
- Schreibabsicht (Plakat), Schreibsituation und Adressatenbezug klären und Schreibkriterien vereinbaren
- Sachtexte für ein Plakat planen
- Sachtexte verfassen
- beim Schreiben eigener Texte erste Rechtschreibmuster und rechtschriftliche Kenntnisse anwenden (z. B. Einhalten der Wortgrenzen, Mitsprechen)
- grundlegende Regelungen der Rechtschreibung kennen und anwenden
- Hilfsmittel wie das Wörterbuch verwenden
- das Alphabet beim Nachschlagen in Wörterverzeichnissen nutzen
- methodisch sinnvoll und korrekt abschreiben

Lesen

- aus Lesekisten, Klassen- oder Schulbüchereien Texte über Schildkröten zum Lesen auswählen
- Bücher und andere textbasierte Medien interessenbezogen auswählen
- in Texten zu Schildkröten gezielt Informationen finden und wiedergeben können
- Strategien zur Orientierung in einem Text kennen und nutzen
- Sachtexte verstehen
- zentrale Aussagen von Texten erfassen und zusammenfassend wiedergeben
- Aussagen mit Textstellen belegen
- bei Verständnisschwierigkeiten Verstehenshilfen anwenden: nachfragen, Wörter nachschlagen, Text zerlegen
- eigene Gedanken oder Schlussfolgerungen zu Texten formulieren und sich mit dem Arbeitspartner darüber austauschen
- in Druck- und elektronischen Medien zum Thema Schildkröten recherchieren
- Texte illustrieren, collagieren
- Medien als Anreiz zum Sprechen, Schreiben und Lesen nutzen
- sich über Lesemotive und Gelesenes sowie über persönliche Medienerfahrungen austauschen

Wichtige Fähigkeiten und Kenntnisse im Rechtschreiben – Klassen 1 bis 4

auf der Laut-Buchstabenebene	■ *von:* regelhafte Laut-Buchstaben-Zuordnung der Schreibung kennen und anwenden ■ *bis:* Abweichungen von der regelhaften Laut-Buchstaben-Zuordnung erkennen und beachten
auf der Wortebene	■ Wörter auf die Grundform zurückführen und in abgeleiteten oder verwandten Formen die Schreibung des Wortstammes beibehalten
auf der Satzebene	■ den Satzanfang groß schreiben ■ Punkt, Fragezeichen und Ausrufezeichen setzen

Personale Kompetenz[18]	**Sozialkompetenz** ■ Verantwortung für den eigenen Lernprozess und den des Arbeitspartners übernehmen ■ dem Arbeitspartner Hilfe anbieten und ihn achten ■ mit Anregungen und Kritik, z. B. der Aufforderung, die eigene Meinung in Frage zu stellen und kritisch zu betrachten, angemessen umgehen ■ Teamfähigkeit ausbauen, lernen, andere Meinungen anzuhören und zu akzeptieren ■ Selbstvertrauen entwickeln durch eine konstruktive Auseinandersetzung mit dem Arbeitspartner ■ ein realistisches Selbstbild aufbauen, eigene Stärken und Schwächen erkennen, z. B. dass ein sehr großes Allgemeinwissen vorhanden ist, aber es schwer fällt, dieses in Frage zu stellen und zu diskutieren	**Selbstständigkeit** ■ Lern- und Leistungsbereitschaft: sich auf schwierige Aufgaben und Problemstellungen einlassen (Informationen aus Sachtexten filtern) ■ Zuverlässigkeit und Sorgfalt: Arbeitstempo steigern und zielorientiert arbeiten (Inhalte unter Arbeitspartnern aufteilen) ■ Ausdauer und Belastbarkeit: Arbeitsphasen ausbauen und Frustrationstoleranz erhöhen (Informationen mit eigenen Worten wiedergeben) ■ Kreativität und Flexibilität: eigene Interessen und Ideen formulieren und einbringen, neue Herangehensweisen und Methoden erproben (sich mit Arbeitspartnern austauschen und einigen) ■ Selbstständigkeit: eigene Arbeitsschritte planen, sich selbstständig notwendige Informationen und Hilfe beschaffen (Bücher beschaffen, Plakatgestaltung organisieren)

16 Vgl. Arbeitskreis DQR 2011
17 Vgl. Ministerium für Schule und Weiterbildung 2011a: 23–36, 39–51
18 Vgl. Ministerium für Schule und Weiterbildung 2011b: 8/9; Bohl 2009: 20

3.7 Zeitabläufe visualisieren mit der Lebenskette

»Nun übt die ›Vollendung‹ eines vollen (Arbeits-)Zyklus einen immer größeren Einfluss auf die Persönlichkeit des Kindes aus. Es fühlt sich sofort nach der großen Arbeit nicht nur zu einer inneren Konzentration hingezogen, sondern behält schließlich für immer die Haltung des Denkens, des inneren Gleichgewichts, einer dauernden Aufmerksamkeit seiner Gegenüber gegenüber. Damit wird es zu einer Persönlichkeit und hat eine höhere Stufe erreicht. Das ist die Zeit, in der das Kind beginnt, »Herr seiner selbst« zu werden ...« (Montessori 1976: 103)

Lotta, Anna und Josefine haben in den letzten Wochen das Montessori-Material »Lebensketten« kennen gelernt, mit deren Hilfe sich die zeitliche Abfolge von Ereignissen darstellen lässt. Nun gestalten sie selbst eine Lebenskette, und zwar zu ihrem Helden Johnny Depp. Sie haben sich wichtige Fragen notiert, z. B.: Wann wurde er geboren? Wie heißen seine Eltern? Wie heißen seine Frau und seine Kinder und wann wurden sie geboren? Wann erschien sein erster Film und wie heißt er? Die Antworten recherchieren sie im Internet und schreiben sie auf. Teilweise stoßen sie auf widersprüchliche Zeitangaben. Bilder von Johnny Depps Kindern finden sie im Internet nicht. Die Lehrerin bespricht mit den drei Mädchen, wie Informationen ins Internet gelangen, wie gesichert sie sind, welche

Foto 143/144: Arbeit an der Lebenskette des Schauspielers Johnny Depp

persönlichen Daten in den USA geschützt werden, wie aktuell die aufgerufenen Seiten sind u. v. m. Die drei Mädchen hören sehr aufmerksam zu. Sie stellen Rückfragen und wollen wissen, welche Daten in Deutschland geschützt sind. Sie diskutieren über den Sinn von Datenschutz, bilden sich Meinungen über die Vor- und Nachteile des Internets und tauschen sich aus.

Nach und nach gestalten sie verschiedene Karteikarten zu den Lebenslaufereignissen ihres Helden. Zum Schluss ihrer Arbeit legen sie die Karten chronologisch an die Lebenskette, stellen ein gerahmtes Johnny-Depp-Foto dazu und präsentieren das Ergebnis der Lehrerin. Sie kontrolliert die Karteikarten auf Rechtschreibfehler und markiert falsch geschriebene Wörter. Die drei Mädchen teilen die Karten auf und korrigieren die Wörter. Die Arbeit an der Lebenskette beschäftigt Lotta, Anna und Josefine einen Monat lang. Sie führen zwischendurch Streitgespräche, finden aber immer selbstständig Kompromisse, die ihnen ein gemeinsames Weiterarbeiten ermöglichen.

Kompetenzorientierte Leistungsbewertung

Lotta, Anna und Josefine zeigen Arbeitsfreude und Kreativität. Sie lassen sich durch ein Arbeitsmaterial zu einem eigenen Projekt inspirieren. Die Planung der Arbeitsschritte, die Beschaffung von Informationen und das Gestalten der Lebenskette erledigen sie in Eigenregie. Lotta, Anna und Josefine arbeiten konzentriert, gewissenhaft und sehr ausdauernd. Alle drei zeigen eine gute Kommunikationskompetenz. Sie hören sich gegenseitig zu, begründen ihre Meinungen und finden in Konfliktsitutionen gemeinsam Lösungen. Sie helfen sich gegenseitig, wenn Hilfe erwünscht ist. Fehler verbessern sie eigenständig.

Lotta, Anna und Josefine nutzen das Internet zur Recherche. Sie gehen verantwortungsvoll und sinnvoll mit dem Angebot des Internets um. Sie sammeln Daten und erstellen eine chronologische Übersicht zu wichtigen Ereignissen im Lebenslauf ihres Helden. Sie rechnen mit Zeitspannen und ordnen verschiedene Angaben (»Im Jahre XY …«, »Mit 25 Jahren …« usw.) in zeitlicher Reihenfolge richtig an einen Zahlenstrahl. Lotta, Anna und Josefine gestalten ihre Karteikarten aussagekräftig und ansprechend.

Alle drei Mädchen lesen unbekannte Texte fast fließend. Anna benötigt teilweise Hilfe, Informationen aus dem Text herauszufiltern, und es fällt ihr schwer, aus den Fakten eigene Texte zu formulieren. Diese Aufgabe übernehmen oft die beiden Freundinnen. Josefine setzt Rechtschreibregeln konsequent um. Lotta schreibt Nomen nicht immer groß. Ansonsten finden sich kaum Rechtschreibfehler in ihren Sachtexten. Anna wendet Rechtschreibregeln nur selten eigenständig an, wird aber von den andern beiden auf die richtige Schreibweise aufmerksam gemacht. Alle drei Mädchen schreiben eine formschöne verbundene Schreibschrift.

Lern- und Leistungsberatung

Die Rückmeldung zu ihren erbrachten Leistungen erfolgt bei Lotta, Anna und Josefine unmittelbar während der gemeinsamen Arbeit durch die jeweils anderen Mädchen: Sie geben sich gegenseitig Rückmeldung über gute und weniger gelungene Arbeitsergebnisse. Durch die in der Montessori-Freiarbeit übliche jahrgangsübergreifende Partner-

Möglicher Kompetenzerwerb nach dem DQR (Deutschen Qualifikationsrahmen)[19]: Zeitabläufe visualisieren mit der Lebenskette

Fachkompetenz[20]

Wissen: (Inhaltsbezogene Kompetenzen)

Sprechen und Zuhören	Schreiben	Lesen
■ funktionsangemessen sprechen: erzählen und informieren, was über die Biographie *des Helden* bereits gewusst wird, argumentieren, warum er als »Held« vorgestellt werden soll ■ artikuliert und an der gesprochenen Standardsprache orientiert sprechen ■ gemeinsame Anliegen und Konflikte diskutieren und nach Lösungen suchen, z. B. Arbeitsschritte gemeinsam aufteilen ■ gemeinsam entwickelte Gesprächsregeln beachten ■ Zustimmung oder Ablehnung über die Auswahl des *Helden* oder Arbeitsaufteilungen zeigen ■ Gesprächsbeiträge wie eigene Ideen und Meinungen zur Gestaltung der Informationskarten einbringen und Beiträge anderer aufgreifen ■ eigene Meinungen begründen ■ gezielt Rückfragen zu Fakten der Biographie *des Helden* stellen, um Erklärungen für aufgestellte Behauptungen bitten, nach Hintergründen oder Beispielen fragen ■ eigene Gefühle beschreiben und auf Befindlichkeiten anderer reagieren, z. B. die Enttäuschung bei einer Überstimmung durch eine demokratische Abstimmung ■ Sprachbeiträge für Gesprächssituationen situationsangemessen planen, z. B. Lernergebnisse für Lebensketten in Form von Informationskarten gestalten ■ gelernte Sachverhalte zusammenfassen und vortragen: Informationskarten an eine Lebenskette anlegen und so die Biographie *eines Helden* visualisieren ■ über Lernerfahrung sprechen und andere in ihrem Lernprozess unterstützen	■ flüssig und formklar in Druckschrift schreiben bzw. in einer gut lesbaren verbundenen Handschrift ■ Schreibabsicht, Schreibsituation und Adressatenbezug klären und Schreibkriterien vereinbaren ■ Informationskarten planen ■ Sachtexte verfassen ■ beim Schreiben eigener Texte erste Rechtschreibmuster und rechtschriftliche Kenntnisse anwenden ■ grundlegende Regelungen der Rechtschreibung kennen und anwenden ■ Hilfsmittel wie das Wörterbuch verwenden ■ das Alphabet beim Nachschlagen in Wörterverzeichnissen nutzen ■ methodisch sinnvoll und korrekt abschreiben	■ aus Lesekisten, Klassen- oder Schulbüchereien Texte zum eigenen Lesen auswählen ■ Bücher und andere textbasierte Medien interessenbezogen auswählen ■ in Texten gezielt Informationen finden und wiedergeben können ■ Strategien zur Orientierung in einem Text kennen und nutzen ■ Sach- und Gebrauchstexte verstehen ■ zentrale Aussagen von Texten erfassen und zusammenfassend wiedergeben ■ Aussagen mit Textstellen belegen ■ bei Verständnisschwierigkeiten Verstehenshilfen anwenden: nachfragen, Wörter nachschlagen, Text zerlegen ■ eigene Gedanken oder Schlussfolgerungen zu Texten formulieren und sich mit anderen darüber austauschen ■ Texte umsetzen (z. B. illustrieren, collagieren) ■ Medien als Anreiz zum Sprechen, Schreiben und Lesen nutzen ■ sich über Lesemotive und Gelesenes sowie über persönliche Medienerfahrungen austauschen

Wichtige Fähigkeiten und Kenntnisse im Rechtschreiben – Klassen 1 bis 4

auf der Laut-Buchstabenebene	■ regelhafte Laut-Buchstaben-Zuordnung der Schreibung kennen und anwenden ■ ähnliche Laute und Lautfolgen unterscheiden und sie den entsprechenden Buchstaben zuordnen
auf der Wortebene	■ Wörter auf die Grundform zurückführen und in abgeleiteten oder verwandten Formen die Schreibung des Wortstammes beibehalten
auf der Satzebene	■ den Satzanfang groß schreiben ■ Punkt, Fragezeichen und Ausrufezeichen setzen

<table>
<tr><td rowspan="2"></td><td>Zeiteinteilungen und Zeiträume</td><td colspan="2">Mediennutzung</td><td>Daten und Häufigkeit</td></tr>
<tr><td>■ unterschiedliche Zeiteinteilungen sachgerecht verwenden
■ wichtige Ereignisse und Daten aus der Biographie des Helden chronologisch darstellen und sachlich richtig sortieren</td><td colspan="2">■ Computer-Kenntnisse nutzen
■ im Internet recherchieren und Informationen für eine Präsentation nutzen
■ den Umgang mit dem Internet kritisch untersuchen und sinnvolle Regeln begründen</td><td>■ Daten aus der Lebenswirklichkeit des Helden sammeln und sie in Form von Informationskarten zu seiner Lebenskette darstellen
■ Daten aus des Helden Lebenslauf entnehmen und sie zur Beantwortung von Ereignissen in seiner Biographie hinzuziehen</td></tr>
<tr><td rowspan="2">Personale Kompetenz[21]</td><td colspan="2">Sozialkompetenz</td><td colspan="2">Selbstständigkeit</td></tr>
<tr><td colspan="2">■ Verantwortung für das Gelingen der gemeinsamen Arbeit übernehmen
■ den Arbeitspartnern Hilfe anbieten und sie achten
■ mit Anregungen und Kritik angemessen umgehen, z. B. sich einem Mehrheitsbeschluss zu beugen
■ Teamfähigkeit ausbauen, z. B. Kompromisse zu finden und einzugehen
■ Selbstvertrauen entwickeln durch die Erfahrung, dass soziale Fähigkeiten, wie sich für andere einzusetzen, in Konfliktsituationen deeskalierend zu wirken, ein angenehmes soziales Klima zu erzeugen, für das Gelingen eines Arbeitsteams wichtig sind
■ ein realistisches Selbstbild aufbauen, eigene Stärken und Schwächen erkennen, z. B. dass es sehr gut gelingt in Gruppenarbeiten die Bedürfnisse der Arbeitspartner zu erkennen und ein angenehmes Arbeitsklima zu erzeugen, aber fachlich nicht viel beigetragen werden kann</td><td colspan="2">■ Lern- und Leistungsbereitschaft: sich auf schwierige Aufgaben und Problemstellungen einlassen (zielorientiert im Internet recherchieren)
■ Zuverlässigkeit und Sorgfalt: Arbeitstempo steigern und zielorientiert arbeiten (Arbeitsschritte unter Arbeitspartnern aufteilen)
■ Ausdauer und Belastbarkeit: Arbeitsphasen ausbauen und Frustrationstoleranz erhöhen (ausführliche Textkarten formulieren)
■ Kreativität und Flexibilität: eigene Interessen und Ideen formulieren und einbringen, neue Herangehensweisen und Methoden erproben (Lebensketten zu eigenen Helden gestalten)
■ Selbstständigkeit: eigene Arbeitsschritte planen, sich selbstständig notwendige Informationen und Hilfe beschaffen (eigene Projekte in der Freiarbeit gestalten)</td></tr>
</table>

19 Vgl. Arbeitskreis DQR 2011
20 Vgl. Ministerium für Schule und Weiterbildung 2011a: 23–36, 39–51
21 Vgl. Ministerium für Schule und Weiterbildung 2011b: 8/9; Bohl 2009: 20

und Gruppenarbeit haben die drei Mädchen in den letzten Schuljahren gelernt, die Leistungen anderer wertzuschätzen und wohlwollend und konstruktiv Kritik zu üben. Ein respektvoller Umgang miteinander, das Erbitten und das Annehmen von Hilfe ist eine Selbstverständlichkeit geworden. Die Lehrerin unterstützt dieses Verhalten, indem sie in den Arbeitsprozess so gut wie nicht eingreift und erst zum Schluss das gemeinsame Ergebnis honoriert. Nach der Präsentation gibt sie jedem der Mädchen Empfehlungen für die weitere persönliche Arbeit. Sie bespricht Stärken und Schwächen, an denen jede Einzelne weiterarbeiten kann.

Lotta, Anna und Josefine sollten die verbesserten Wörter regelmäßig mit der eigenen Lernwörterkartei üben. Da die drei ein gutes Arbeitsteam bilden, könnten sie auch weiterhin zusammen Plakate, Referate oder Powerpoint-Vorträge gestalten und präsentieren. Die Themen könnten sie eigenständig auswählen. Sie sollten freie Texte formulieren und die Fehler in den Wörtern verbessern.

Förder- bzw. Forderempfehlung

- Wörter mit der eigenen Lernwörterkartei üben
- Plakate, Referate oder Power-Point-Vorträge gestalten und präsentieren
- Weitere Lebensketten gestalten
- Rollenspiel einüben und vorspielen (Ich als ...)
- Interview mit einer berühmten Persönlichkeit führen

Für Anna:

- Kleine Sachtexte lesen und wichtige Informationen unterstreichen
- Aus Stichworten eigene Sätze formulieren

Für Lotta:

- Große Arbeit zur Erkennung der Wortarten
- Sterntabelle
- Satzzerlegung

Foto 145: Auslegen der Lebenskette zu Maria Montessori, abzeichnen und gestalten

3.8 Zusammenfassende Betrachtung

Im naturwissenschaftlichen Bereich ist es für die Kinder besonders einfach, jahrgangsübergreifend zu arbeiten. Zudem ermöglichen die Freiarbeitsmaterialien eine Verzahnung zu anderen Fachbereichen und schaffen so zusätzlichen Kompetenzerwerb über die Naturwissenschaft hinaus. Lotta, Anna und Josefine zum Beispiel lernen durch ihre Arbeit an der Lebenskette nicht nur etwas über Zeit und Zeitspannen, sondern auch Recherchetechniken, den verantwortungsvollen Umgang mit Informationen aus dem Internet, setzen sich mit Biografien auseinander und erfahren so auch schon erste Berührungen mit dem Fach Geschichte. Es entstehen anschauliche Lernsituationen, die auch im Alltag zu finden sind. Die Kinder erfahren, dass das Ganze aus Details besteht. Lernen bekommt einen greifbaren Sinn.

Durch die Wahlfreiheit entstehen immer wieder individuelle Projekte. Zur Umsetzung dieser Vorhaben müssen die Kinder ihre Arbeit selbst strukturieren: ihre Arbeitsschritte eigenständig planen, Materialien beschaffen, mit Misserfolgen umgehen und kreativ nach neuen Lösungswegen suchen. Dies ist nur möglich, wenn sie zeitvergessen arbeiten können, also lange Freiarbeitsblöcke existieren.

Parallel zum Erwerb kognitiven Wissens wird die Sozialkompetenz geschult und ausgebaut. Besonders deutlich ist dies bei Marcel und Ilias, aber auch bei Lisa und Jens: Die Kinder gehen wie selbstverständlich mit den Bedürfnissen des Partners um. Stärken, Schwächen und Charakterzüge werden registriert, akzeptiert und respektiert. Sie lernen, um Hilfe zu bitten und Hilfe anzunehmen. Bei der Präsentation von Ergebnissen bauen sie ihr Selbstbewusstsein auf – sei es im kleinen Freundeskreis, wenn sie zeigen, wie sie eine Glühlampe zum Leuchten bringen, oder bei einem Vortrag vor der ganzen Klasse. Sie lernen mit Kritik umzugehen und Kritik wohlwollend auszusprechen (vgl. Beispiel der Plakat-Präsentation von Ricardo und Mats im Teil A, Kapitel 2). Sie werden Teil einer sozialen Gemeinschaft.

»Aber der Studiengegenstand ist der Mensch selbst«
(Montessori 1976:129)

4. Formen der Leistungsdokumentation

»Die Lehrerin muss sich durch die Methode und nicht durch den Inhalt vorbereiten. Und schließlich muss sie sich mehr durch Eigenschaften als durch Bildung auszeichnen.« (Montessori 1976: 125)

Nahezu jeder Erzieher und jeder Lehrer entwickelt im Laufe seines Berufslebens ein eigenes System, mit dem er Leistungsbeobachtungen und -messungen dokumentiert. Die vielfältigen individuellen Formen und Ideen sind in der Regel Verfeinerungen des in der Einrichtung geltenden Dokumentationssystems. Welches auch gewählt wird: Wichtig ist vor allem, dass das System den Anwendern Sicherheit bei der Begründung ihrer Leistungsbewertungen gibt. Eine solche Dokumentation sollte deshalb grundsätzlich ...

Anforderungen an die Leistungsdokumentation

1. ... so aussagekräftig sein, dass sie als Basis für Elterngespräche und Leistungsberichte dienen kann.
2. ... nicht nur die Kompetenzen aus der vorgegebenen Bildungsdokumentation des Kinderhauses oder des Fächerkanons der Schule wiedergeben, sondern auch umfangreiche Aussagen über das kindliche Arbeits- und Sozialverhalten enthalten.

Besonders für Kinder mit sonderpädagogischem Förderbedarf ist eine lückenlose und aussagekräftige Dokumentation des Arbeits- und Sozialverhaltens wichtig, um auftretende Defizite in Wahrnehmungsbereichen frühzeitig erkennen und darauf reagieren zu können.

Im Folgenden werden schulische Dokumentationsformen vorgestellt, die eine Leistungserfassung nach den zwei oben angeführten Grundvoraussetzungen ermöglichen. Sie sollen als Anregung dienen und können selbstverständlich individuell angepasst werden. Ordner und Hängeregister eignen sich beispielsweise in leicht abgewandelter Form auch für die Arbeit im Kinderhaus. Auf inhaltlich vorstrukturierte Pensenpläne verzichtet dieses Buch. Obwohl sie zwar meist eine klare und differenzierte Übersicht über kognitive Kompetenzen bieten, vernachlässigen sie nämlich das Arbeits- und Sozialverhalten des Kindes. Sie folgen eher einer statischen Dokumentationssystematik und lassen somit dem einzelnen Kind wenig Freiheit, eigenen Interessen nachzugehen und Aufgaben selbstständig zu planen und umzusetzen.

4.1 Ordner oder Hängeregister für jedes einzelne Kind

Ordner und Hängeregister als Form konkreter Dokumentation

In regelmäßigen Abständen notiert der Lehrer für jedes Kind Beobachtungen aus der Freiarbeit auf Din-A-4-Zetteln, die er in Ordnern oder in einer Hängeregistratur abheftet. Sinnvoll ist es, diese Beobachtungen mit Datum zu versehen, damit der Lernprozess nachvollzogen werden kann. Je konkreter Bezug auf erworbene Kompetenzen genommen wird bzw. je detaillierter Schwierigkeiten beschrieben werden, desto fundierter lässt sich bei Elterngesprächen argumentieren und umso leichter fällt es, diese Beobachtungen in aussagekräftige Berichte über das Lernverhalten und den Lernzuwachs für die Zeugnisse zu formulieren. Auch eine Klassenübergabe ist so leichter umzusetzen.

Sammeln von Arbeitsergebnissen

Darüber hinaus empfiehlt es sich, in den Ordnern oder Hängemappen auch kopierte Arbeitsergebnisse der Kinder aus der Freiarbeit und Notizen zu Reflexionsgesprächen mit dem Kind zu sammeln, z. B. Fotos der angeordneten Kärtchen nach den Selbstreflexionsgesprächen mit dem Struktur-Lege-Verfahren oder Fotos eines gelegten Kompetenzsterns (vgl. Kapitel 5).

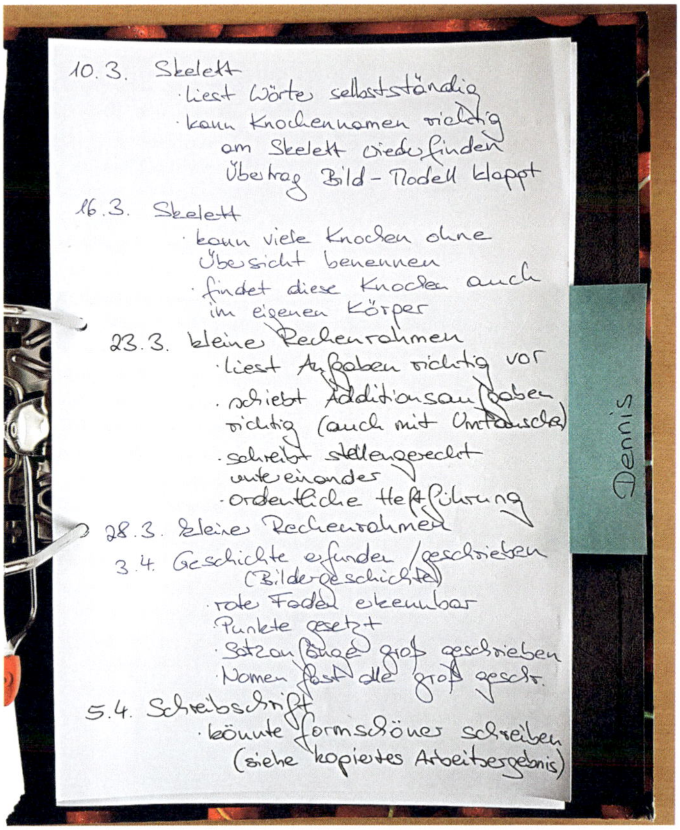

Foto 146: Ordner mit detaillierten Beobachtungen für jedes Kind

4.2 Individuelles Testatheft mit Übersichten über Kompetenzbereiche

Individuelles Testatheft und Kompetenzbereiche

In individuellen Testatheften werden Arbeitsproben und Arbeitsergebnisse der Kinder gesammelt. Um den Überblick über den angestrebten Kompetenzerwerb im Schuljahr zu behalten, können die Testathefte mit Übersichten zu den Kompetenzübersichten des jeweiligen Schuljahres vervollständigt werden.

Sammeln von Arbeitsproben

Für jedes Kind wird zu Beginn des Schuljahres ein DIN A4 Heft mit blinden Seiten (nicht liniert, nicht kariert) angelegt. Die leeren Seiten werden nach und nach mit Arbeitsproben (Testaten) der Kinder gefüllt. Indem die Lehrerin sich in der Freiarbeit neben die Kinder setzt und diese eine Aufgabe rechnen, einen Text lesen, geometrische Körper bestimmen, einen Versuch durchführen und die Beobachtungen deuten und dokumentieren lässt u. v. m., sammelt sie Testate, die sie in das Heft einklebt. Da die Kinder an unterschiedlichen Aufgaben dieselbe Kompetenz erwerben können, werden die Testatheften der Kinder sich ähneln, aber nie dieselben sein. Neben den Arbeitsproben können in den Testatheften noch Beobachtungen zum Arbeitsverhalten, Lösungsweg usw. notiert werden.

Auf den letzten Seiten des Testatheftes befindet sich eine Übersicht über die angestrebten Kompetenzen des entsprechenden Schuljahres (vgl. nachfolgende Tabellen »Exemplarische Übersicht über Kompetenzbereiche des 1. Schuljahres« usw.)

Vorgehen mit Kompetenzübersichten

Eine Übersicht über Kompetenzbereiche listet für jedes Schuljahr in Tabellenform ausgewählte Kompetenzen auf, die die Schülerinnen und Schüler laut Lehrplan (hier am Beispiel Nordrhein-Westfalens) erwerben sollen. Welche Kompetenzen das sind, beschließt das Kollegium anhand des schulinternen Curriculums bzw. der Schwerpunkte im *Quali-*

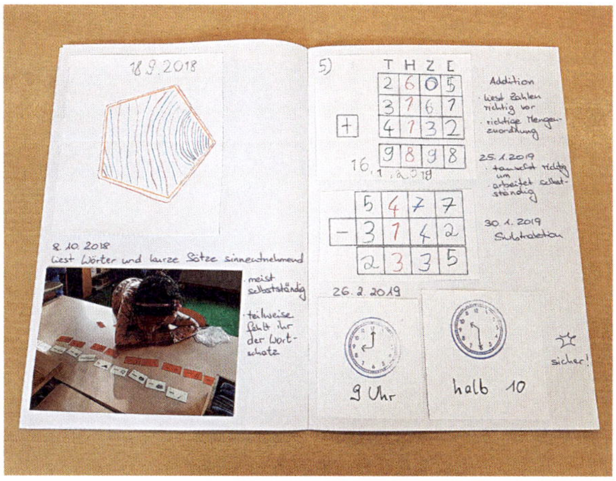

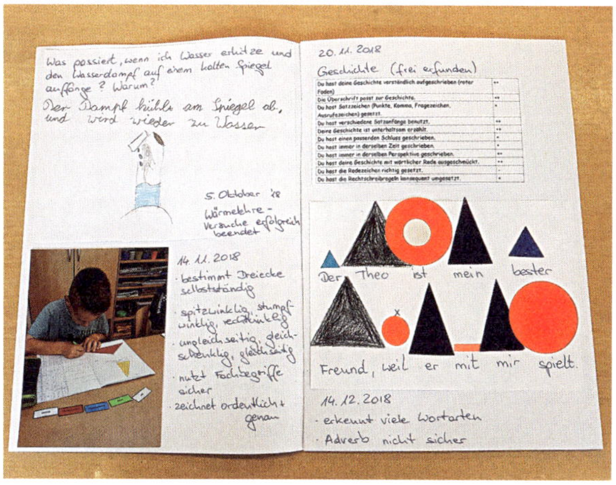

Foto 147/148: Testatheft eines Erst- bzw. Drittklässlers

tätstableau[1]. Die Übersichten kann der Lehrer kontinuierlich über ein Schuljahr führen. In regelmäßigen Abständen überprüft er, welche der aufgelisteten Kompetenzen das Kind auf welchem Niveau erworben hat. Entsprechend wird das Kästchen mit einem, zwei oder drei Sternen unterhalb der Kompetenz markiert.

Die Übersichten über Kompetenzbereiche können eine Unterstützung und Hilfestellung für den Lehrer sein. Sie lassen aber keinen Platz für individuelle Beobachtungen. Diese müssten im Testatheft neben das jeweilige Arbeitsergebnis notiert werden.

Die Testathefte dienen, wie die individuellen Beobachtungen und Arbeitsproben des Kindes im Hängeregister, als Grundlage für Fachgespräche in Teamsitzungen mit Fach- oder Sonderschullehrern. Sie können auch zur visuellen Darstellung der Leistungen des Kindes bei Elterngesprächen genutzt werden. Die Übersicht der Kompetenzbereiche alleine birgt in sich die Gefahr, dass Eltern die Kompetenzbereiche von ihren Kindern »abarbeiten« lassen möchten, was einer Entwicklungspädagogik wie der von Maria Montessori zuwiderläuft.

1 Das Qualitätstableau ist ein Instrument zur schulischen Qualitätsentwicklung und -sicherung in einzelnen Bundesländern, wie z. B. Nordrhein-Westfalen und Bayern.

Exemplarische Übersicht über Kompetenzbereiche des 1. Schuljahres (1. Seite)										Name:								
Arbeitsverhalten	arbeitet konzentriert			zeigt Anstrengungsbereitschaft und Initiative			wählt selbstständig Arbeiten aus			bearbeitet Aufgaben			bearbeitet Arbeiten			geht mit Arbeitsmaterial ordentlich um		
	kurze Arbeitsspanne		lange Arbeitsspanne				leichte Arbeiten		angemessene Arbeiten	vollständig		sorgfältig	benötigt viel Zeit		in angemessenem Zeitraum			
	*	**	***	*	**	***	*	**	***	*	**	***	*	**	***	*	**	***
Sozialverhalten	nimmt Aufgaben und Pflichten für die Gemeinschaft wahr			hält vereinbarte Regeln der Gemeinschaft ein			begegnet Anderen mit Respekt und Höflichkeit			löst Konflikte mit friedlichen Mitteln			Kritik			Hilfe			arbeitet konstruktiv in Partner- und Gruppenarbeit		
													äußert Kritik sachlich		setzt sich mit Kritik angemessen auseinander	bietet Hilfe an		nimmt Hilfe an			
	*	**	***	*	**	***	*	**	***	*	**	***	*	**	***	*	**	***	*	**	***
Deutsch	kennt und beachtet Gesprächsregeln			beteiligt sich an Gesprächen			schreibt formklar in Druckschrift			Verfasst eigene			schreibt lautgetreu			liest kurze Texte sinnentnehmend			wählt Texte zum eigenen Lesen aus		
										Sätze		kleine Texte									
	*	**	***	*	**	***	*	**	***	*	**	***	*	**	***	*	**	***	*	**	***
Mathematik	kann Zahlen bis 20			erkennt Zahleigenschaften			Zahlenraum bis 20						findet eigene Lösungswege					
													*		**		***	
	darstellen	zerlegen	bündeln				Addition			Subtraktion			erkennt mathematische Zusammenhänge			erklärt mathematische Zusammenhänge		
	*	**	***	*	**	***	*	**	***	*	**	***	*	**	***	*	**	***
	beschreibt Raum-Lage-Beziehungen			beschreibt Eigenschaften von Formen			hat Grundvorstellungen zu Geldwerten gewonnen						vergleicht und ordnet Geldwerte					
	*	**	***	*	**	***	*		**		***		*		**		***	
Sachunterricht	arbeitet an Sachthemen			führt Aufgaben und Zeichnungen			beteiligt sich an Gesprächsrunden						folgt Expertenvorträgen aktiv zuhörend					
	eigenständig		ausdauernd	vollständig aus		sorgfältig aus	themenbezogen und interessiert			bringt eigenes Wissen ein								
	*	**	***	*	**	***	*		**		***		*		**		***	
Englisch	lässt sich auf einsprachigen Unterricht ein			versteht einfache Erklärungen und Aufforderungen			Lieder			antwortet mit			gibt Teilaspekte des Gehörten auf Deutsch wieder			spricht verständlich		
							singt mit		führt Bewegungen aus	Einwortsätzen	Gestik	Mimik				Wörter		Redewendungen
	*	**	***	*	**	***	*	**	***	*	**	***	*	**	***	*	**	***
Kunst	zeigt			setzt Aufgabenstellungen angemessen um			gestaltet individuelle und ausdrucksstarke Ergebnisse						arbeitet mit Werkzeugen und Material					
	Neugier	Offenheit	Experimentierfreude										ordentlich			sorgfältig		
	*	**	***	*	**	***	*		**		***		*		**		***	

Exemplarische Übersicht über Kompetenzbereiche des 1. Schuljahres (2.Seite) | Name:

Musik	beteiligt sich engagiert an den Gesprächen des Musikunterrichts			kann erarbeitete Lieder auswendig mitsingen			erkennt Rhythmen und kann sie wiedergeben			begleitet Musikstücke angemessen mit Rhythmusinstrumenten		
	*	**	***	*	**	***	*	**	***	*	**	***

Sport	zeigt Einsatzbereitschaft im Sportunterricht			führt Bewegungen koordiniert aus			verhält sich bei Mannschaftsspielen			Spielregeln und Absprachen		
							fair		achtsam	kann sie wiedergeben		beachtet sie
	*	**	***	*	**	***	*	**	***	*	**	***

Religion	beteiligt sich interessiert und lässt sich auf religiöse und/oder ethische Fragestellungen ein			bringt eigene Ideen ein			gibt biblische Texte wieder		
	*	**	***	*	**	***	*	**	***

Exemplarische Übersicht über Kompetenzbereiche des 2. Schuljahres (1. Seite)	Name:

Arbeitsverhalten	arbeitet konzentriert			zeigt Anstrengungsbereitschaft und Initiative			wählt selbstständig Arbeiten aus			bearbeitet Aufgaben			bearbeitet Arbeiten			geht mit Arbeitsmaterial ordentlich um		
	kurze Arbeitsspanne		lange Arbeitsspanne				leichte Arbeiten		angemessene Arbeiten	vollständig		sorgfältig	benötigt viel Zeit		in angemessenem Zeitraum			
	*	**	***	*	**	***	*	**	***	*	**	***	*	**	***	*	**	***

Sozialverhalten	nimmt Aufgaben und Pflichten für die Gemeinschaft wahr			hält vereinbarte Regeln der Gemeinschaft ein			begegnet Anderen mit Respekt und Höflichkeit			löst Konflikte mit friedlichen Mitteln			Kritik			Hilfe			arbeitet konstruktiv in Partner- und Gruppenarbeit		
													äußert Kritik sachlich		setzt sich mit Kritik angemessen auseinander	bietet Hilfe an		nimmt Hilfe an			
	*	**	***	*	**	***	*	**	***	*	**	***	*	**	***	*	**	***	*	**	***

Deutsch	kennt und beachtet Gesprächsregeln			beteiligt sich themenbezogen an Gesprächen			spricht verständlich in			schreibt			schreibt kurze Texte verständlich auf		
							angemessenem Tempo		angemessener Lautstärke	formklar		bewegungsrichtig			
	*	**	***	*	**	***	*	**	***	*	**	***	*	**	***

Deutsch	liest kurze Texte / beantwortet Fragen zum Text			wählt altersgemäße Texte zum eigenen Lesen aus			liest Texte in angemessenem Tempo		
	*	**	***	*	**	***	*	**	***

Deutsch	schreibt bekannte Texte mit überwiegend lautgetreuen Wörtern fehlerfrei ab			nutzt Abschreibtechniken			wendet erste erarbeitete Rechtschreibregeln an		
							Wortgrenzen / Großschreibung nach Satzschlusszeichen	Endungen	Buchstabenverbindungen
	*	**	***	*	**	***	*	**	***

Mathematik	kann Zahlen bis 100			erkennt Zahleigenschaften			Zahlenraum bis 100			Einspluseins automatisiert			Einmaleins			Findet eigene Lösungswege		
	darstellen	zerlegen	bündeln				Addition		Subtraktion				löst Aufgaben		löst Umkehraufgaben			
	*	**	***	*	**	***	*	**	***	*	**	***	*	**	***	*	**	***

Mathematik	kennt die geometrischen Grundformen			hat Grundvorstellungen gewonnen zu			misst, vergleicht und ordnet Größen			kann Größen			löst einfache Sachaufgaben			erkennt mathematische Zusammenhänge			erklärt mathematische Zusammenhänge		
				Geld	Zeit	Länge				mit ihnen rechnen		Umwandeln									
	*	**	***	*	**	***	*	**	***	*	**	***	*	**	***	*	**	***	*	**	***

Sachunterricht	arbeitet an Sachthemen			führt Aufgaben und Zeichnungen			beteiligt sich an Gesprächsrunden			folgt Expertenvorträgen aktiv zuhörend			führt Experimente aktiv durch		
	eigenständig		ausdauernd	vollständig aus		sorgfältig aus	themenbezogen und interessiert		bringt eigenes Wissen ein						
	*	**	***	*	**	***	*	**	***	*	**	***	*	**	***

Exemplarische Übersicht über Kompetenzbereiche des 2. Schuljahres (2. Seite)	Name:

Englisch	versteht einfache Erklärungen und Aufforderungen			erkennt einzelne Wörter und Wortfolgen wieder			Lieder			spielt kurze, geübte Dialoge nach			überträgt Wörter von der Tafel oder aus Textvorlagen			übersetzt einen Arbeitsauftrag oder eine Spielanleitung auf Deutsch			spricht verständlich			bildet einfache Sätze		
							singt mit	führt Bewegungen aus											geübte Wörter	Redewendungen				
	*	**	***	*	**	***	*	**	***	*	**	***	*	**	***	*	**	***	*	**	***	*	**	***

Kunst	zeigt			setzt Aufgabenstellungen angemessen um			gestaltet individuelle und ausdrucksstarke Ergebnisse			arbeitet mit Werkzeugen und Material			kann Gestaltungsprozesse		
	Neugier	Offenheit	Experimentierfreude							ordentlich		sorgfältig	beschreiben		reflektieren
	*	**	***	*	**	***	*	**	***	*	**	***	*	**	***

Musik	beteiligt sich engagiert an den Gesprächen des Musikunterrichts			kann erarbeitete Lieder auswendig mitsingen			erkennt Rhythmen und kann sie wiedergeben			begleitet Musikstücke angemessen mit Rhythmusinstrumenten		
	*	**	***	*	**	***	*	**	***	*	**	***

Sport	zeigt Einsatzbereitschaft im Sportunterricht			führt Bewegungen koordiniert aus			verhält sich bei Mannschaftsspielen			Spielregeln und Absprachen		
							fair		achtsam	kann sie wiedergeben		beachtet sie
	*	**	***	*	**	***	*	**	***	*	**	***

Religion	beteiligt sich interessiert und lässt sich auf religiöse und/oder ethische Fragestellungen ein			bringt eigene Ideen ein			gibt biblische Texte wieder		
	*	**	***	*	**	***	*	**	***

Exemplarische Übersicht über Kompetenzbereiche des 3. Schuljahres (1. Seite)															Name:						
Arbeits-verhalten	arbeitet konzentriert			zeigt Anstrengungs-bereitschaft und Initiative			wählt selbstständig Arbeiten aus			bearbeitet Aufgaben			bearbeitet Arbeiten			geht mit Arbeitsmaterial ordentlich um					
	kurze Arbeits-spanne	lange Arbeits-spanne					leichte Arbeiten	angemes-sene Arbeiten		vollständig	sorgfältig		benötigt viel Zeit	in angemes-senem Zeitraum							
	*	**	***	*	**	***	*	**	***	*	**	***	*	**	***	*	**	***			
Sozial-verhalten	nimmt Aufgaben und Pflichten für die Gemeinschaft wahr			hält vereinbarte Regeln der Gemeinschaft ein			begegnet Anderen mit Respekt und Höflichkeit			löst Konflikte mit friedlichen Mitteln			Kritik			Hilfe			arbeitet konstruktiv in Partner- und Gruppenarbeit		
													äußert Kritik sachlich	setzt sich mit Kritik angemes-sen aus-einander		bietet Hilfe an	nimmt Hilfe an				
	*	**	***	*	**	***	*	**	***	*	**	***	*	**	***	*	**	***	*	**	***

Deutsch	kennt und beachtet Gesprächsregeln			vertritt die eigene Position sachlich und übt konstruktive Kritik			beteiligt sich themenbezogen an Gesprächen			beschreibt Sachverhalte präzise, mit differenzierten Wortschatz			schreibt					
													zügig	gut lesbarer, ordentlich				
	*	**	***	*	**	***	*	**	***	*	**	***	*	**	***			
	verfasst unterschiedliche Textsorten			wendet grundlegende sprachliche Mittel an			überarbeitet eigene Texte			spricht über die Wirkung von Sprache			verwendet grundlegende Fachbegriffe					
	Geschichten	Briefe	Gedichte										Wortebene	Satzebene				
	*	**	***	*	**	***	*	**	***	*	**	***	*	**	***			
	versteht schriftl. Arbeitsanweisungen und setzt sie eigenständig um			findet im Text gezielt Informationen und kann sie wiedergeben			liest Texte Sinn gestaltend um			liest Texte in angemessenem Tempo			trägt Texte auswendig vor			nutzt verschiedene Medien		
	*	**	***	*	**	***	*	**	***	*	**	***	*	**	***	*	**	***
	schreibt ab			wendet erarbeitete Rechtschreibregeln an						korrigiert eigene Texte								
	methodisch sinnvoll	korrekt		In entsprechenden Übungen			In freien Texten											
	*	**	***	*	**	***	*	**	***	*	**	***						

Exemplarische Übersicht über Kompetenzbereiche des 3. Schuljahres (2. Seite) | Name:

Mathematik

Umgang mit Problemstellungen			mathematische Zusammenhänge			findet Lösungswege		
erkennt sie	kann sie erklären		erkennt sie	begründet sie		Text	Skizze	Tabelle
*	**	***	*	**	***	*	**	***

kann Zahlen bis 1000			rechnet im Zahlenraum 1000			Automatisiertes Einmaleins			schriftliches Rechenverfahren der Addition			schriftliches Rechenverfahren der Subtraktion		
darstellen	bündeln	zerlegen	mündlich	halbschriftlich		Multiplikation	Umkehr-aufgaben							
*	**	***	*	**	***	*	**	***	*	**	***	*	**	***

hat ein räumliches Vorstellungsvermögen entwickelt			geometrische Körper			symmetrische Figuren			zeichnet sorgfältig mit Hilfsmitteln (Lineal, Geodreieck)		
			erkennt und benennt sie	stellt sie her		erkennt und benennt sie	zeichnet sie				
*	**	***	*	**	***	*	**	***	*	**	***

misst, vergleicht und ordnet Größen			kann Größen von vertrauten Objekten angeben und sie als Bezugsgröße nutzen			stellt Größenangaben in unterschiedlicher Schreibweise dar			kann Größen			löst einfache Sachaufgaben		
									Umwandeln	mit ihnen rechnen				
*	**	***	*	**	***	*	**	***	*	**	***	*	**	***

Sachunterricht

arbeitet an Sachthemen			führt Aufgaben und Zeichnungen			beteiligt sich an Gesprächsrunden			folgt Expertenvorträgen aktiv zuhörend			führt Experimente durch			dokumentiert Versuchsergebnisse		
eigen-ständig	ausdauernd		vollständig aus	sorgfältig aus		themen-bezogen und interessiert	bringt eigenes Wissen ein								über-sichtlich	sachlich richtig	
*	**	***	*	**	***	*	**	***	*	**	***	*	**	***	*	**	***

Englisch

versteht einfache mündliche Erklärungen und Aufforderungen			Unterrichtsgespräch			versteht einfache schriftliche Erklärungen und Aufforderungen			spricht korrekt			bildet einfache Sätze		
			aktive Beteiligung	trägt einfache Texte vor					Wörter	Rede-wendungen				
*	**	***	*	**	***	*	**	***	*	**	***	*	**	***

Kunst

zeigt			setzt Aufgabenstellungen angemessen um			gestaltet individuelle und ausdrucksstarke Ergebnisse			arbeitet mit Werkzeugen und Material			kann Gestaltungsprozesse		
Neugier	Offenheit	Experi-mentier-freude							ordentlich	sorgfältig		beschreiben	reflektieren	
*	**	***	*	**	***	*	**	***	*	**	***	*	**	***

<table>
<tr><td colspan="10">Exemplarische Übersicht über Kompetenzbereiche des 3. Schuljahres (3. Seite)</td><td colspan="6">Name:</td></tr>
<tr><td rowspan="3">Musik</td><td colspan="3" rowspan="2">beteiligt sich engagiert an den Gesprächen des Musikunterrichts</td><td colspan="3" rowspan="2">kann erarbeitete Lieder auswendig mitsingen</td><td colspan="3">gestaltet den eigenen Gesang</td><td colspan="3" rowspan="2">erkennt Rhythmen und kann sie wiedergeben</td><td colspan="3" rowspan="2">begleitet Musikstücke angemessen mit Rhythmusinstrumenten</td></tr>
<tr><td>in Laut-
stärke</td><td>in Ausdruck</td><td>in Tempo</td></tr>
<tr><td>*</td><td>**</td><td>***</td><td>*</td><td>**</td><td>***</td><td>*</td><td>**</td><td>***</td><td>*</td><td>**</td><td>***</td><td>*</td><td>**</td><td>***</td></tr>
<tr><td rowspan="3">Sport</td><td colspan="3" rowspan="2">zeigt Einsatzbereitschaft im Sportunterricht</td><td colspan="3" rowspan="2">führt Bewegungen koordiniert aus</td><td colspan="3">verhält sich bei Mannschaftsspielen</td><td colspan="3">Spielregeln und Absprachen</td><td colspan="3" rowspan="2"></td></tr>
<tr><td colspan="2">fair</td><td>achtsam</td><td colspan="2">kann sie wiedergeben</td><td>beachtet sie</td></tr>
<tr><td>*</td><td>**</td><td>***</td><td>*</td><td>**</td><td>***</td><td>*</td><td>**</td><td>***</td><td>*</td><td>**</td><td>***</td><td></td><td></td><td></td></tr>
<tr><td rowspan="3">Religion</td><td colspan="3" rowspan="2">beteiligt sich interessiert und lässt sich auf religiöse und/oder ethische Fragestellungen ein</td><td colspan="3">biblische Texte</td><td colspan="3" rowspan="2">zeigt die Fähigkeit sich zu religiösen Themen in verschiedenen Formen auszudrücken</td><td colspan="3" rowspan="2">versteht die Bedeutung von bildhafter Sprache</td><td colspan="3" rowspan="2"></td></tr>
<tr><td colspan="2">gibt sie wieder</td><td>stellt Verbindung zum eigenen Leben her</td></tr>
<tr><td>*</td><td>**</td><td>***</td><td>*</td><td>**</td><td>***</td><td>*</td><td>**</td><td>***</td><td>*</td><td>**</td><td>***</td><td></td><td></td><td></td></tr>
</table>

Exemplarische Übersicht über Kompetenzbereiche des 4. Schuljahres (1. Seite)	Name:

Arbeitsverhalten	arbeitet konzentriert: kurze Arbeitsspanne / lange Arbeitsspanne	zeigt Anstrengungsbereitschaft und Initiative	wählt selbstständig Arbeiten aus: leichte Arbeiten / angemessene Arbeiten	bearbeitet Aufgaben: vollständig / sorgfältig	bearbeitet Arbeiten: benötigt viel Zeit / in angemessenem Zeitraum	geht mit Arbeitsmaterial ordentlich um
	* / ** / ***	* / ** / ***	* / ** / ***	* / ** / ***	* / ** / ***	* / ** / ***

Sozialverhalten	nimmt Aufgaben und Pflichten für die Gemeinschaft wahr	hält vereinbarte Regeln der Gemeinschaft ein	begegnet Anderen mit Respekt und Höflichkeit	löst Konflikte mit friedlichen Mitteln	Kritik: äußert Kritik sachlich / setzt sich mit Kritik angemessen auseinander	Hilfe: bietet Hilfe an / nimmt Hilfe an	arbeitet konstruktiv in Partner- und Gruppenarbeit
	* / ** / ***	* / ** / ***	* / ** / ***	* / ** / ***	* / ** / ***	* / ** / ***	* / ** / ***

Deutsch					
	kennt und beachtet Gesprächsregeln	vertritt die eigene Position sachlich und übt konstruktive Kritik	beteiligt sich themenbezogen an Gesprächen	beschreibt Sachverhalte präzise, mit differenzierten Wortschatz	schreibt: zügig / gut lesbarer, ordentlich
	* / ** / ***	* / ** / ***	* / ** / ***	* / ** / ***	* / ** / ***
	verfasst unterschiedliche Textsorten: Geschichten / Briefe / Gedichte	wendet vielfältige sprachliche Mittel an	überarbeitet eigene Texte	spricht über die Wirkung von Sprache	verwendet grundlegende Fachbegriffe: Wortebene / Satzebene
	* / ** / ***	* / ** / ***	* / ** / ***	* / ** / ***	* / ** / ***

Deutsch	versteht schriftl. Arbeitsanweisungen und setzt sie eigenständig um	findet im Text gezielt Informationen und kann sie wiedergeben	liest Texte Sinn gestaltend um	liest Texte in angemessenem Tempo	trägt Texte auswendig vor	nutzt verschiedene Medien
	* / ** / ***	* / ** / ***	* / ** / ***	* / ** / ***	* / ** / ***	* / ** / ***

Deutsch	schreibt ab: methodisch sinnvoll / korrekt	wendet erarbeitete Rechtschreibregeln an: In entsprechenden Übungen	wendet erarbeitete Rechtschreibregeln an: In freien Texten	korrigiert eigene Texte
	* / ** / ***	* / ** / ***	* / ** / ***	* / ** / ***

Exemplarische Übersicht über Kompetenzbereiche des 4. Schuljahres (2. Seite) | Name:

Mathematik

Umgang mit Problemstellungen			mathematische Zusammenhänge			findet Lösungswege		
erkennt sie	kann sie erklären		erkennt sie	begründet sie		Text	Skizze	Tabelle
*	**	***	*	**	***	*	**	***

kann Zahlen bis 1000000			rechnet im Zahlenraum 1000000				beherrscht die schriftlichen Rechenverfahren zur				hat die Fertigkeiten im schnellen Rechnen ausgebaut			
darstellen	bündeln	zerlegen	mündlich		halbschriftlich		Addition	Subtraktion	Multiplikation	Division				
*	**	***	*	**	***	*	**	***	*	**	***	*	**	***

untersucht und benennt ebene Figuren	bestimmt von ebene Figuren		verändert ebene Figuren maßstabsgetreu		stellt Modelle von Körpern her		bestimmt den Rauminhalt von Würfelgebäuden	zeichnet symmetrische Figuren und nutzt die Eigenschaften der Achsensymmetrie		zeichnet sorgfältig mit Hilfsmitteln (Lineal, Geodreieck)	
	den Umfang	den Flächeninhalt									
*	**	***	*	**	***	*	**	***	*	**	***

misst, vergleicht und ordnet Größen			kann Größen von vertrauten Objekten angeben und sie als Bezugsgröße nutzen			stellt Größenangaben in unterschiedlicher Schreibweise dar			kann Größen			löst einfache Sachaufgaben			versteht und nutzt		
									umwandeln	mit ihnen rechnen					Diagramme	Tabellen	
*	**	***	*	**	***	*	**	***	*	**	***	*	**	***	*	**	***

Sachunterricht

arbeitet an Sachthemen			führt Aufgaben und Zeichnungen			beteiligt sich an Gesprächsrunden			folgt Expertenvorträgen aktiv zuhörend			führt Experimente selbstständig durch			dokumentiert Versuchsergebnisse			trägt selbsterarbeitete Sachthemen ansprechend vor		
eigenständig	ausdauernd		vollständig aus	sorgfältig aus		themenbezogen und interessiert	bringt eigenes Wissen ein								übersichtlich	sachlich richtig				
*	**	***	*	**	***	*	**	***	*	**	***	*	**	***	*	**	***	*	**	***

Englisch

versteht mündliche Erklärungen und Aufforderungen			beteiligt sich mit wachsendem Wortschatz an Unterrichtsgesprächen			trägt Texte vor			versteht einfache schriftliche Arbeitsanweisungen und setzt sie um			schreibt mit Hilfe von Vorlagen			spricht zunehmend korrekt aus		
einfache	komplexe					mit bekanntem Wortmaterial	Rollenspiele					Wörter	kurze Sätze		vertraute Wörter	vertraute Redewendungen	
*	**	***	*	**	***	*	**	***	*	**	***	*	**	***	*	**	***

<table>
<tr><td colspan="1">Exemplarische Übersicht über Kompetenzbereiche des 4. Schuljahres (3. Seite)</td><td colspan="60">Name:</td></tr>
<tr><td rowspan="3">Kunst</td><td colspan="12">zeigt</td><td colspan="12" rowspan="2">setzt Aufgabenstellungen angemessen um</td><td colspan="12" rowspan="2">gestaltet individuelle und ausdrucksstarke Ergebnisse</td><td colspan="12">arbeitet mit Werkzeugen und Material</td><td colspan="12">kann Gestaltungsprozesse</td></tr>
<tr><td colspan="4">Neugier</td><td colspan="4">Offenheit</td><td colspan="4">Experi-mentier-freude</td><td colspan="6">ordentlich</td><td colspan="6">sorgfältig</td><td colspan="6">beschreiben</td><td colspan="6">reflektieren</td></tr>
<tr><td colspan="4">*</td><td colspan="4">**</td><td colspan="4">***</td><td colspan="4">*</td><td colspan="4">**</td><td colspan="4">***</td><td colspan="4">*</td><td colspan="4">**</td><td colspan="4">***</td><td colspan="4">*</td><td colspan="4">**</td><td colspan="4">***</td><td colspan="4">*</td><td colspan="4">**</td><td colspan="4">***</td></tr>
<tr><td rowspan="3">Musik</td><td colspan="15" rowspan="2">beteiligt sich engagiert an den Gesprächen des Musikunterrichts</td><td colspan="15" rowspan="2">kann erarbeitete Lieder auswendig mitsingen</td><td colspan="15">gestaltet den eigenen Gesang</td><td colspan="15" rowspan="2">begleitet Musikstücke angemessen mit Rhythmusinstrumenten</td></tr>
<tr><td colspan="5">in Laut-stärke</td><td colspan="5">in Ausdruck</td><td colspan="5">in Tempo</td></tr>
<tr><td colspan="4">*</td><td colspan="4">**</td><td colspan="4">***</td><td colspan="4">*</td><td colspan="4">**</td><td colspan="4">***</td><td colspan="4">*</td><td colspan="4">**</td><td colspan="4">***</td><td colspan="4">*</td><td colspan="4">**</td><td colspan="4">***</td><td colspan="4">*</td><td colspan="4">**</td><td colspan="4">***</td></tr>
<tr><td rowspan="3">Sport</td><td colspan="15" rowspan="2">zeigt Einsatzbereitschaft im Sportunterricht</td><td colspan="15" rowspan="2">führt Bewegungen koordiniert aus</td><td colspan="15">verhält sich bei Mannschaftsspielen</td><td colspan="15">Spielregeln und Absprachen</td></tr>
<tr><td colspan="7">fair</td><td colspan="8">achtsam</td><td colspan="7">kann sie wiedergeben</td><td colspan="8">beachtet sie</td></tr>
<tr><td colspan="5">*</td><td colspan="5">**</td><td colspan="5">***</td><td colspan="5">*</td><td colspan="5">**</td><td colspan="5">***</td><td colspan="5">*</td><td colspan="5">**</td><td colspan="5">***</td><td colspan="5">*</td><td colspan="5">**</td><td colspan="5">***</td></tr>
<tr><td rowspan="3">Religion</td><td colspan="15" rowspan="2">beteiligt sich interessiert und lässt sich auf religiöse und/oder ethische Fragestellungen ein</td><td colspan="15">biblische Texte</td><td colspan="15" rowspan="2">zeigt die Fähigkeit sich zu religiösen Themen in verschiedenen Formen auszudrücken</td><td colspan="15" rowspan="2">versteht die Bedeutung von bildhafter Sprache</td></tr>
<tr><td colspan="7">gibt sie wieder</td><td colspan="8">stellt Verbindung zum eigenen Leben her</td></tr>
<tr><td colspan="5">*</td><td colspan="5">**</td><td colspan="5">***</td><td colspan="5">*</td><td colspan="5">**</td><td colspan="5">***</td><td colspan="5">*</td><td colspan="5">**</td><td colspan="5">***</td><td colspan="5">*</td><td colspan="5">**</td><td colspan="5">***</td></tr>
</table>

4.3 Lerntagebuch

In Lerntagebüchern dokumentieren die Kinder täglich ihre bearbeiteten Aufgaben.

Lerntagebuch zur täglichen Dokumentation

Das Lerntagebuch wird im Schulranzen aufbewahrt und bietet so im Gegensatz zu den Dokumentationen des Lehrers im Hängeregister oder dem Testtatheft des Kindes, auch den Eltern einen zeitnahen Überblick über gewählte Arbeiten ihrer Kinder. Allerdings werden im Lerntagebuch die Arbeiten zwar benannt, aber nicht bewertet. In ihm findet sich der Name oder die Beschreibung der bearbeiteten Aufgabe, aber keine differenzierte Bewertung des Lehrers wie im Hängeregister oder Testatheft. Auch ist die Arbeit und das Arbeitsergebnis selber nicht sichtbar wie im Testtatheft, so dass die Dokumentation keinen Aufschluss über die erfolgreiche oder weniger erfolgreiche Durchführung zulässt. Einige Lerntagebücher bieten die Möglichkeit einer Selbsteinschätzung. Diese bezieht sich aber auf das Arbeitsverhalten und nicht auf das Arbeitsergebnis.

An manchen Schulen obliegt das Führen des Lerntagebuchs allein den Schülern. Der Lehrer gibt Zeit zum Eintragen, kontrolliert aber weder auf Vollständigkeit noch auf Rechtschreibfehler. An anderen Schulen wird es in regelmäßigen Abständen (meist freitags) vom Lehrer kontrolliert. Er ergänzt fehlende Arbeiten oder genauere Angaben z. B. die Menge der Aufgaben (z. B. Nr. 2–5).

Ein Lerntagebuch kann in handelsüblichen Hausaufgabenheften geführt werden.

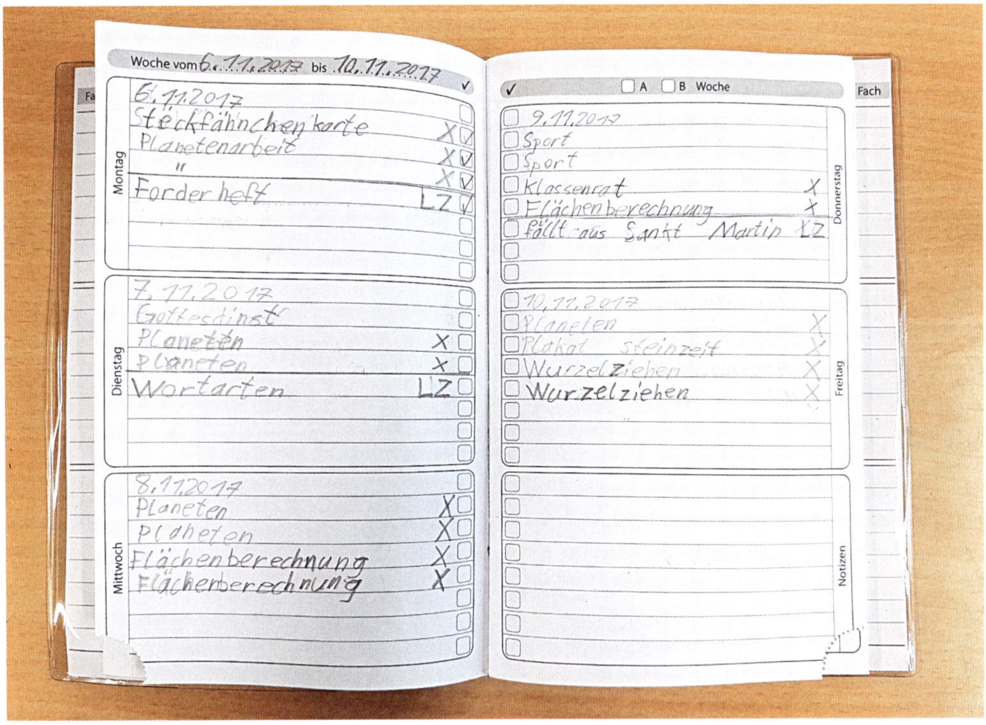

Foto 149: Handelsübliches Hausaufgabenheft, geführt als Lerntagebuch
Zeichenerklärung: X: Montessori-Freiarbeit LZ: Lernzeit am Nachmittag (im Rahmen des Offenen Ganztages)

Einige Schulen gestalten eigene Lerntagebücher, teilweise mit zusätzlichen Spalten zur Selbsteinschätzung durch den Schüler. Durch die Rückmeldung des Lehrers können sie ihre Einschätzung abgleichen. Im Folgenden drei Beispiele.

Lerntagebuch mit Wochenübersicht

Diese Variante wurde vom Lehrerkollegium der Münsterschule Bonn gestaltet. Eine Seite entspricht einer Schulwoche. Feste Termine wie Schulgottesdienst, Feiern oder freie Tage sind aufgelistet. In ein großes Feld schreiben die Kinder täglich ihre durchgeführten Arbeiten. Das untere Feld lässt sich variabel nutzen. Hier können Mitteilungen für die Eltern oder Mitteilungen der Eltern an den Lehrer notiert werden. Es kann ein Arbeitsauftrag für die Woche gegeben oder Beobachtungen zum Arbeits- und Sozialverhalten notieren werden.

6. Schulwoche

2.10. – 7.10.2017

Donnerstag Erntedank-Gottesdienst
Samstag Tag der offenen Tür

Lerntagebuch mit Tagesübersicht

Bei dieser Variante (ebenfalls von der Münsterschule Bonn) ist jede Seite des Lerntagebuchs in die fünf Wochentage unterteilt. Darüber bietet eine Extra-Zeile dem Lehrer die Möglichkeit, einen Arbeitsauftrag für die Woche zu erteilen. Ihre Arbeiten tragen die Kinder jeden Tag selbstständig ein. In der rechten schmalen Spalte haben sie zudem die Möglichkeit, eine Selbsteinschätzung über ihr Arbeitsverhalten vorzunehmen, indem sie das entsprechende Icon ankreuzen.

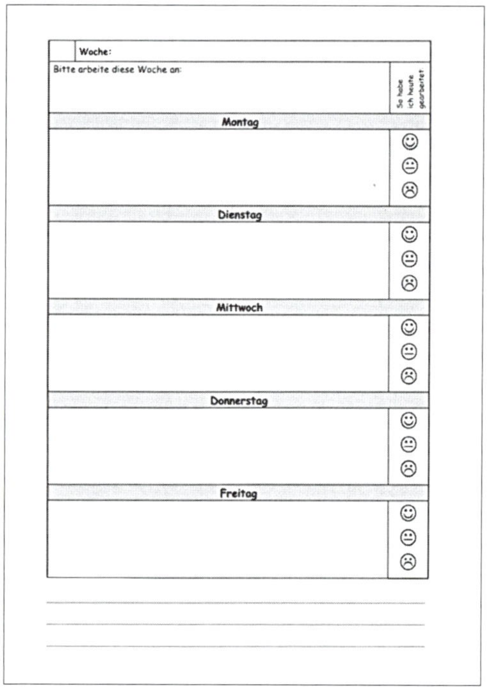

Woche:
Bitte arbeite diese Woche an:
So habe ich heute gearbeitet
Montag
Dienstag
Mittwoch
Donnerstag
Freitag

Lerntagebuch mit Tagesübersicht, Variante

Das gestaltete Lerntagebuch der Montessori-Schule Bonn-Dottendorf ist eine Variante des vorherigen Beispiels. Sie enthält links eine zusätzliche Spalte. In diese werden Seitenzahlen bearbeiteter Arbeitshefte eingetragen. Auf den freien Zeilen unten hat der Lehrer die Möglichkeit, eine Rückmeldung zum Arbeitsverhalten des Kindes zu geben. In der Fußzeile schließlich tragen die Kinder montags individuelle Wochenziele ein. Fünf vorgedruckte Füße können am Ende der Woche von dem Kind angemalt werden, um das Erreichen des gesetzten Ziels visuell zu verdeutlichen(1 angemaltes Füßchen = das gesetzte Wochenziel wurde kaum erreicht, 5 angemalte Füßchen = das Wochenziel wurde voll erreicht). Die Seite wird freitags bzw. am Wochenende sowohl vom Kind als auch von den Eltern unterzeichnet.

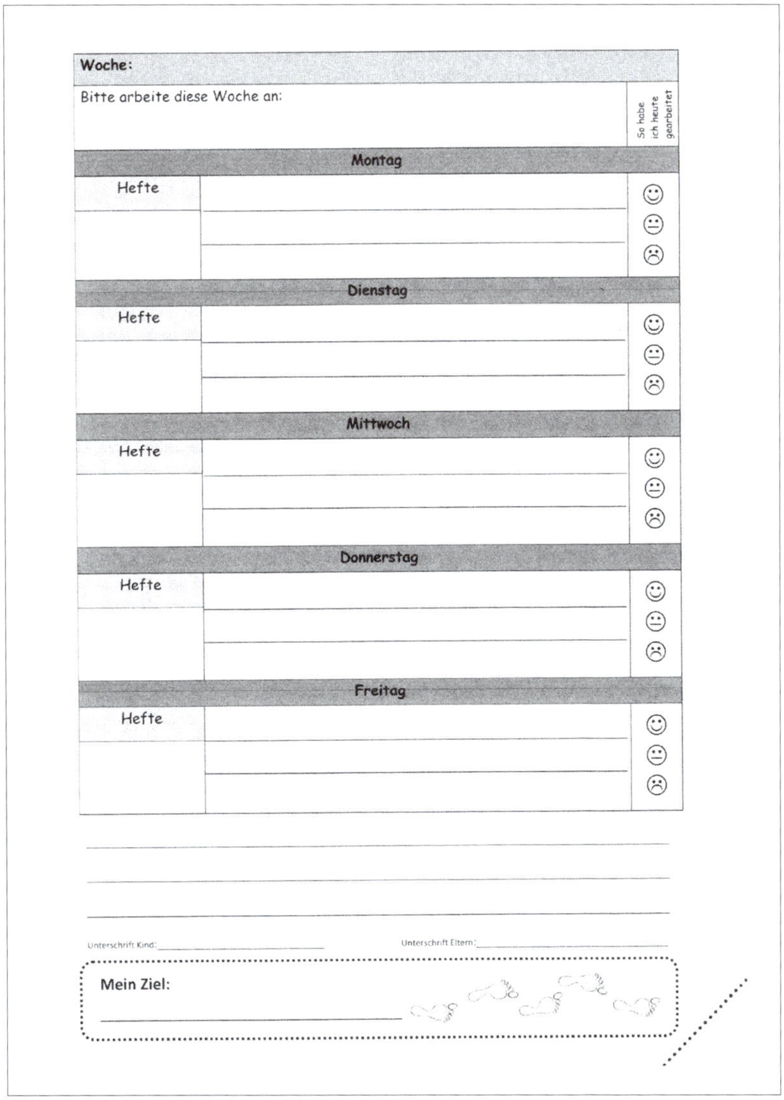

Woche:		
Bitte arbeite diese Woche an:		So habe ich heute gearbeitet
Montag		
Hefte		☺ 😐 ☹
Dienstag		
Hefte		☺ 😐 ☹
Mittwoch		
Hefte		☺ 😐 ☹
Donnerstag		
Hefte		☺ 😐 ☹
Freitag		
Hefte		☺ 😐 ☹

Unterschrift Kind: ______ Unterschrift Eltern: ______

Mein Ziel: ______

4.4 Logbuch

Ein Logbuch ist ein umfangreiches und um mehrere Informationsseiten zum Schulleben erweitertes Lerntagebuch. In den gebundenen Logbüchern der Don-Bosco-Montessori-Schule in Düsseldorf finden sich beispielsweise zu Beginn ...

Aufbau des Logbuches

- eine Seite, auf der das Kind Angaben zu seiner Person ausfüllt (»Das bin ich!«)
- Informationen zu Ansprechpartnern in der Schule und im Ganztag sowie zum Schulsozialarbeiter,
- die Schulregeln,
- das Schullied,
- der Stundenplan,
- eine Materialliste.

Dokumentation von Wochenzielen und erledigten Arbeiten

Den Hauptteil des Logbuches bilden die Seiten zur Dokumentation der Wochenziele und erledigten Arbeiten durch die Kinder. Diese Dokumentation kann so aufgebaut sein wie die bereits vorgestellten Lerntagebücher. Eine zweite Möglichkeit ist, sie wie einen Stundenplan zu gestalten. Für diese Variante hat sich die Don-Bosco-Schule in Düsseldorf entschieden:

Logbuch ✱ 1.Halbjahr 2018/19

Don - Bosco - Montessori - Schule ✱ Salierstr. 37 ✱ 40545 Dusseldorf

Meine Woche vom XX. - XX.XX.XXXX

Mein Wochenziel – Das nehme ich mir vor:

Daran habe ich diese Woche gearbeitet:

	Montag	Dienstag	Mittwoch	Donnerstag	Freitag
1.Stunde 8:15 - 9:00 Uhr					
2.Stunde 9:00 - 9:45 Uhr					
3.Stunde 9:45 - 10:30 Uhr	☺ 😐 ☹	☺ 😐 ☹	☺ 😐 ☹	☺ 😐 ☹	☺ 😐 ☹
4.Stunde 11:05 - 11:50 Uhr	☺ 😐 ☹	☺ 😐 ☹	☺ 😐 ☹	☺ 😐 ☹	☺ 😐 ☹
5.Stunde 11:55 - 12:40 Uhr	☺ 😐 ☹	☺ 😐 ☹	☺ 😐 ☹	☺ 😐 ☹	☺ 😐 ☹
6.Stunde 12:45 - 13:30 Uhr	☺ 😐 ☹	☺ 😐 ☹	☺ 😐 ☹	☺ 😐 ☹	☺ 😐 ☹

Konkrete Vorgehensweise

Da die ersten drei Stunden Freiarbeit als langer Arbeitsblock stattfinden, sind sie als durchgängiges Feld dargestellt und nicht weiter strukturiert. Erst nach der Pause, ab der vierten Stunde, findet ergänzender Unterricht statt, der in der tabellarischen Übersicht in einzelne Stunden unterteilt ist. Die Kinder formulieren Wochenziele, tragen ihre Arbeit pro Unterrichts- bzw. Freiarbeitseinheit ein und nehmen anschließend eine Selbsteinschätzung ihrer Leistung vor, indem sie das entsprechende Piktogramm ausmalen. Am Ende des Logbuches finden sich Vordrucke »Meine Lernberatung«, die als Grundlage für Lernberatungsgespräche dienen (eine solche Vorlage stellt das nächste Kapitel vor).

»Der Erfolg hängt vom Selbstvertrauen ab,
von der Kenntnis seiner eigenen Fähigkeiten
und deren vielerlei Anwendungsmöglichkeiten«
(Montessori 2015: 108)

5. Hilfe zur Selbstreflexion: Mit Kindern über Leistung sprechen

Nach Montessori sollen Kinder zur Unabhängigkeit geführt werden. Wichtige Meilensteine auf dem Weg dahin können Gespräche zur Selbstreflexion sein, die das Kind mit dem Lehrer führt. Ziel dieser Gespräche ist, dass die Kinder lernen, die eigene Leistung kritisch einzuschätzen (vgl. Winter 2004: 236). Sie sollen kompetent darin werden, ihre Arbeit realistisch zu bewerten und selbst zu entscheiden, was ihnen gelungen ist und woran sie noch arbeiten müssen. Bei der Selbstreflexion nehmen sie ihre Arbeit differenzierter unter die Lupe und entwickeln somit allmählich ein Verständnis für die Notwendigkeit einer kritischen Prüfung ihrer Leistungen.

Gespräche als Meilensteine

Aus Sicht der Entwicklungspsychologie entsteht die Fähigkeit zur Selbstreflexion ab ungefähr dem achten Lebensjahr. Dann ist ein Kind in der Lage, gegenüber seiner eigenen Leistung eine kritische Distanz einzunehmen und sie als »Sache an sich« zu bewerten, seine eigenen Handlungen also quasi von außen zu betrachten (vgl. Gerrig / Zimbardo 2008: 373 ff.). Um diese Fähigkeit zu entwickeln und einzuüben, benötigen Kinder Strukturierungshilfen.

Fähigkeit zur Selbstreflexion

Selbstreflexion mit dem Struktur-Lege-Verfahren

Eine solche Hilfe ist das *Struktur-Lege-Verfahren* (vgl. Scheele 1992), da es die Gesprächsinhalte zur Selbstreflexion visualisiert und strukturiert. Bei dieser Methode werden die einzelnen Arbeitsschritte des Kindes, die während des Gesprächs von ihm genannt werden, auf Kärtchen festgehalten und im weiteren Verlauf in eine sinnvolle Ordnung gebracht.

Ablauf

- Das Gespräch beginnt damit, dass das Kind seine Arbeit benennt. Hierbei kann es sich um die zuletzt gewählte Tätigkeit oder aber auch um mehrere Arbeiten über einen Zeitraum von z. B. einem Monat handeln. Zu bedenken ist dabei: Je jünger das Kind ist, desto rascher nach Beendigung der Arbeit und umso konkreter muss das Gespräch geführt werden.
- Als Nächstes beschreibt das Kind seinen Arbeitsprozess: Welches Material hat es benutzt? Welche Einzelübungen / Schritte hat es absolviert? Hier geht es darum, die Struktur der eigenen Arbeit zu reflektieren.
- Nun schätzt das Kind seine Leistung ein. Es äußert seine Meinung zum eigenen Lernen und beurteilt, inwiefern ihm die Arbeit gelungen ist und ob es zufrieden mit dem Verlauf und dem Ergebnis ist.
- Schließlich stellt das Kind Überlegungen zu weiteren Übungen an. Es formuliert, welche Lerninhalte als nächstes sinnvoll sein könnten.

Struktur/Ablauf der Selbstreflexion

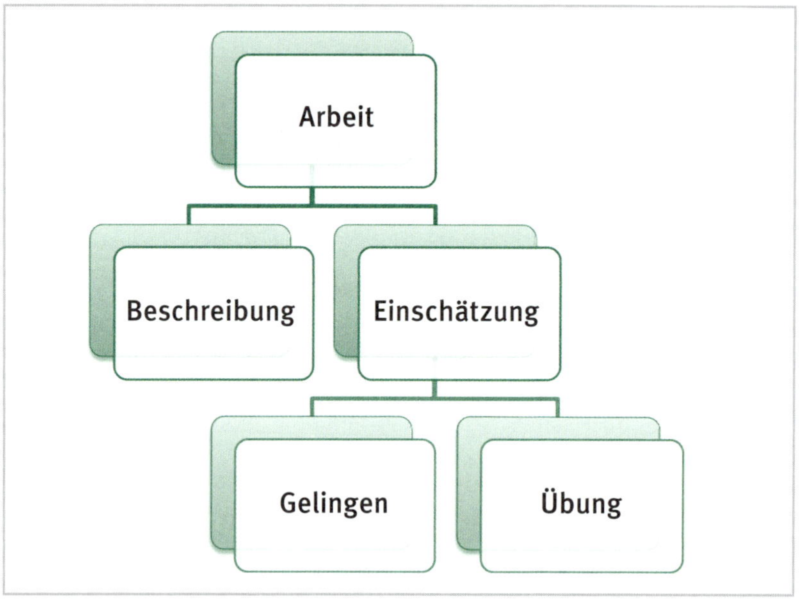

Der Gesprächsleiter (Lehrer) lässt während des Gesprächs seine Überlegungen dialogisch mit einfließen, jedoch nur in dem Maße, in dem es nötig ist, die Fähigkeit des Kindes zur Selbstreflexion zu unterstützen. Das Gespräch muss taktvoll und einfühlsam geführt werden, damit dem Kind die Möglichkeit gegeben wird, langsam einen Perspektivwechsel in Bezug auf seine Leistung zu vollziehen. Ein Beispiel:

Gesprächsbeispiel

Lehrerin (legt die vorgefertigte Karte »Meine Arbeit« auf den Tisch): Anna, woran hast du denn zuletzt gearbeitet?

Anna: Ich habe mit den Einmaleins-Reihen gearbeitet.

Lehrerin (schreibt »Einmaleins-Reihen« auf eine freie Karte): Und mit welchem Material hast du die Einmaleins-Reihen geübt?

Anna: Mit den farbigen Perlenstäbchen.

Lehrerin (schreibt »farbige Perlenstäbchen« auf eine freie Karte): Wie bist du denn vorgegangen?

Anna: Ich habe eine Einmaleins-Aufgabe auf ein Zettelchen geschrieben und dann die Perlenstäbchen dazugelegt. Dann habe ich gezählt und das Ergebnis auf das Zettelchen mit der Aufgabe geschrieben.

Lehrerin: Ah, ja. Und wie bist du mit der Arbeit zurechtgekommen?

Anna: Eigentlich gut. Ich habe nur manchmal einen Fehler gehabt, bei der Achterreihe. Die kann ich noch nicht so gut.

Lehrerin (schreibt »alle Einmaleins-Reihen, außer der Achterreihe« auf eine leere Karte): Ach so. Prima, dass es dir aufgefallen ist, dass du da Fehler gemacht hast.

Anna: Ja, ich habe die Achterreihe aufgesagt und dann habe ich gezählt. Dann habe ich gemerkt, dass das Ergebnis falsch ist.

Lehrerin: Die Achterreihe hat es aber auch in sich. Die musst du also noch üben. Hast du eine Idee, wie du sie üben könntest?
Anna: Ich sage die Achterreihe so lange auf, bis ich sie kenne.
Lehrerin (legt die vorgefertigte Karte »Übung« auf den Tisch): Ja, das ist eine Möglichkeit. Ich habe aber auch noch eine Idee. Du könntest nochmals mit der Achterkette üben.
Anna: Aber mit der Achterkette habe ich doch schon gearbeitet. Ich lerne die Achterreihe lieber noch mal.
Lehrerin: Ja, mit der Achterkette hast du schon mal gearbeitet, das stimmt. Trotzdem wäre es gut, wenn du mit ihr arbeitest, denn sie unterstützt dich beim Lernen der Achterreihe.
Anna: Ja gut, dann mache ich das.
Lehrerin (schreibt »Achterkette« auf eine leere Karte): Nimm dir jetzt die Karten und lege sie auf den Tisch. Versuche dabei eine Ordnung in die Karten zu bringen, damit wir einen Überblick über deine Arbeit haben.
Anna sortiert die Karten und legt sie aus, s. Foto.

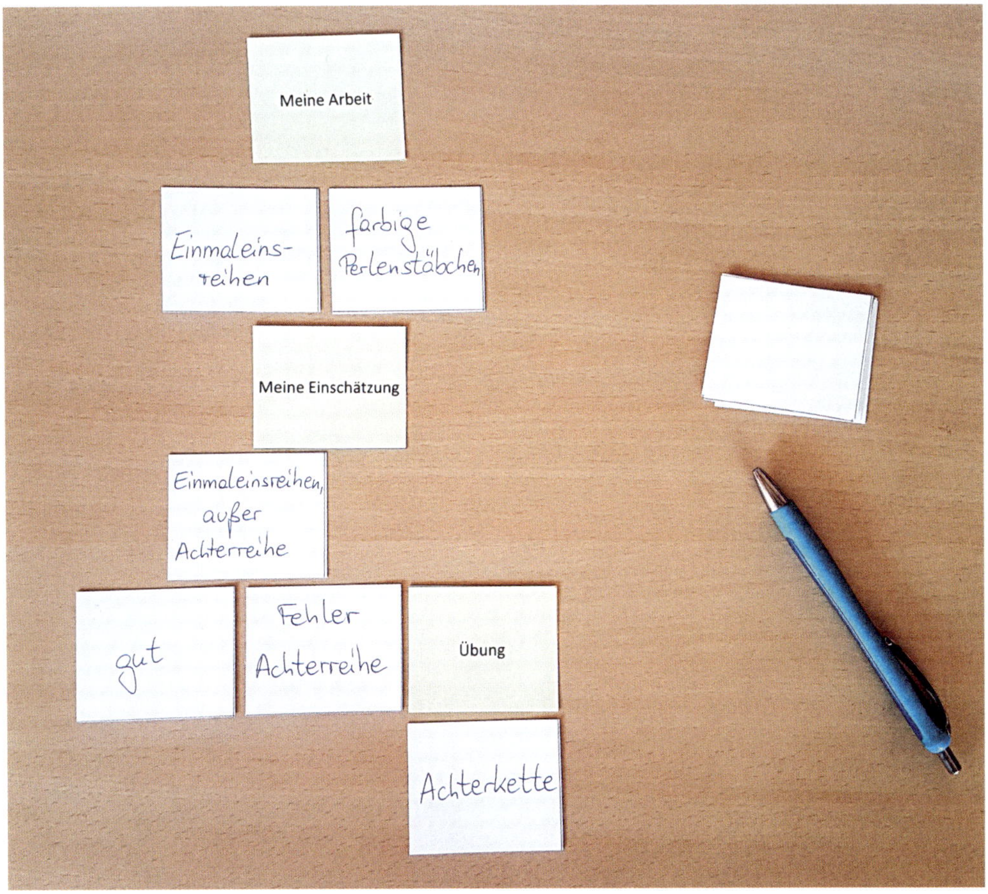

Foto 150: Struktur-Lege-Verfahren: Visualisierung des Reflexionsgesprächs

Selbstreflexion mit dem Kompetenzstern

Kompetenzstern bei Bilanzgesprächen

An der der Anna-Essinger-Gemeinschaftsschule, einer Montessori-Schule in Berlin, führen die Lehrer mit den Kindern zum Halbjahr regelmäßig Bilanzgespräche. Dazu nutzen sie einen Kompetenzstern. Die Strahlen des Sterns bestehen aus vorgegebenen Kompetenzstreifen, auf denen bestimmte Fähigkeiten vermerkt sind (zum Beispiel »Ich fange morgens zügig an zu arbeiten« oder »Ich halte Ordnung«, aber auch »Ich hole mir Hilfe, wenn ich nicht weiter weiß« oder »Ich arbeite gut mit anderen Kindern zusammen«). Das Bilanzgespräch beginnt damit, dass das Kind zu jedem Strahl des Sterns einschätzt, wie ausgeprägt es die jeweilige Fähigkeit beherrscht. Diese Einschätzung visualisiert es mithilfe von Muggelsteinen, die es vor den Strahl legt. Ein Muggelstein bedeutet: »Das gelingt mir noch nicht so gut«, zwei Muggelsteine bedeuten: »Das gelingt mir mittelgut«,

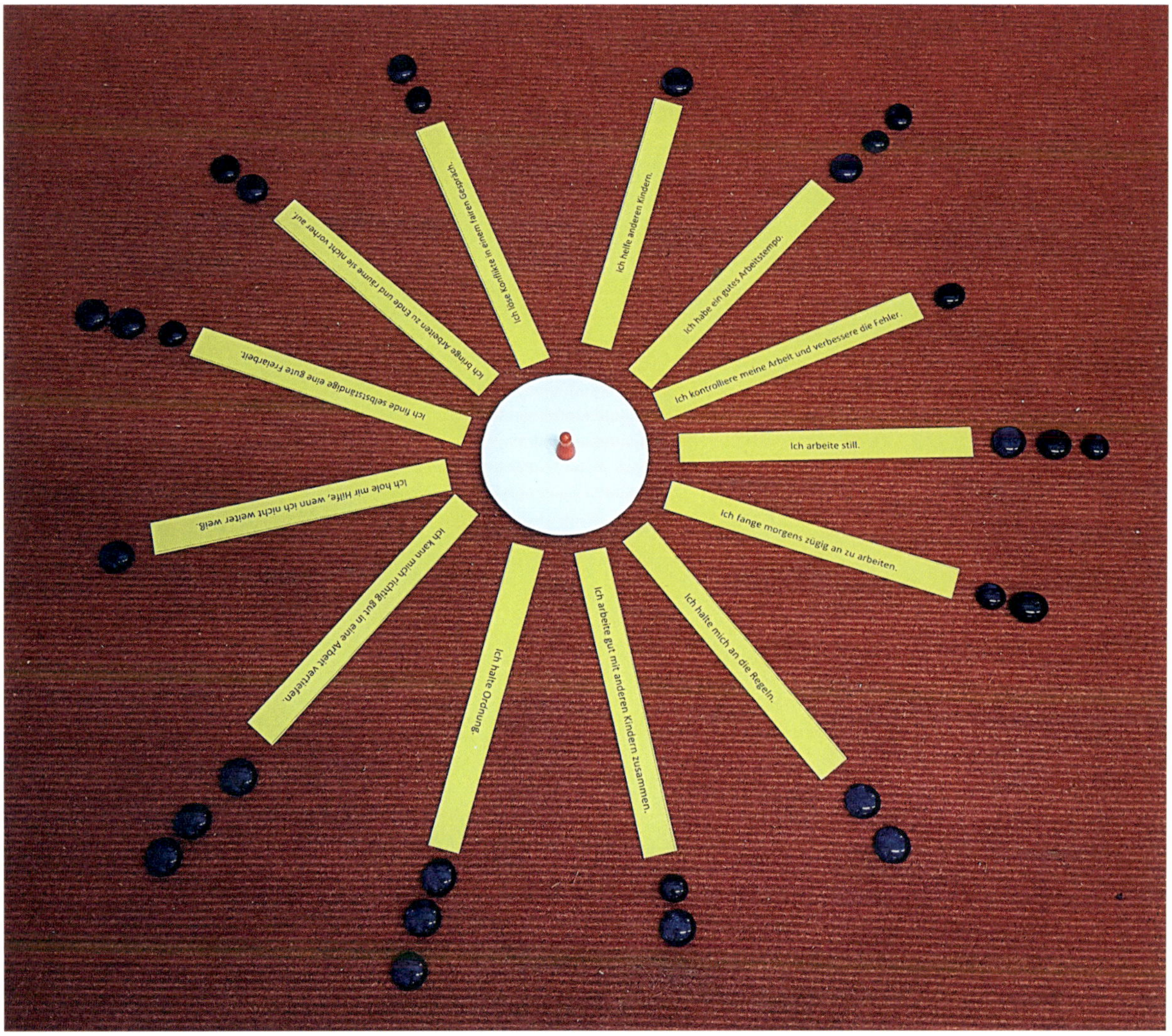

Foto 151: Kompetenzstern zum Arbeits- und Sozialverhalten

drei bedeuten: »Das gelingt mir sehr gut«). Im Gespräch wird nun die Selbsteinschätzung des Kindes mit der Einschätzung des Lehrers verglichen und diskutiert. Durch unterschiedlich vorbereitete Kompetenzstreifen können Kompetenzsterne zum Arbeits- und Sozialverhalten, zu Lernbereichen oder zu einem konkreten Lerninhalt, z. B. zum Thema Geschichtenschreiben, gebildet werden.

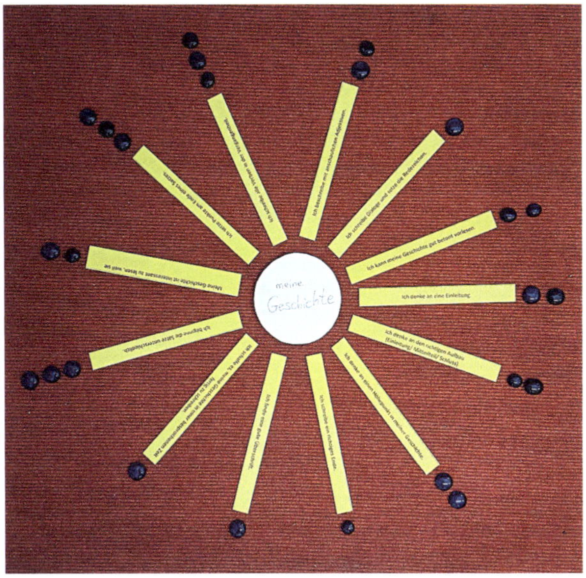

Foto 152: Kompetenzstern zum Lerninhalt »Geschichten schreiben«

Selbstreflexion mit einer Zielscheibe zum Ausmalen

Im Logbuch der Düsseldorfer Don-Bosco-Montessori-Schule findet sich ein weiteres Instrument zur Strukturierung und Visualisierung des Reflexionsgesprächs: der Vordruck »Meine Lernberatung«. Dort ist eine Zielscheibe abgedruckt, auf der die Kinder zu den vier vorgegebenen Anforderungen »So habe ich mich an die Regeln gehalten«, »So habe ich gearbeitet«, »So vollständig war mein Material« und »So habe ich meine Hausaufgaben gemacht« Felder ausmalen. Die Zielscheibe besteht aus sechs Ringen, und je mehr Felder die Kinder zum jeweiligen Kompetenzbereich mit Farbe füllen, desto besser schätzen sie ihre Leistung ein (die schlechteste Einschätzung wäre also, lediglich das erste, äußere Feld auszumalen; die beste wäre, alle sechs Felder bis zum Mittelpunkt auszumalen). Analog dazu sieht die Vorlage auch Felder für den Lehrer vor: auch er malt entsprechende Felder der Zielscheibe aus – seine Bewertung ist dann direkt neben der des Kindes visualisiert.

Im Gespräch werden die ausgemalten Felder verglichen und begründet. Zusätzlich zu den vier vorgegebenen Anforderungen können zwei weitere Lernziele eingetragen, eingeschätzt und besprochen werden. So besteht die Möglichkeit, ganz individuelle Stärken und/oder Schwächen des Kindes thematisieren.

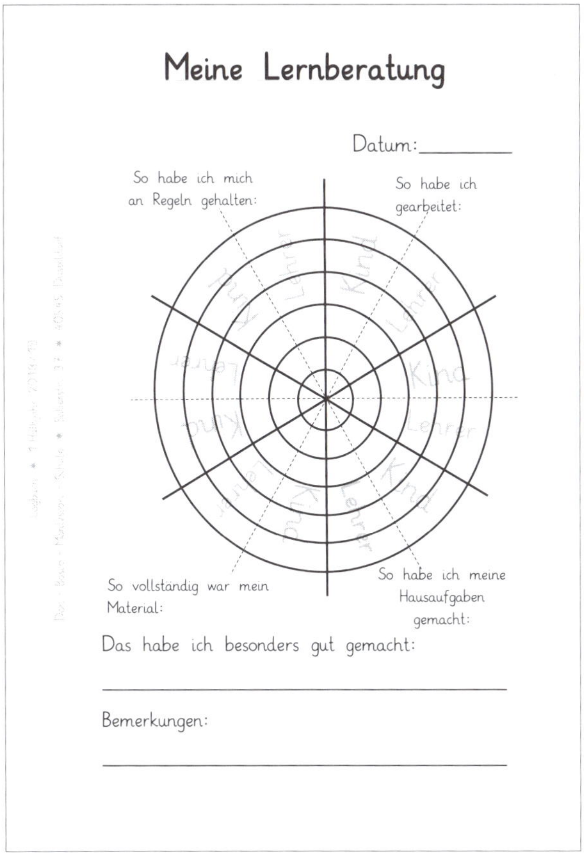

Meine Lernberatung

Datum: ________

So habe ich mich an Regeln gehalten:

So habe ich gearbeitet:

So vollständig war mein Material:

So habe ich meine Hausaufgaben gemacht:

Das habe ich besonders gut gemacht:

____

Bemerkungen:

____

Foto 153: Seite zur Lernberatung aus dem Logbuch der Don-Bosco-Montessori-Schule, Düsseldorf

»Unser Ziel ist die Gesundheit der Psyche«
(Montessori 1934: 41)

6. Lernstandsgespräche mit den Eltern

Obwohl Lernstandsgespräche im pädagogischen Alltag regelmäßig stattfinden, stellen sie immer wieder ein besonderes Ereignis für Erzieher bzw. Lehrer und Eltern dar. Schließlich wird die Leistung des Kindes thematisiert: Wo steht das Kind, wie kommt es voran? Wie entwickeln sich seine Fähigkeiten und Fertigkeiten? Wo liegen seine Stärken, wo seine Schwächen? Wie können die Eltern ihr Kind unterstützen, damit es gute Lern- und Entwicklungsbedingungen erhält? Fragen wie diese sind mit besonderen Emotionen der Eltern verbunden – Hoffnung und Ängsten – und allein deshalb muss der Lehrer/Erzieher darauf achten, dass die Gesprächsatmosphäre freundlich und zugewandt ist und auch bleibt. Außerdem gebietet der Respekt gegenüber dem Kind und seinen Eltern, dass der Pädagoge sich auf ein solches Gespräch intensiv vorbereitet. Neben geeigneten Unterlagen (Arbeitsbeispiele des Kindes, Notizen zu Beobachtungen und Übersichten zur Kompetenzentwicklung), die zusammengestellt werden, ist es ratsam, sich auch noch einmal seine Gesprächskompetenzen zu vergewissern bzw. diese zu überdenken:

Besonderheit von Lernstandsgesprächen

Pädagogische Gesprächskompetenzen

Authentizität
Bin ich »echt« im Sinne von: Stehe ich hinter dem, was ich sage? Trete ich selbstsicher auf?

Empathie
Kann ich mich in die Situation der Eltern hineindenken?
Kann ich ihnen gegenüber Verständnis aufbringen?

Selbstreflektion und Selbstkritik
Was habe ich zur Situation beigetragen?
Lasse ich elterliche Kritik zu, oder fange ich dann an zu mauern?
Kann ich mich von Vorurteilen dem Kind gegenüber lösen?
Bin ich in der Lage, eine andere Perspektive einzunehmen?

Vorstellungskraft
Kenne ich die Entwicklungsdynamik des Kindes?

Vertrauen in die kindliche Entwicklungskraft
Habe ich tatsächlich Vertrauen in die kindlichen Potentiale?

Geduld
Kann ich wirklich die Geduld dem Kind gegenüber aufbringen, oder macht mich irgendetwas an dem Kind nervös?

Optimismus und Gelassenheit
Schaue ich mit Zuversicht in das Gespräch?
Behalte ich auch in kritischen Gesprächsverläufen die Nerven?
Bleibe ich gleichmäßig freundlich?

Offenheit
Ist das Gespräch von mir oder von den Eltern gewünscht?
Höre ich den Eltern zu?
Bin ich offen für Ideen der Eltern, die mir erst einmal »gar nicht schmecken«?

Klarheit
Kann ich das Thema / Problem / Anliegen sprachlich auf den Punkt bringen?
Gelingt es mir, mich den Eltern verständlich zu machen?
Kann ich mein Anliegen deutlich formulieren, auch wenn es ein unangenehmes Thema ist, oder neige ich dazu, in schwierigen Gesprächsphasen nach Worten zu ringen?

Kommunikative Fähigkeit
Schaffe ich eine gute Gesprächsatmosphäre?
Kann ich aktiv zuhören?
Schaue ich die Eltern beim Gespräch an oder schaue ich oft nach unten oder »wühle« in meinen Notizen o. Ä.?

Zielsicherheit
Behalte ich »die Zügel in der Hand«?
Was mache ich beispielsweise, wenn ein Elternteil die Gesprächsführung übernehmen möchte?
Lasse ich mich von Eltern »in die Enge treiben«, so dass ich in die Rolle des Sich-Rechtfertigenden gedrängt werde?

Ablauf des Gesprächs

Der Gesprächsverlauf ist vom Gesprächsleiter zu strukturieren. Es empfiehlt sich folgender Ablauf (vgl. Lanig / Marks / Sponheuer 2013: 14/15; Universität Bielefeld 2006):

1. *Türöffner*
   »Wie geht es Ihnen?« Small Talk, zum Beispiel Anknüpfen an familiäre Ereignisse. Damit wird eine gute Atmosphäre geschaffen

Hilfreiche Fragen

2. *Gesprächsintention verdeutlichen*
   Wer steht im Mittelpunkt unseres Interesses? Das Kind wird ins Zentrum des Gesprächs gerückt und die Eltern werden mitgenommen (Bildung einer »Interessengemeinschaft«, Stichwort: Bildungspartnerschaft).
3. *Gesprächsgrund und -ziel nennen und langsam »auf den Punkt bringen«*
   Was ist das genaue Thema / Problem / Anliegen? Wohin wollen wir? Der Gesprächsleiter signalisiert, dass er die Richtung vorgibt.
4. *Die richtigen Fragen stellen*
   Es gibt einige Fragen, die besonders für Elterngespräche sehr wirksam und hilfreich sind (vgl. Patrzek 2017; Satir / Baldwin 1991; Mai 2017):

Zirkuläre Fragen
Diese Fragen helfen dabei, einen Perspektivwechsel vorzunehmen. Die Situation wird aus einem anderen Blickwinkel gesehen. So wird der Weg für andere Ideen geöffnet. Dadurch kann die Sensibilität für Sichtweisen und Sorgen des anderen wachsen.
Beispiele:
Wie sieht das Thema aus der Sicht Ihres Mannes / Ihrer Frau aus?
Wie würden Sie das Thema an meiner Stelle sehen?

Hypothetische Fragen
Diese Fragen ermöglichen Gedankenexperimente. Sie tragen zwar nicht unmittelbar zur Problemlösung bei, machen die Gedanken aber für kreative Lösungswege frei, weil sie einengende Überlegungen vorübergehend außer Acht lassen.
Beispiele:
Was wäre, wenn das Problem plötzlich gelöst wäre?
Wie würden Sie das Problem angehen, wenn Sie unbegrenzte Möglichkeiten hätten?

Lösungsorientierte Fragen
Diese Fragen fokussieren weniger das Problem selbst, als vielmehr mögliche Wege zu dessen Lösung. So werden Stärken in den Mittelpunkt gerückt und die Ressourcen der Gesprächspartner aktiviert. Diese Fragen können bisher unbedachte Möglichkeiten offenlegen.
Beispiele:
Wann läuft es gut?
Was ist für eine Besserung notwendig?

Skalierende Fragen
Diese Fragen rücken das Ganze ins rechte Maß. Das Problem bzw. die Situation wird relativiert, weniger dominant, verliert also seine Größe und Macht und wirkt nicht (mehr) lähmend. Der Blickwinkel wird zurechtgerückt und man bleibt / wird wieder handlungsfähig.
Beispiele:
Wie schätzen Sie das Ausmaß des Problems ein – zwischen 1 und 10?
Wie bewerten Sie diese Situation im Vergleich zu früheren Situationen?

5. *Das Gespräch beenden*
Was haben wir heute besprochen und was nehmen wir uns vor? Der Gesprächsleiter fasst die getroffene Vereinbarung klar zusammen und hält sie im Gesprächsprotokoll schriftlich fest (vgl. Abbildung). Ein neuer Termin wird eventuell schon festgelegt, damit der Erfolg der gemeinsamen Vorgehensweise überprüft werden kann. Schließlich bedankt sich der Gesprächsleiter bei den Eltern und verabschiedet sich freundlich / höflich von ihnen.

Protokoll zum Elterngespräch

Datum / Uhrzeit: ___________________________

Teilnehmer: ____

Gesprächsleitung: ____

Es geht um (Kind, Gruppe bzw. Klasse): ___________________________________

Gesprächspunkte	*Zielvereinbarung*	*Wer? Bis wann?*

Unterschrift Gesprächsleitung: _________________________________

Unterschrift Erziehungsberechtigte: ____

»Ich habe neulich einen Vortrag zu Bienen gehalten. Da haben alle applaudiert«

7. Und am Ende kommen die Kinder zu Wort

Perspektivwechsel

Die folgenden Aussagen stammen von Kindern einer altersgemischten Montessori-Grundschulklasse. Überlegungen zu eigenen Stärken und Schwächen, Hilfestellungen, Leistungsverhalten und Leistungsbewertung werden von den befragten Kindern auf interessante Weise angestellt. So kann die Leserin bzw. der Leser einen Perspektivwechsel vornehmen, der den eigenen Blick noch einmal weitet. Die Auswahl der Kinderantworten erfolgte mit dem Gedanken, dass möglichst viele unterschiedliche oder auch ergänzende Aspekte deutlich werden.

Was kannst du besonders gut?

»Der Test zur Fahrradprüfung ist mir besonders gut gelungen, weil ich mich gut darauf vorbereitet habe.« (Jasmin, 10 Jahre)

»Das Einmaleins kann ich gut. Die Achterreihe kann ich mit den Plättchen, aber noch nicht aufsagen.« (Anna, 9 Jahre)

»Ich hatte letztens die Wortsymbolarbeit. Die habe ich gut hinbekommen.« (Lilli, 8 Jahre)

»Ich mache besonders gern die große Division, weil sie mir Spaß macht.« (Thomas, 10 Jahre)

»Geschichtenschreiben kann ich gut. Da durfte ich auch schon einmal eine davon der ganze Klasse vorlesen.« (Sina, 7 Jahre)

Was fällt dir schwer? Womit hast du Probleme?

»Mathe kann ich nicht so gut, da brauche ich oft Hilfe.« (Louisa, 9 Jahre)

»Das Blitzrechnen ist mir schwergefallen. Ich hatte nur noch 10 Minuten Zeit. Dann bin ich so unkonzentriert.« (Anna-Lena, 8 Jahre)

»Das Einmaleins ist mir ein bisschen schwergefallen, weil es so lange her ist, dass ich das zu letzten Mal gemacht habe.« (Sina, 9 Jahre)

»Geometrieaufgaben mit dem Würfelnetz, die fallen mir schwer. Da bin ich eher schwächer drin.« (Sven, 10 Jahre)

Wie wählst du das Material aus? Woher weißt du, womit du arbeiten kannst oder sollst?

»Ich weiß das, weil ich das schon mal bei jemand anderem gesehen habe.« (Thomas, 8 Jahre)

»Ich habe in mein Heft geguckt. Und da habe ich gesehen, dass ich was nicht gut konnte und so habe ich mir das Material nochmal genommen.« (Martha, 9 Jahre)

»Ich wollte das zusammen mit Ella machen und so haben wir uns das dann aus dem Regal genommen.« (Paula, 10 Jahre)

»Ich gehe zu den Regalen und schaue, was ich mir nehmen könnte. Dann hole ich ein Material heraus.« (Tom, 7 Jahre)

Was machst du, wenn du Hilfe bei einer Arbeit brauchst?

»Ich frag dann einfach die Lehrerin.« (Finn, 9 Jahre)

»Ich gehe meistens zu den Vertretungslehrern oder zu Praktikanten.« (Susen, 10 Jahre)

»Manchmal gehe ich zu älteren Schülern. Als ich das Punktspiel gemacht habe, wusste ich noch nicht so richtig, wie das geht und dann habe ich mir das nochmal erklären lassen.« (Lilli, 8 Jahre)

Woher weiß deine Lehrerin, was du gut kannst?

»Sie hat Ordner. Deswegen weiß sie, was wir gut können.« (Lars, 6 Jahre)

»Die Lehrerin notiert sich, was die Schwachstelle ist oder was gut ist.« (Jakob, 10 Jahre)

»Manchmal sitzt die Lehrerin neben mir und dann schaut sie mir zu, wie ich arbeite.« (Tom, 7 Jahre)

Wird deine Arbeit gerecht bewertet – aus deiner Sicht?

»Ja, das glaube ich schon, weil die Lehrerin mir erklärt, was ich gut mache oder was ich schlecht mache.« (Finn, 9 Jahre)

»Ich denke, dass die Lehrerin mich gerecht bewertet, weil ich ja weiß, was ich gut gemacht habe und was nicht.« (Sven, 10 Jahre)

»Ich habe neulich einen Vortrag zu Bienen gehalten. Da haben alle applaudiert. Dann haben die anderen mir gesagt, wie es ihnen gefallen hat. Manches war auch nicht so gut. Das fand ich dann nicht so schön.« (Thomas, 8 Jahre)

Fühlst du dich auch schon mal unter Druck gesetzt?

»Ja, manchmal bin ich unter Druck. Wenn ich zum Beispiel merke, dass ich etwas nicht gut kann.« (Jasmin, 10 Jahre)

»Frieda hat mich unter Druck gesetzt, ich soll schneller machen.« (Anna, 9 Jahre)

»Wenn ich das nicht verstehe, dann setze ich mich unter Druck.« (Lilli, 8 Jahre)

»Manchmal bin ich unter Druck, wenn ich merke, dass ich nicht mehr viel Zeit habe.« (Thomas, 8 Jahre)

Freust du dich auf die Zeugnisse? Magst du Zeugnisse?

»Ja, ich mag Zeugnisse, weil ich dann sehen kann, was ich besser machen muss.« (Susen, 10 Jahre)

»Ich bin aufgeregt, wenn wir Zeugnisse bekommen. Ich lese dann erst die schlechten Sachen und dann die guten.« (Jasmin, 10 Jahre)

»Zeugnisse finde ich gut, weil dann schreibt die Lehrerin auf, was ich gut kann und was ich schlecht mache, dann kann ich das nochmals lernen.« (Anna-Lena, 8 Jahre)

Literatur

Maria Montessori – Gesammelte Werke

In dieser Edition erscheinen seit 2010 beim Verlag Herder die Schriften der weltberühmten italienischen Reformpädagogin als wissenschaftliche Werkausgabe. In zum Teil neuen Übersetzungen, versehen mit zahlreichen Hinweisen, Anhängen und Kommentaren sowie mit ergänzenden Passagen aus anderen Ausgaben vermitteln die *Gesammelten Werke* einen umfangreichen Einblick in die Entwicklung des pädagogischen Denkens Maria Montessoris. Herausgeber der Reihe ist Prof. (em.) Dr. Harald Ludwig, Universität Münster.

Pro Jahr werden ein bis zwei weitere Bände erscheinen, das gesamte Werk wird voraussichtlich 2026 vorliegen. Bisher erschienen:

- *Die Entdeckung des Kindes* als Band 1 (2. Aufl. 2012)
- *Anthropologische Schriften* als Band 2.1 Frühe anthropologische Schriften (2019) und als Band 2.2 Pädagogische Anthropologie (2019)
- *Erziehung und Gesellschaft* als Band 3 (2011)
- *Praxishandbuch der Montessori-Methode* als Band 4 (2. Aufl. 2011)
- *Kalifornische Vorträge* als Band 5 (2014)
- *Das Kind in der Familie* als Band 7 (2011)
- *Psychoarithmetik* als Band 11 (2012)
- *Psychogeometrie* als Band 12 (2012)
- *Von der Kindheit zur Jugend* als Band 14 (2015)
- *Durch das Kind zu einer neuen Welt* als Band 15 (2013)

Weitere Literatur

Silke Allmann (2014): *Beobachtung in der Montessori-Pädagogik. Einführung in Theorie und Praxis,* Freiburg

Arbeitskreis Deutscher Qualifikationsrahmen (2011): *Deutscher Qualifikationsrahmen für lebenslanges Lernen (*Abrufbar unter: https://www.dqr.de/media/content/Der_Deutsche_Qualifikationsrahmen_fue_lebenslanges_Lernen.pdf)

Horst Klaus Berg (2001): *»Mein Freund, der Fehler« – Der Beitrag der Montessori-Pädagogik zu einer humanen Leistungskontrolle und Fehlerkultur.* In: Harald Ludwig /Christian Fischer / Reinhard Fischer (Hrsg.): *Leistungserziehung und Montessori-Pädagogik*, Münster, S. 65–91

Thorsten Bohl (2005): *Prüfen und Bewerten im Offenen Unterricht,* 3. Auflage, Weinheim und Basel

Inka Bormann / Gerhard DE Haan, Gerhard (2008): *Kompetenzen der Bildung für nachhaltige Entwicklung. Operationalisierung, Messung, Rahmenbedingungen, Befunde*, Wiesbaden

Deutsche Montessori-Vereinigung (Hrsg.) (2012): *Montessori-Material – Mathematik in Kinderhaus und Schule*, Zelhem / Niederlande

Deutsche Montessori-Vereinigung (Hrsg.) (2014): *Montessori-Material – Sprache in Kinderhaus und Schule,* Zelhem / Niederlande

Hans ELSNER (1980): *Jeder hat das Recht, er selbst zu sein – Montessori-Schule.* In: Ilse LICHTENSTEIN-ROTHER (Hrsg.): *Jedem Kind seine Chance. Individuelle Förderung in der Schule,* Freiburg, S. 14–28

Gabriele FAUST-SIEHL (2001): *Leistung und Leistungsbeurteilung aus Sicht des Individuums.* In: Ludwig, Harald / Fischer, Christian / Fischer, Reinhard (Hrsg.): *Leistungserziehung und Montessori-Pädagogik,* Münster, S. 36–56

Richard J. GERRIG / Philip G. ZIMBARDO (2008): *Psychologie*, 18. Auflage, München

Karl GRASS (2016): *Leistung – Leistungsmessung – Leistungsbeurteilung – aber wie?* In: *MONTESSORI. Zeitschrift für Montessori-Pädagogik*, 54/1, S. 85–117

Eiko JÜRGENS (2005): *Leistung und Beurteilung in der Schule,* 6. Auflage, Sankt Augustin

Wolfgang KLAFKI: *Probleme der Leistung in ihrer Bedeutung für die Reform der Grundschule.* In: *Die Grundschule*, 10/1975, S. 527–532

Wolfgang KLAFKI (2000): *Sechsjährige Grundschule – Eingangsstufe eines demokratischen Bildungswesens. Ergänzte Fassung eines Vortrages auf der Fachtagung der GEW zur 6-jährigen Grundschule am 28.3.2000 in Berlin* (Abrufbar unter: https://www.gew-berlin.de/public/media/Klafki.pdf)

Michael KLEIN-LANDECK / Claus KARAU / Ilka LANDECK (2010): *Unterrichtsentwicklung mit Erfolg,* Berlin

Janusz KORCZAK (2004): *Theorie und Praxis der Erziehung, Pädagogische Essays 1898–1942,* Band 9 der Gesammelten Werke, Gütersloh

KULTUSMINISTERKONFERENZ (2011): *Handreichung für die Erarbeitung von Rahmenlehrplänen der Kultusministerkonferenz für den berufsbezogenen Unterricht in der Berufsschule und ihre Abstimmung mit Ausbildungsordnungen des Bundes für anerkannte Ausbildungsberufe* (Abrufbar unter: https://www.kmk.org/fileadmin/Dateien/veroeffentlichungen_beschluesse/2011/2011_09_23-GEP-Handreichung.pdf)

Jonas LANIG / Thoralf MARKS / Carolin SPONHEUER (2013): *Elternarbeit. Den Dialog mit den Eltern konstruktiv gestalten,* Berlin und Stuttgart

Aylin LENBET (2007): *Zur Aktualität des Kompetenzbegriffs und zur Bedeutung der Kompetenzentwicklung für das Coaching.* In: Astrid SCHREYÖGG / Christoph J. SCHMIDT-LELLEK (Hrsg.): *Konzepte des Coaching*, Wiesbaden, S. 46–58

Dieter-Jürgen LÖWISCH (2000): *Kompetentes Handeln. Bausteine für eine lebensweltbezogene Bildung*, Darmstadt

Jochen MAI (2017): *Systemisches Fragen: Wer fragt, der führt* (Abrufbar unter: https://karrierebibel.de/systemisches-fragen/)

Gudula MEISTERJAHN-KNEBEL (2001): *Leistung – ein Fremdwort in der Montessori-Pädagogik?* In: Ludwig, Harald / Fischer, Christian / Fischer, Reinhard (Hrsg.): *Leistungserziehung und Montessori-Pädagogik*, Münster, S. 219–225

MINISTERIUM FÜR SCHULE UND WEITERBILDUNG DES LANDES NORDRHEIN-WESTFALEN (2011a; Hrsg.): *Richtlinien und Lehrpläne für die Grundschule in Nordrhein-Westfalen Nr. 2012*, Frechen

MINISTERIUM FÜR SCHULE UND WEITERBILDUNG DES LANDES NORDRHEIN-WESTFALEN (2011b; Hrsg.): *Förderung und Feedback. Aussagen zum Arbeits- und Sozialverhalten sowie Würdigung außerunterrichtlichen und außerschulischen ehrenamtlichen Engagements. Handreichung. Beilage Schule NRW 09/11* (Download unter: https://broschueren.nordrheinwestfalendirekt.de/broschuerenservice/msb/foerderung-und-feedback-beilage-zu-schule-nrw-09-2011/1088)

Maria MONTESSORI (1921): *Über das Beobachten.* In: Harald LUDWIG (Hrsg.) (2017): *Grundgedanken der Montessori-Pädagogik. Quellentexte und Praxisberichte,* Freiburg, S. 61–63

Maria MONTESSORI (1934): *Grundlagen meiner Pädagogik.* In: Harald LUDWIG (Hrsg.) (2017):

Grundgedanken der Montessori-Pädagogik. Quellentexte und Praxisberichte, Freiburg, S. 32–50

Maria MONTESSORI (1938): *Die sensitiven Perioden.* In: Maria MONTESSORI (2013): *Durch das Kind zu einer neuen Welt,* Gesammelte Werke Band 15, Freiburg, S. 279–288

Maria MONTESSORI (1941): *Soziale und moralische Erziehung.* In: Paul OSWALD / Günter SCHULZ-BENESCH (Hrsg.) (2008): *Grundgedanken der Montessori-Pädagogik. Quellentexte und Praxisberichte.* Überarbeitet und aktualisiert von Harald Ludwig, 21. Auflage, Freiburg, S. 179/180

Maria MONTESSORI (1976): *Schule des Kindes. Montessori-Erziehung in der Grundschule*, Freiburg

Maria MONTESSORI (1979): *Spannungsfeld Kind – Gesellschaft – Welt*, Freiburg

Maria MONTESSORI (1988): *»Kosmische Erziehung«. Die Stellung des Menschen im Kosmos – Menschliche Potentialität und Erziehung – Von der Kindheit zur Jugend*, Freiburg

Maria MONTESSORI (1989): *Das kreative Kind. Der absorbierende Geist*, 7. Auflage, Freiburg

Maria MONTESSORI (2010): *Die Entdeckung des Kindes,* Gesammelte Werke Band 1, Freiburg

Maria MONTESSORI (2012): *Kinder sind anders*, 16. Auflage, Stuttgart

Maria MONTESSORI (2015): *Von der Kindheit zur Jugend*, Gesammelte Werke Band 14, Freiburg

Andreas PATRZEK (2017): *Systemisches Fragen: Professionelle Fragetechnik für Führungskräfte, Berater und Coaches*, 2. Auflage, Wiesbaden

Eckhardt PREUSS (2005): *Leistungserziehung und Leistungsbeurteilung in der Grundschule / Schule im Blick auf die Ganztagsschule.* In: Hansel, Toni (Hrsg.): *Ganztagsschule. Halbe Sache – großer Wurf? Schulpädagogische Betrachtung eines bildungspolitischen Investitionsprogramms,* Herbolzheim, S. 164–179 (Abrufbar unter: http://www.pedocs.de/volltexte/2011/3481/pdf/Preuss_Eckard_Leistungserzeihung_und_Leistungsbeurteilung_in_der_Grundschule_D_A.pdf)

Jürgen RAITHEL / Bernd DOLLINGER / Georg HÖRMANN (2007): *Einführung Pädagogik. Begriffe, Strömungen, Klassiker, Fachrichtungen*, 2. Auflage, Wiesbaden

Heinrich ROTH (1971): *Pädagogische Anthropologie. Band II: Entwicklung und Erziehung. Grundlagen einer Entwicklungspädagogik*, Hannover

Virginia SATIR / Michele BALDWIN (1991): *Familientherapie in Aktion. Die Konzepte von Virginia Satir in Theorie und Praxis*, 3. Auflage, Paderborn

Brigitte SCHEELE (Hrsg.) (1992): *Struktur-Lege-Verfahren als Dialog-Konsens-Methodik. Ein Zwischenfazit zur Forschungsentwicklung bei der rekonstruktiven Erhebung Subjektiver Theorien,* Münster

Manfred SPITZER (2006): *Lernen. Gehirnforschung und die Schule des Lebens*, Heidelberg und Berlin

Ulrich STEENBERG (2014): *Leistung – Leistungsanforderung, Leistungsmessung.* In: Ulrich STEENBERG (Hrsg.): *Handlexikon Montessori-Pädagogik*, Neuausgabe, Ulm, S. 71–76

Ulrich STEENBERG (2014): *Leistungsprofil.* In: Ulrich STEENBERG (Hrsg.): *Handlexikon Montessori-Pädagogik*, Neuausgabe, Ulm, S. 76

Esther STEIN (2005): *Planetenmodelle mit Textkarten für den Sachunterricht.* Erhältlich beim Lehrmittelverlag Torsten Schmidt unter: https://schmidt-lehrmittel.de/sachkunde/planeten/

UNIVERSITÄT BIELEFELD (2006): *Grundsätze der Gesprächsführung (*Abrufbar unter: https://www.uni-bielefeld.de/Universitaet/Ueberblick/Organisation/Verwaltung/Dez_III/Leitfaden_MA/grundsaetze.html)

Franz E. WEINERT (2001): *Vergleichende Leistungsmessung in Schulen – eine umstrittene Selbstverständlichkeit.* In: Franz E. WEINERT (Hrsg.): *Leistungsmessungen in Schulen*, Weinheim und Basel, S. 17–31

Felix WINTER (2004): *Leistungsbewertung. Eine neue Lernkultur braucht einen anderen Umgang mit den Schülerleistungen,* Hohengehren